粮食安全视角下

中国大宗农产品消费经济研究

陈秀兰　王兴旺　著

中国商业出版社

图书在版编目(CIP)数据

粮食安全视角下中国大宗农产品消费经济研究／陈秀兰，王兴旺著． — 北京：中国商业出版社，2019.1
ISBN 978-7-5208-0651-0

Ⅰ.①粮… Ⅱ.①陈…②王… Ⅲ.①农产品－消费经济学－研究－中国 Ⅳ.①F323.7

中国版本图书馆 CIP 数据核字(2019)第 017848 号

责任编辑：蔡 凯

中国商业出版社出版发行
010-63180647 www.c-cbook.com
(100053 北京广安门内报国寺1号)
新华书店经销
涿州市荣升新创印刷有限公司印刷

*

787×1092 毫米 1/16 印张 11.5 260 千字
2019 年 1 月第 1 版 2019 年 1 月第 1 次印刷
定价:49.80 元

* * * * *
(如有印装质量问题可更换)

前　言

习近平总书记强调，保障国家粮食安全是一个永恒的课题，任何时候这根弦都不能松。农业部部长韩长赋撰文指出，玉米在保障中国粮食安全中具有重要的战略地位。现有研究表明，近年来，中国玉米消费的快速增长是中国玉米产需缺口扩大、玉米进口增加以及价格变动幅度加大的主要原因。以保障中国粮食安全为背景，考虑到玉米在保障中国粮食安全中的重要战略地位，同时根据消费状况对于目前中国玉米产业的关键影响，本书以中国玉米这一大宗农产品的消费经济为研究对象，以期通过对中国玉米消费状况较为详细微观的结构分析，对中国玉米产业的发展以及中国粮食安全的保障提出具有一定现实意义的对策建议。

运用描述统计、脉冲响应函数、方差分解以及数据包络分析等方法，书中首先对世界及中国玉米市场的供需平衡状况及其变动趋势进行分析，在准确把握国际市场状况的前提下进一步分析中国玉米消费市场；其次针对中国玉米的消费状况展开三方面具体的比较研究，分别从国际比较、国内省际区域比较和内部消费结构比较三个维度进行，其中国际比较和国内省级区域比较都从消费总量、消费结构和价格传导三个维度展开，内部消费结构比较视角下重点关注了饲用消费和工业深加工消费，均从消费总量与结构、产业的生产效率、产业链上代表性价格间的相互影响机制三方面展开分析。

关于世界及中国玉米市场的供需平衡状况分析，研究得出：

（1）世界玉米市场生产和贸易高度集中，美国对世界玉米市场的掌控能力很强，美国玉米产量占世界的35%左右，出口量占世界的一半左右，消费量占世界的30%左右；世界玉米市场的饲用消费占比趋于下降，其他消费尤其是以美国为代表的燃料乙醇对玉米消费的快速增加,使得世界玉米市场库存消费比呈下降趋势,世界市场供需趋紧;乌克兰的玉米生产和出口占比大幅增加。

(2)美国玉米供给和需求均增加,但随着燃料乙醇用玉米的大幅增加,美国玉米总需求的增幅快于总供给,这将对美国玉米的出口和国际玉米价格产生较大影响;中国已成为美国第五大玉米出口国。

(3)中国玉米产需缺口呈扩大趋势,库存消费比逐年下降,需求增速过快是主要原因;中国玉米消费价格随着库存消费比的变化反向变动,并且在玉米库存消费比下降到国际警戒线以下的年份里(从2006/07年度开始),库存消费比的变动对于玉米消费价格变动的促进作用明显增强,玉米消费价格变动幅度为库存消费比变动幅度的2~5倍。

关于国际比较视角下对中国玉米消费状况进行研究的结论:

从消费总量、结构和价格三个维度对中美玉米消费状况进行国际比较研究,样本区间为2002/03年度至2012/13年度,可得出以下主要结论:

(1)中美两国国内玉米消费总量均处于增加的趋势;中国国内玉米消费总量占全球的比重处于增加的趋势,美国处于减少的趋势;两国玉米库存消费比均处于下降趋势,且中国下降的幅度约是美国的10倍。

(2)中国四类玉米消费量均保持增加,而美国食用、种用、工业用途增加,但饲用消费量却在下降;但从四类消费量占总消费的比重这一指标看,两国的变动趋势都是一致的,均表现为:食用消费、种用消费、饲用消费处于下降的趋势,工业深加工消费处于上升的趋势;中美玉米工业深加工内部消费结构都有向燃料乙醇和淀粉糖集中的趋势,而玉米淀粉和食用酒精的占比均下降。

(3)美国玉米市场价格通过贸易这一渠道对中国市场价格产生的影响还比较小,但通过信息渠道对中国玉米市场价格的影响较大。

关于国内省际区域比较视角下对中国玉米消费状况研究的结论:

从不同省际区域间中国玉米消费的总量、结构和价格三个维度,分析了中国玉米消费的区域分布情况,重点分析了玉米饲用消费和工业深加工消费的区域分布情况,同时还研究了不同区域间的玉米消费价格的相互影响关系。

(1)中国目前玉米消费量较大的省份是山东、河南、吉林、河北、广东、四川、辽宁、黑龙江和内蒙古,其中东北和华北地区占到全国玉米消费量的一半以上;饲用消费量在主产区的比重处于下降的趋势,在主销区尤其是华北和长江流域的比重在增加;工业深加工消费往传统的玉米主产区集中,占到了全国的64%,

其中玉米淀粉的玉米消耗量占到全国的72.6%、玉米酒精的玉米消耗量占到全国的65.5%。

(2)主产区尤其是东北主产区的玉米消费价格在中国区域间玉米消费价格的形成和变动中发挥了基础性作用,主产区对其他区域的价格影响不管是在短期内还是在长期内均相当显著。

关于内部消费结构比较视角下对中国玉米消费状况研究的结论:

研究重点关注了饲用消费和工业深加工消费,均从消费总量与结构、产业的生产效率、产业链上代表性价格间的相互影响机制三方面分析。

(1)关于中国玉米饲用消费,研究得出:①中国玉米饲用消费主要集中在配合饲料,配合饲料的玉米消费量占到66%,且处于增加的趋势。②中国玉米饲用消费加工业的综合生产效率和技术效率均很高,但规模效率还有待提高。③2008年以来,以玉米全国批发均价为代表的中国玉米消费价格在饲用消费产业链上受到来自于上下游的影响明显增强;中国玉米饲用消费产业链上代表性价格间的相互影响机制具有非对称性,玉米批发价格对其上下游的价格影响明显要强于上下游对玉米批发价格的影响。

(2)关于中国玉米工业深加工消费,研究得出:①工业深加工消费目前还是以淀粉及其深加工制品的玉米消耗为主,平均占到65%以上的比例,酒精系列产品的玉米消费量占到30%左右;从变动趋势看,淀粉及其制品的占比在下降,酒精及其制品的占比在增加。②中国玉米淀粉加工业的平均技术效率低于规模效率,这是中国淀粉加工业综合生产效率比较低的主要原因;中国酒精加工业的效率处于较高水平,生产要素得到了较充分的利用。③2008年以来,中国玉米工业深加工消费产业链上的代表性价格间的相互影响明显增强,且这种相互影响机制具有非对称性。

根据上述结论,研究得出以下几点启示:(1)世界玉米市场供需趋紧,美国掌控世界玉米市场,中国玉米产业发展要立足国内,同时进口渠道要尽可能多元化;(2)稳定中国玉米消费进而稳定库存消费比对于稳定中国玉米消费价格具有越来越重要的作用;(3)总体上看,中美玉米饲用消费占比均呈下降趋势,中美玉米工业深加工内部消费结构变动方向基本一致,均有向燃料乙醇和淀粉糖集中的趋势,因此在对中国玉米消费状况进行分析时,美国玉米消费结构的变动也非常值得关注;(4)美国玉米消费价格通过信息渠道对中国玉米消费价格产生的影响较显著,因此在对中国玉米消费状况进行分析时,要关注以美国为代表的国际玉米消费价格通过信息渠道对中国玉米消费市场的影响;(5)中国玉米工业深加工消费向传统玉米主产区集中,主产区尤其是东北主产区的玉米消费价格对全国玉米消费价格的形成具有基础性作用,应成为政策关注的重点;(6)中国玉米饲用消费加工业的技术效率较高,但规模效率有待提高,因此通过行业集中度的提高来扩大企业规模,从一定程度上说是提高整个行业收益的可行途径;(7)中国玉米工业深加工消费中的酒精系列产品加工业的技术和规模效率均较高,淀粉系列产品加工业的技术效率较低,规模效率有待提高,因此淘汰落后产能、扩大企业规模是提高行业收益的可行途径;(8)2008年以来,中国玉米饲用消费和工业深加工消费产业链上代表性价格间的相互影响均有所增强,值得关注。

作者

2019年1月于北京

Abstract

Considering the importance of China's food security and the important role of China's maize for the food security, this thesis will focus on China's maize. According to previous studies, there are several features in China's maize market. First, the fluctuation range of China's maize price represented by the wholesale price significantly increased since 2008. Second, the production and consumption volume of China's maize both increased year by year, but consumption volume increased faster than production volume, which led to a much larger production – demand gap. Third, China has been a net maize importer country since 2010. All of these studies also showed that the rapid growth of China's maize consumption is the main reason that expanded the maize production – demand gap, leading increase of China's maize import and price volatility. Therefore, considering the important role of the maize consumption for China's maize industry and China's food security in order to protect China's food security, this thesis will focus on some detailed analysis of the China's maize consumption status, which may provide some practical countermeasures for the maize industry and China's food security.

Taking consumption statues of China's maize as research object, there are four main parts in this thesis. First, the supply – demand balance of the world maize market and China's maize market will be analyzed. Second is the analysis on China's maize consumption from the perspective of the international comparative study. Third is the analysis on China's maize market from the perspective of the domestic regional comparative study. The fourth one is the analysis on China's maize consumption from the perspective of the internal consumption structure comparative study, which will pay more attention to the feed consumption and deep – processing industrial consumption. Descriptive statistics, impulse response function, variance decomposition and data envelopment analysis tool are used in this thesis. The main conclusions have been obtained as bellows.

Some conclusions have been drawn from the study on the world maize market and China's maize market.

1. The production and trade are highly concentrated in the world maize market and the Unit-

ed States always controls the world maize market strongly, production of the US accounts for about 35% of the world production, export accounts for about 50%, consumption accounts for about 30%. The share of feed consumption of the world maize market tends to decline while the share of deep-processing consumption increases rapidly, which has made the world maize market stock-consumption ratio decreased. Meanwhile, Ukraine has a substantial increase in maize production and export.

2. The supply and demand increased in US, but with a substantial increase in maize consumption for ethanol fuel, the increase in aggregate demand is faster than the total supply in US, which will have a greater impact on export and international maize price. Meanwhile, China has become the fifth-largest maize exporter for the US.

3. Maize demand growth is too fast in China and it is the main reason of the inventory consumption ratio declining. The maize consumption price of China has a reversed change trend compared with the variation of inventory consumption ratio. Meanwhile, when the corn inventory consumption ratio decreased under the international warning-line, the promotion of inventory consumption ratio variation on the formation of maize consumption price was enhanced obviously. The range of maize consumption price is 2 to 5 times than that of inventory consumption ratio of maize.

Some conclusions have been drawn from the study on China's maize consumption from the perspective of the international comparative study.

1. The total quantity of the two countries' maize consumption is increased, while the share in global market tends to increase in China but decline in US. Meanwhile, the maize stock-consumption ratio of the two countries is in a downward trend, and the decrease in China is about 10 times than that in US.

2. The quantity of the four kinds of maize consumption keeps increasing in China, but the industrial use in US keeps declining. Meanwhile, the change trends of the share for this four kinds are the same, that is the shares of food consumption, feed consumption, seed consumption are with an upward trend but the share of industrial use is with a downward trend. It is also showed that Sino-US maize deep-processing consumptions are concentrated to the fuel ethanol consumption and starch sugar consumption.

3. The effect through trade channel from international market on domestic market is still small while the effect through information channel from international market on domestic price is strong.

Some conclusions have been drawn from the study on China's maize consumption from the perspective of the domestic regional comparative study.

1. Shandong, Henan, Hebei, Guangdong, Sichuan, Liaoning, Heilongjiang and Inner Mongolia are the main maize consumption provinces; Northeast and northern regions account for more than half of the national maize consumption. The proportion of feed consumption in the main producing areas declined and increased in the main maize consumption areas, especially in the north and the Yangtze River Basin; the deep – processing industrial consumption was centralized in the main producing areas and almost accounted for 64% of the country consumption.

2. The maize consumption price in the main producing areas especially in the Northeast areas has played a fundamental role on the formation of the other regional maize consumption prices.

Some conclusions have been drawn from the study on China's maize consumption from the perspective of the internal consumption structure comparative study.

1. About feed consumption of China's maize, the study results showed that, firstly, the feed consumption of China's maize was mainly concentrated in the mixed feed, and it accounted for 66% with an increasing trend. Secondly, the integrated production efficiency and the technical efficiency of China's maize feed processing industry are high, but the scale efficiency was to be improved. Thirdly, since 2008, the effects were enhanced between the price on China's maize feed processing industrial chain and these effects are asymmetry.

2. About the deep – processing industrial consumption of China's maize, the study results showed that, firstly, this kind consumption was still concentrated in the deep processing of starch and its products, which almost accounted for more than 65%, and the series of alcoholic products accounted for about 30% with an upward trend. Secondly, the technical efficiency of the maize starch processing industry was relatively lower than the scale efficiency, which is the main reason for the lower integrated productivity in China. Meanwhile, the efficiency of China's alcohol industry was at a high level which showed the production factors have been very fully utilized. Thirdly, since 2008, the effects were enhanced between the price on China's maize deep – processing industrial chain and these effects are asymmetry.

According to conclusions above, we can come to the following implications and revelations.

1. The world maize market supply and demand is tight and the US controls the world maize market. China's maize industrial development should be based on domestic market and China should diversify import channels as possibly.

2. It is extremely important to stabilize the China's maize consumption that will stabilize stock consumption ratio and stabilize China's maize consumption price of maize.

3. The proportion of China and US maize feed consumption showed a downward trend and there is a same change direction of the domestic maize consumption in China and US maize deep

processing industry, which both concentrated to fuel ethanol and starch sugar, therefore, when China's maize consumption situation is been analyzed, changes in the structure of the US maize consumption are also very worthy of attention.

4. The effects of the US maize consumption price through the information channel on China's consumption price were more significant, therefore, that is worthy of more attention.

5. China's maize deep-processing industry consumption concentrated to the traditional main maize producing areas and the main producing areas especially the northeast areas played a fundamental role in the national maize consumption price formation, which should be the focus of policy concerns.

6. The maize feed consumption industry of China was with a high technical efficiency and a little lower scale efficiency, and therefore it is useful to improve the income of the entire industry by expanding the scale of enterprises and increase industry concentration.

7. The technical and scale efficiency of processing industry of alcohol products are high, and the technical efficiency of processing industry of starch products was lower and the scale efficiency needed to be improved, so it is a feasible way to improve the industry earnings by expanding business scale.

8. The effects were enhanced between the prices on China's maize feed industrial chain and maize deep-processing industrial chain since 2008 and it is worthy of more attention.

目 录

第1章 引言 ……………………………………………………… (1)
1.1 研究的背景与意义 ………………………………………… (1)
1.1.1 研究背景 …………………………………………… (1)
1.1.2 研究意义 …………………………………………… (3)
1.2 研究的目标与内容 ………………………………………… (4)
1.2.1 研究目标 …………………………………………… (4)
1.2.2 研究内容 …………………………………………… (4)
1.3 研究的理论与方法 ………………………………………… (6)
1.3.1 理论基础 …………………………………………… (6)
1.3.2 研究方法 …………………………………………… (7)
1.4 研究的数据来源 …………………………………………… (7)
1.5 研究可能的创新之处 ……………………………………… (9)

第2章 文献综述 ………………………………………………… (10)
2.1 关于玉米生产领域的研究 ………………………………… (10)
2.1.1 国内研究 …………………………………………… (10)
2.1.2 国外研究 …………………………………………… (11)
2.2 关于玉米消费领域的研究 ………………………………… (12)
2.2.1 国内研究 …………………………………………… (12)
2.2.2 国外研究 …………………………………………… (14)
2.3 关于玉米国际贸易的研究 ………………………………… (14)
2.3.1 国内研究 …………………………………………… (14)

2.3.2 国外研究 ································· (15)
2.4 关于玉米价格的研究 ··························· (16)
2.5 文献评述 ···································· (18)

第3章 世界玉米市场中的中国玉米市场 ················· (19)
3.1 世界玉米市场的供需平衡状况 ···················· (19)
3.1.1 世界玉米生产 ····························· (20)
3.1.2 世界玉米进出口 ···························· (22)
3.1.3 世界玉米供需平衡表分析 ····················· (24)
3.2 美国玉米市场的供需平衡状况 ···················· (25)
3.2.1 美国玉米市场供需平衡表分析 ·················· (25)
3.2.2 美国玉米主要出口国分析 ····················· (26)
3.3 中国玉米市场的供需平衡状况 ···················· (27)
3.3.1 中国玉米市场的供给状况 ····················· (27)
3.3.2 中国玉米市场的需求状况 ····················· (32)
3.3.3 中国玉米供需平衡状况与玉米消费价格变动的关系研究 ······ (38)
3.4 本章小结 ···································· (41)

第4章 中国玉米消费经济：国际比较研究——以中美为例 ···· (44)
4.1 中美玉米消费总量比较研究 ······················ (44)
4.2 中美玉米消费结构比较研究 ······················ (46)
4.2.1 中美玉米食用消费对比分析 ···················· (48)
4.2.2 中美玉米种用消费对比分析 ···················· (50)
4.2.3 中美玉米工业深加工消费对比分析 ··············· (51)
4.2.4 中美玉米饲用及其他消费对比分析 ··············· (60)
4.2.5 研究小结 ································ (61)
4.3 美国玉米消费价格对中国玉米消费价格的影响研究 ······ (63)
4.3.1 数据来源与方法 ···························· (63)
4.3.2 美国玉米消费价格通过贸易渠道对中国玉米消费价格的影响 ··· (64)
4.3.3 美国玉米消费价格通过信息渠道对中国玉米消费价格的影响 ··· (68)
4.3.4 研究小结 ································ (71)
4.4 本章小结 ···································· (72)

第5章 中国玉米消费经济：国内省际区域比较研究 (75)

5.1 中国玉米消费的区域布局 (75)
5.1.1 中国玉米消费总量的省际分布 (75)
5.1.2 中国玉米饲用消费的区域布局 (77)
5.1.3 中国玉米工业深加工消费的区域布局 (82)
5.1.4 研究小结 (87)

5.2 中国玉米消费价格在省际区域间的相互影响研究 (87)
5.2.1 数据来源与方法 (88)
5.2.2 主产区与主销区的玉米消费价格间的相互影响 (89)
5.2.3 主产区内部的玉米消费价格间的相互影响 (96)
5.2.4 研究小结 (103)

5.3 本章小结 (104)

第6章 中国玉米消费经济：内部消费结构视角——饲用消费 (106)

6.1 中国玉米饲用消费总量与结构分析 (106)
6.2 中国玉米饲用消费产业的生产效率分析 (109)
6.2.1 研究方法与模型 (109)
6.2.2 数据来源与处理 (110)
6.2.3 实证分析与结果 (111)
6.2.4 研究小结 (113)

6.3 中国玉米饲用消费产业链上代表性价格间的相互影响 (113)
6.3.1 数据来源与方法 (113)
6.3.2 实证分析与结果 (114)
6.3.3 研究小结 (121)

6.4 本章小结 (121)

第7章 中国玉米消费经济：内部消费结构视角——工业深加工消费 (123)

7.1 中国玉米工业深加工消费总量与结构分析 (123)
7.2 中国玉米深加工消费的淀粉系列产品行业的生产效率分析 (124)
7.2.1 中国玉米淀粉玉米消费的总量与结构 (124)
7.2.2 中国玉米淀粉加工产业的效率分析 (126)
7.2.3 中国味精加工产业的效率分析 (130)
7.2.4 研究小结 (134)

7.3 中国玉米深加工消费的酒精系列产品行业的生产效率分析……………（134）
    7.3.1 中国玉米酒精产业的玉米消费总量与结构……………………（134）
    7.3.2 中国玉米酒精深加工产业的效率分析…………………………（136）
    7.3.3 研究小结…………………………………………………………（139）
7.4 中国玉米深加工消费产业链上代表性价格间的相互影响……………（139）
    7.4.1 数据来源与方法…………………………………………………（139）
    7.4.2 实证分析与结果…………………………………………………（140）
    7.4.3 研究小结…………………………………………………………（145）
7.5 本章小结…………………………………………………………………（146）

第8章 研究结论与启示……………………………………………………（149）

8.1 研究的主要结论…………………………………………………………（149）
    8.1.1 关于世界市场中的中国玉米市场供需平衡状况研究的结论…（149）
    8.1.2 关于国际比较视角下对中国玉米消费状况研究的结论………（152）
    8.1.3 关于国内省际区域比较视角下对中国玉米消费状况研究的结论…（154）
    8.1.4 关于内部消费结构比较视角下对中国玉米消费状况研究的结论…（155）

8.2 研究的启示………………………………………………………………（158）
    8.2.1 世界玉米市场供需趋紧，美国掌控世界玉米市场，中国玉米产业发展要立足国内，同时进口渠道应尽可能多元化……………………………（158）
    8.2.2 稳定中国玉米消费进而稳定库存消费比对于稳定中国玉米消费价格具有越来越重要的作用………………………………………………………（158）
    8.2.3 中美玉米饲用消费占比均呈下降趋势，工业深加工消费结构均有向燃料乙醇和淀粉糖集中的趋势…………………………………………………（159）
    8.2.4 美国玉米消费价格通过信息渠道对中国玉米消费价格产生的影响较显著，值得关注………………………………………………………………（159）
    8.2.5 中国玉米工业深加工消费向传统玉米主产区集中，主产区尤其是东北主产区的玉米消费价格对全国玉米消费价格形成具有基础性作用，应成为政策关注的重点…………………………………………………………………（159）
    8.2.6 中国玉米饲用消费加工业的技术效率较高，但规模效率有待提高，因此通过行业集中度的提高来扩大企业规模，在一定程度上是提高整个行业收益的可行途径………………………………………………………………（160）
    8.2.7 中国玉米工业深加工消费中的酒精系列产品加工业的技术和规模效率均较高，淀粉系列产品加工业的技术效率较低、规模效率有待提高，因此淘汰落后产能、扩大企

业规模是提高行业收益的可行途径 ……………………………………………………（160）
  8.2.8 中国玉米饲用消费和工业深加工消费产业链上代表性价格间的相互影响均增强，需要关注 ……………………………………………………………………（160）
 8.3 研究的不足之处和进一步研究的方向 ……………………………………（160）

参考文献

第1章

引 言

1.1 研究的背景与意义

1.1.1 研究背景

保障国家粮食安全是一个永恒的课题。党的十八大以来,习近平同志多次明确指出,"保障国家粮食安全是一个永恒的课题,任何时候这根弦都不能松"。在2013年12月10—13日举行的中央经济工作会议上,习近平同志明确提出:"必须实施以我为主、立足国内、确保产能、适度进口、科技支撑的国家粮食安全战略;要依靠自己保口粮,集中国内资源保重点,做到谷物基本自给、口粮绝对安全";在2013年12月23—24日举行的中央农村工作会议上,习近平同志又明确指出:"我们的饭碗应该主要装中国粮,要进一步明确粮食安全的工作重点,合理配置资源,集中力量首先把最基本最重要的保住,确保谷物基本自给、口粮绝对安全,要调动和保护好'两个积极性',要让农民种粮有利可图、让主产区抓粮有积极性";2014年的中央一号文件更是明确要"抓紧构建新形势下的国家粮食安全战略"。

玉米在保障我国粮食安全中具有重要的战略地位。2012年,农业农村部部长韩长赋同志撰文指出,玉米在保障我国粮食安全中具有重要的战略地位:①玉米已成为我国第一大粮食作物。中华人民共和国成立以来,玉米在我国农业生产中的地位日益凸显,种植面积和总产量占全国的比重分别由20世纪50年代的11.3%、10.7%提高到90年代的20.4%、23.4%(韩长赋,2012)。从播种面积看,2002年,我国玉米播种面积首次超过小麦(2002年玉米播种面积为36951万亩、小麦为35862万亩),成为我国播种面积第二大的粮食作物;2007年,我国玉米播种面积首次超过稻谷(2007年玉米播种面积为44216万亩、稻谷为43378万亩),成为我国播种面积第一位的粮食作物。从总产量看,1998年开始,我国玉米产量超过小麦(玉米产量13295万吨、小麦产量10973万吨),成为我国产量第二大的粮食作物;到了2012年,我国玉米产量首次超过稻谷(玉米产量20561万吨、稻谷产量20424万吨),成为我国第一大粮食作物。2012年,我国玉米从播种面积和产量两个方面均超过水稻和小麦,正式成为我国第一大粮食作物。②玉米是我国今后一个时期消费需求增长最快的粮食品种。根据国际经验,当一个国家开始进入工业化和城镇化中后期时,居民的膳食消费结构会显著变化,肉蛋奶及水产品的消费将快速增加,因此带动的玉米饲用消费也将快速增加。美国的数据显示,其在1965—2000年玉米饲料消费年均增长1.6%,而同期日本为4.1%。我国现在也已经进入这个发展阶段,2010年全国肉蛋奶和水产品产量分别比2003年增长23%、18.5%、105%、31.8%,而同期的玉米饲用消费量也由9000万吨增加到12000万吨,增长33%(韩长赋,2012)。同时,我国畜牧养殖业发展方式的转变也将增加玉米饲用消费量。随着规模养殖的发展,以前一家一户用青饲料、米糠麦麸、剩菜剩饭喂猪的状况已被大规模的工厂饲料所取代,这将明显增加玉米的饲用消费量。二是深加工的快速发展也将增加对玉米的需求。2000年以前,玉米深加工不足1000万吨,占玉米总产量的比重不足10%;进入21世纪,我国玉米深加工业出现快速发展势头,1999/2000年度,玉米深加工消费量为1110万吨,2012/13年度达到6000万吨,13年间一直呈现单调递增的趋势,增加了4890万吨,年均增量达376万吨,年均增幅为34%①。因此,专家分析,"十二五"期间我国玉米生产和消费都将快速增长,但消费增速将快于生产增速,预计"十二五"末我国玉米消费总需求量将达22000万吨左右,供求紧平衡格局将会被打破(韩长赋,2012)。③玉米是未来满足我国粮食需求增长的主要依靠品种。韩长赋(2012)指出,今后一个时期我国粮食供求的总体趋势是:水稻需求量稳定,生产优势明显,能够保障自给;小麦需求量稳定,生产稳中有升,自给略余;玉米需求量明显增加,供需矛盾日益突出。从未来我国粮食供求结构看,如果出问题有可能出在玉米上。因此,习近平总书记在2013年的中央农村工作会议上指出,要保障粮食安全、稳定粮食生产,就要加大强农惠农富农政策力度,调动和保护好农民种粮和主产区抓粮的积极性。

保障中国粮食安全的重要性以及玉米在保障中国粮食安全中的重要地位,使得本书将研究重点放在了三大粮食品种中的玉米上。根据已有研究,中国玉米市场目前有以下几个特点:(1)2008年以来以玉米全国批发均价表示的中国玉米价格的明显加大。通过对2000年以来中国三大粮食品种的价格数据进行比较分析发现:2008年以前的年均波幅分别为小麦6.73%、玉米7.95%、水稻10.94%,而2008年以来的年均波幅则变为小麦6.67%、玉米19.27%、水稻4%(张利庠、陈秀兰,2012)。(2)产量和消费量均逐年增加,但消费增长的速度快于产量增加的速度,导致目前中国玉米市场产需缺口扩大。2008—2013年的数据显

---

① 数据为笔者整理计算。

示，中国玉米总产量以年均4.8%的幅度增加(2012/13年度总产量为20561万吨，2008/09年度为16591万吨)，而国内总需求以年均7.1%的幅度增加(2012年/13年度国内总需求为23194万吨，2008/09年度为16173万吨)。(3)中国从2010年开始成为玉米净进口国。中国从2006年开始少量进口玉米，到了2010年正式从玉米净出口国变为玉米净进口国，2010年进口玉米150万吨，2012年进口玉米约500万吨。已有研究也几乎一致表明：近年来，中国玉米消费的快速增长是中国玉米产需缺口扩大，进而导致中国玉米进口增加、价格变动幅度加大的主要原因。

因此，以保障中国粮食安全为背景，考虑到玉米在保障中国粮食安全中的重要战略地位，同时根据消费状况这个因素对于目前中国玉米产业的关键影响，书中将研究的目标定位在对中国玉米消费状况的详细分析上。具体将从以下几方面展开：首先对世界及中国玉米市场的供需平衡状况及其变动趋势进行分析，在准确把握国际市场状况的前提下进一步分析中国玉米消费市场；其次，针对中国玉米的消费状况展开三方面具体研究，分别从国际比较研究、国内省际区域比较研究和内部消费结构比较研究三个视角进行，其中内部消费结构比较研究又主要考察占玉米消费总量90%左右的饲用消费和工业深加工消费，分别分析评价中国玉米饲料加工业、酒精加工业和淀粉加工业的生产效率。

1.1.2 研究意义

理论层面上：研究主要根据供求理论来对中国玉米消费状况进行分析，虽然没有对供求理论的基本框架进行创新，但以中国玉米产业为案例，丰富了供求理论的现实应用。

在现实层面上：玉米在保障国家粮食安全中具有重要的战略地位，已有研究也几乎一致表明，近年来，在产量稳步增加、少量进口调节可控的背景下，中国玉米消费的快速增长是中国玉米产需缺口扩大，进而导致中国玉米进口增加、价格变动幅度加大的主要原因。因此，以保障中国粮食安全为背景，考虑到玉米在保障中国粮食安全中的重要战略地位，同时根据消费状况这个因素对于目前中国玉米产业的关键影响，书中以中国玉米消费状况为研究对象，以期通过对中国玉米消费状况较为详细微观的结构分析，能对中国玉米产业的发展以及中国粮食安全的保障提出具有一定现实意义的对策建议。

1.2 研究的目标与内容

1.2.1 研究目标

以保障国家粮食安全为背景,考虑到玉米在保障中国粮食安全中的重要战略地位和消费状况目前已成为影响中国玉米产业进而影响粮食安全的关键因素,书中将中国玉米消费状况作为研究对象,目标在于通过对中国玉米消费状况较为详细微观的分析,能对中国玉米产业的发展以及中国粮食安全的保障提出具有一定现实意义的对策建议。具体目标包括以下几个方面:

(1)弄清楚世界玉米产业发展中的中国玉米产业,明确中国在世界玉米市场上所处的位置,梳理世界及中国玉米市场供需平衡状况及其变动,在准确把握国际环境的前提下进一步分析中国玉米消费市场。

(2)从国际比较研究的视角对中国玉米消费状况进行分析。分析了中国在世界玉米市场中所处的位置后,文章从国际比较研究的视角对中国玉米消费状况展开对比研究,选择美国为对比研究的参照,原因是:全球玉米生产和贸易高度集中,而美国在生产和贸易方面占据绝对的主导地位,产量约占世界总产量的35%、出口量占世界的40%以上。同时,美国是中国最主要的玉米进口国,中国也成为美国第五大玉米出口国。

(3)从国内省际区域比较研究的视角对中国玉米消费状况进行分析。重点分析玉米饲用消费和工业深加工消费的区域分布情况,同时对不同区域间的玉米消费价格的相互影响关系进行研究。

(4)从中国玉米内部消费结构比较研究的视角对中国玉米消费状况进行分析。中国玉米消费结构包括食用消费、种用消费、饲用消费和工业深加工消费,其中饲用消费和工业深加工消费占到玉米总消费量的90%左右,因此,在从内部消费结构的角度去研究中国玉米消费状况时,重点分析了中国玉米饲用消费和工业深加工消费。分别从消费总量与结构、消费加工行业的效率评价和消费产业链上代表性价格间的相互影响关系三个维度展开。

1.2.2 研究内容

为了实现上述目标,研究按照如图1-1所示的技术路线进行,在文献梳理的基础上着重研究以下几个方面的内容并得出研究结论及启示。

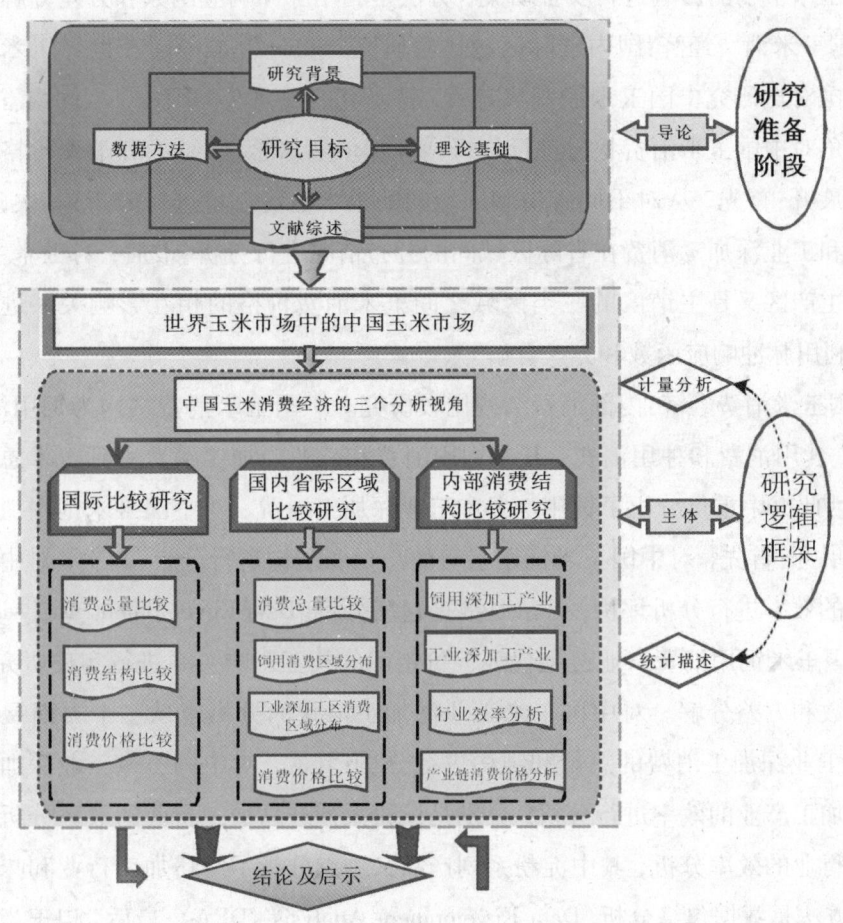

图 1-1 研究技术路线

(1) 世界玉米产业发展中的中国玉米产业。从生产、消费、进出口、供需平衡变动四个方面分别对世界玉米市场、美国玉米市场和中国玉米市场进行分析，明确中国玉米市场在世界上的位置和与世界玉米市场的联系，明确世界玉米市场的发展趋势。在对中国玉米市场供需状况进行分析时，书中还将考察中国玉米供需平衡状况与中国玉米消费价格的变动关系，明确中国目前玉米消费状况对中国玉米产业发展的重要作用。

(2) 中国玉米消费经济：国际比较研究——以中美为例。根据前文的分析，中国目前与国际玉米市场的重要联系就是中国已成为美国第五大玉米出口国，中国的玉米消费状况在一定程度上将受到美国市场的影响，因此紧接着前文的分析，文中将从中美比较的视角对中国的玉米消费状况进行分析。分析将从消费总量、结构和消费价格间的影响三个方面展开：首先，通过国内消费总量、占全球的比重、占国内总供给比重、库存消费比四个指标对中美玉米消费的总量情况进行对比研究；其次，将从玉米消费结构即食用、种用、饲用和工业深加工四个方面对中美玉米消费的内部结构进行对比研究；最后，将对美国玉米市场消费价格对中国玉米市场的影响进行实证研究,方法是利用脉冲响应函数和方差分解。

(3)中国玉米消费经济:国内省际区域比较研究。在分析了中国在世界玉米市场上的位置和与美国对比研究中国玉米消费状况后,将研究的视角转向国内,从国内省际区域比较研究的视角对中国玉米消费状况进行分析。分析依然从总量、结构和消费价格的相互影响三个方面展开:首先,从对不同省份和区域间的玉米消费总量进行分析;其次,分别对玉米饲用消费和工业深加工消费在省际区域间的分布情况进行分析;最后,对玉米主产区、主销区和既是主产区又是主销区的三类区域之间玉米消费价格的相互影响关系进行实证研究,方法是利用脉冲响应函数和方差分解。

(4)中国玉米消费经济:内部消费结构比较研究。中国玉米消费结构为饲用消费、工业深加工消费、食用消费和种用消费,其中饲用消费和工业深加工消费占到玉米总消费量的90%左右,因此书中重点分析了饲用消费和工业深加工消费。对中国玉米饲用消费的分析从三个方面展开:首先,对中国玉米饲用消费的总量和结构进行分析;其次,对中国玉米饲用消费产业的效率进行分析评价,方法是数据包络分析(Data Envelopment Analysis, DEA);最后,对中国玉米饲用消费产业链上代表性价格间的相互影响关系进行实证研究,方法是脉冲响应函数和方差分解。对中国玉米工业深加工消费的分析也从三个方面展开:首先,对中国玉米工业深加工消费的总量和结构进行分析;其次,对中国玉米工业深加工消费的两类产品的加工产业的效率进行分析,分别是淀粉系列产品加工行业的效率分析和酒精系列产品加工行业的效率分析,其中淀粉系列产品又重点分析了淀粉加工行业和味精加工行业的效率,方法是数据包络分析(Data Envelopment Analysis, DEA);最后,以玉米淀粉消费链为代表,对中国玉米工业深加工消费产业链上代表性价格间的相互影响关系进行实证研究,方法是脉冲响应函数和方差分解。

1.3 研究的理论与方法

1.3.1 理论基础

研究的理论基础是新古典经济学均衡价格理论。均衡价格理论分为局部均衡价格理论和一般均衡价格理论,局部均衡价格理论的创立人是英国经济学家马歇尔,一般均衡价格理论的创立者是法国经济学家瓦尔拉斯。

马歇尔创立的局部均衡价格理论是一种静态分析的范式,假定其他市场条件都不变,孤立地研究某个局部市场里供求与价格的关系或该市场的均衡状态,而不考虑市场间的相互联系和影响。而瓦尔拉斯的一般均衡理论是一种动态分析范式,在研究价格时注重单个商品市场之间、单个要素市场之间以及单个商品市场和要素市场间价格及数量的相互影响和相互联系,研究所有单个市场的均衡的建立与破坏。这种分析方法被称为一般均衡分析,这一分析方法后来由帕累托、希克斯、诺伊曼、萨缪尔森、阿罗等加以改进与发展。在现代经济学中,均衡理论和均衡分析方法得到了广泛运用和发展。

新古典经济学的均衡价格理论有以下重要结论,分别是:(1)一般而言,在短期内,需求对价格的决定影响比较大;(2)在长期内,生产成本对价格的决定影响比较大(马歇尔,2007);(3)两个实现了局部均衡的市场如果关联性增强,价格会在供求力量的作用下进行传导,最终实现一般均衡。

书中选择中国玉米消费状况作为分析的目标和重点,也是基于均衡价格理论,在供给相对稳定的情况下,需求变动的影响作用就明显体现出来。

1.3.2 研究方法

研究将采用以下方法:

(1)文献研究法。通过对已有相关文献的深入研究,梳理现有文献对中国玉米产业发展进行的研究。

(2)实证研究法。利用统计学和计量经济学的相关方法,对统计数据进行研究,探究各经济变量之间的经济联系和客观规律。具体包括:

① 描述统计:分析世界、美国和中国玉米的生产、消费、进出口和供需平衡状况,分析中美玉米消费结构,分析中国玉米消费在区域间的分布情况。

② 计量分析:主要采用两种计量分析方法,分别是数据包络分析(Data Envelopment Analysis,DEA)和基于VEC模型的脉冲响应函数和方差分解法。其中,利用基于VEC模型的脉冲响应函数(Impulse Response Function,IRF)和方差分解(Variance Decomposition)研究美国玉米消费价格对中国玉米消费价格的影响、研究中国玉米消费价格在主产区——主销区——既是主产区又是主销区之间的相互影响、研究中国玉米饲用消费产业链和工业深加工消费产业链上代表性价格间的相互影响关系;利用DEA分析方法中的M2R模型和C2GS2模型计算中国饲用加工业、淀粉加工业、味精加工业、酒精加工业的行业综合生产效率、纯技术效率和规模效率。脉冲响应函数和方差分解的结果,均通过EViews6.0软件回归而得(高铁梅,2006),数据包络分析的结果通过软件DEAP2.1获得。

1.4 研究的数据来源

各章节数据来源如下:

第3章 世界玉米市场中的中国玉米市场

本章中世界玉米的生产、进出口数据来源于联合国粮农组织FAO统计数据,美国玉米的生产、消费、进出口数据和世界及美国的玉米市场供需平衡表数据来源于美国农业部,中国玉米市场的供给、需求数据来源于中国国家统计局、美国农业部、中国玉米网、中证期货研究部、国家粮油信息中心、《2013全国农产品成本收益资料汇编》。

第4章 中国玉米消费经济:国际比较研究——以中美为例

本章中美国玉米消费的总量和结构数据均来自美国农业部,中国玉米数据中期初库存和总消费中包含的玉米饲用消费数据来源于美国农业部,其他数据来自于国家粮油信息中心和《2013全国农产品成本收益资料汇编》,中国玉米工业深加工各类产品的玉米消费量数据来源于2012年山东农业大学徐杰博士论文《基于"系统流"理论的中国玉米产业系统协调性研究》的计算,笔者经过分析比较,认为该文中关于深加工产品的玉米消费量的换算比较合理,因此在此使用该组数据。美国玉米消费价格中的玉米现货价格用美国墨西哥湾离岸价格代表,数据来源于中国国家发展与改革委员会价格监测中心,中国玉米消费价格中的玉米现货价格以中国玉米全国批发均价代表,数据来源于安信证券2014年1月6日农业数据周报,芝加哥期货交易所近月玉米期货价格代表美国玉米期货价格,大连商品交易所近月玉米期货价格代表中国玉米期货价格,数据均来源于安信证券2014年1月6日农业数据周报。

第5章 中国玉米消费经济:国内省际区域比较研究

本章中不同省份的玉米消费总量数据来源于中华粮网;不同省份的玉米饲用消费量根据饲料产量换算而来,其中饲料产量来自于《中国饲料工业年鉴》;不同省份的工业深加工玉米消费量数据是笔者根据《中国轻工业年鉴》和《中国食品工业年鉴》统计整理得来的;黑龙江、广东、山东的玉米消费价格以及东北主产区和华北主产区的玉米消费价格数据来源于中国人民大学仇焕广教授课题组监测收集的数据。

第6章 中国玉米消费经济:内部消费结构——饲用消费产业视角

本章中玉米饲用消费总量与结构数据来源于美国农业部、中国粮油信息中心、中国饲料工业年鉴;饲料加工业工业总产值、全部从业人员和固定资产净值数据来源于《中国食品工业年鉴》,饲料产量来自于《中国饲料工业年鉴》,原料玉米投入量根据以下方法换算而来:根据农业部农业贸易促进中心课题组论文《中国玉米产业面临的挑战与政策选择》中提到的"配合饲料中玉米添加比例约60%,1单位浓缩饲料需要1.8单位玉米,预混饲料不需玉米"的信息换算;玉米全国收购均价数据来源于中储粮和中华粮网共建的全国粮油价格监测系统,玉米全国批发均价、育肥猪配合饲料价格和生猪出场价数据来源于安信证券农业周报数据2014年1月6日周报。

第7章 中国玉米消费经济:内部消费结构——工业深加工视角

本章中玉米工业深加工消费总量与结构数据来源于《中国食品工业年鉴》、《中国轻工业年鉴》和2012年山东农业大学徐杰博士论文《基于"系统流"理论的中国玉米产业系统协调性研究》中的计算;淀粉加工业、味精加工业和酒精加工业的工业总产值、全部从业人员和固定资产净值数据来源于《中国食品工业年鉴》,淀粉及其制品产量、味精产量、酒精产量数据来自于《中国食品工业年鉴》,原料玉米投入量根据以下方法换算而来:根据国家在《关于促进玉米深加工业健康发展的指导意见》中提出的新建、扩建玉米深加工项目能耗要求规定,玉米淀粉的原料消耗比要不大于1.5,因此在计算时取1.5的折算比例;味精的原料消耗比要不大于2.5,而目前的平均水平为2.7,因此玉米投入量的换算按照2.7计算;玉米酒精能耗应该小于3.15,而实际生产中普遍为3.3,因此根据3.3的能耗比来换算玉米酒精生产的玉米消耗量。产业链上的代表性价格中的玉米全国收购均价来源于全国粮油价格监测系统,玉米全国批发均价和淀粉价格数据均来源于安信证券农业周报数据2014年1月6日周报。

1.5 研究可能的创新之处

通过对现有文献的大量研读,得出以下启示:

玉米生产、进出口国际贸易和深加工消费是目前关于中国玉米产业研究的重点,现有文献对中国玉米产业在生产、国际贸易和消费等方面进行了大量研究,这些已有研究成果将为本研究提供宝贵的资料和借鉴。

根据现有研究的主要结论,中国玉米生产比较稳定,有进一步增产的空间,但能力有限且时间调整周期相对较长。目前中国玉米少量进口调节将成为常态,但由于进口配额的调控,短时间内进口处于可控范围内;而已有研究和数据分析均一致表明,近年来,中国玉米消费的快速增长是中国玉米产需缺口扩大,进而导致中国玉米进口增加、价格变动幅度加大的主要原因。因此,在中国玉米产量稳步增加、少量进口调节可控的背景下,本书将中国玉米的消费状况作为了研究的目标和分析的重点。

现有文献对中国玉米生产和国际贸易方面的研究已相当丰富,关于中国玉米消费的大量分析也主要集中在宏观整体层面,而关于中国玉米消费状况的微观结构层面的详细研究相对较少。因此,本书对中国玉米的消费状况从以下三个方面展开较为详细的研究,以期对中国玉米的消费状况有更多关于微观结构方面的分析,进而为中国玉米产业的发展提供更深入的研究支撑。这三个方面包括国际比较研究、国内省际区域比较研究和内部消费结构比较研究,分别从玉米消费的总量、结构和价格三个维度进行比较,其中在对内部消费结构进行分析还专门考察了玉米饲用消费和工业深加工消费加工行业的效率问题。

通过上述三个层面和三个维度对中国玉米消费状况进行较为详细的微观分析,算是本研究在内容上的一个明显创新之处。

第 2 章

文献综述

玉米在保障中国粮食安全上具有重要的战略地位,玉米是中国种植面积最大的粮食作物,是今后一个时期消费需求增长最快的粮食品种,同时也是未来满足中国粮食需求增长的主要粮食品种(韩长赋,2012),因此对中国玉米产业的研究极具现实意义。现有大量文献对中国玉米产业的研究主要集中在生产、消费、国际贸易和价格等方面。

2.1 关于玉米生产领域的研究

2.1.1 国内研究

国内现有文献在玉米生产方面的研究,主要从三个角度进行:首先是投入要素对生产的贡献,尤其是技术进步对生产的影响;其次是做中国玉米产区优势与演变的研究;最后是对微观个体——农户生产行为的分析。

关于玉米生产投入要素贡献率的研究。技术进步是学者们关注的重点(田维明,1998;张雪梅,1999)。玉米生产要素主要包括土地、劳动力、种子秧苗、化肥、农家肥、农膜、农药、畜力、机械设备和其他物质投入,陈卫平(2006)运用 Torngvist - Theil 指数法和增长账户法测算了 1985—2003 年期间中国 TFP(全要素生产率)的变动及其对玉米产出增长的贡献。改革开放以来,中国玉米增产中 50.14% 是由技术进步所引致(吴敬学等,2010),杨春、陆文聪(2007)也从 TFP 测算角度出发得出技术进步是促进 TFP 增长的主要因素。除了技术进步层面之外,化肥和播种面积对玉米生产的投入产出弹性也较大(郭志超,2009)。随机前沿生产函数来进行技术效率的测定也是学者们主要采用的一种分析方法(刘树坤、杨沏华,2005)。

关于中国玉米产区优势与演变的研究。根据玉米种植的区域差异,可将中国玉米供给分为北部、中部和南部三个产区，北部产区的玉米产量增加主要来自面积的扩大，南部产区的玉米生产注重单产水平的提高，而面积和单产对中部产区的玉米增长贡献差别不大（邵飞，2011）。

关于农户玉米生产行为的研究。决定农户玉米生产行为的变量分为内生变量和外生变量。内生变量包括农户的年龄与受教育年限、家庭的劳动力状况、财富状况、获取信贷的能力以及家庭经营结构等。外生变量主要包括价格因素和农村社会网络的发育情况。卢宪英、崔卫杰（2009）通过构建 Probit 和 OLS 模型，进行实证分析。柴斌峰等（2007）比较分析了陕西、山东和贵州三省不同收入等级和不同土地等级的农户玉米生产的成本和收益情况，得出富裕程度和土地种植面积对成本有较大的影响。

很多学者对于生产问题都提出了对策，包括提高单产、建设优质玉米生产基地、科技支撑大力发展"三高"玉米高赖氨酸玉米（杨庆才，2008；赵化春，2000）。

2.1.2 国外研究

国外对于玉米生产的研究也主要集中在影响因素的研究上，其中技术层面是最主要的影响因子。早在1958年，Cochrane 就提出"农业踏车"（Agricultural treadmill）理论，又称为"技术踏车"（Technological treadmill）理论，比喻商业性农业生产者在农业技术进步背景下的竞争状况和收益分配情况。Yujir 和 Robert（1977）将该理论扩展用于分析半商业性农业生产者的竞争状况和收益分配情况。Niels（2003）认为，以农业踏车原理为基础的政策具有促进农业竞争、保持较高的农业效率以及提高国家农产品竞争力等积极效果，但这类政策将造成农业生产的不可持续，最终会导致政府不得不给予大量补贴。Niels 于 2004 年又进一步提出，在经济开放的环境下，农产品出口国之间的技术竞争会引发"全球踏车"（Global treadmill），即进口国的消费者获得因较低国际价格所带来的利益。

近年来，国外对于玉米生产的研究也从新能源战略的角度展开。玉米乙醇生产将带来美国中西部农业经济的结构性变化（Schoonover，Muller，2006）。因为不仅是美国，包括巴西、中国、欧盟等在内的世界各国乙醇市场需求旺盛（Birur，Hertel，Tyner，2007）。至于玉米是否会出现与人争粮的局面，有学者认为，随着技术的进步，玉米的单产会提高，种植面积会增加。从长期来看，用作饲料和居民食用消费以及出口的玉米量变动不大，玉米燃料乙醇发展不会产生"与人争粮"（Cooper，2007）。技术进步日新月异，到2020年，生物质能源成本有可能将低于石油能源成本，原油价格将会下降（Dixon，Rimmer，2007）。如果美国扩大玉米种植以加工生物乙醇，国内能源作物的种植有利于减少对其他国家的能源依赖（Gehlhar，Somwaru，2007，利用一般均衡模型）。中国、马来西亚和日本等亚洲国家的生物燃料也必然会给世界农业和生物燃料全球贸易带来影响（Ohga，Koizumi，2007；Martin，2007；Lampe，2007）。以欧盟为例 Woltjer 等（2007），应用 GTAP-E 模型研究生物质能源作物的种植。研究结论表明,生物燃料的发展增加了农民的收入,但也导致了农产品价格的上涨。

2.2 关于玉米消费领域的研究

2.2.1 国内研究

中国玉米的国内消费主要分为种用、鲜食、深加工和损耗,其中深加工又包括饲用深加工、食品深加工和工业用深加工。多年来,中国玉米种用、鲜食和损耗一直保持在比较稳定的水平,因此大量文献研究的重点也都主要集中在深加工上。张利库(2006)指出,中国饲料产业发展呈现"六化"趋势:经营产业化、产品差异化、管理科学化、饲料企业竞争区域化、专业化和国际化。就其玉米深加工来说,随着高科技添加剂技术的发展,玉米的加工业涵盖饲用玉米、工业用玉米及食用玉米。近年来,随着畜禽规模化养殖的快速发展,养殖方式由过去一家一户以青饲料、米糠麦麸、剩菜剩饭喂猪转变为使用工厂化饲料,消费大幅度增长,对玉米的需求明显增加(韩长赋,2012)。中国饲料加工业是从20世纪70年代中后期开始的,经过30多年的发展,中国已经成为世界第二大饲料生产国。中国玉米产量的60%-70%是用作饲料加工的(刘帅,2013)。一方面,大量的玉米用作饲用和工业用深加工;另一方面,中国人多地少和粮食短缺的国情决定了又不可能有更多的玉米加工非食品类产品。国内粮食总的产需缺口仍将至少维持在在3500万吨左右,玉米将从目前国内产需基本平衡转变为净进口,从而使中国面临较大的粮食进口压力(陆文聪、黄祖辉,2004)。于是,对于玉米的加工用途就有了方向性的不同意见。郭庆海(2007)认为,玉米加工业应以生产食品为主要方向。当前的中国玉米食品主要包括速冻玉米、玉米特强粉、休闲食品以及玉米早餐营养食品。目前中国约有15%的玉米用作食品加工(徐彦,2010)。在食品加工中,玉米油成为新兴的并具有很强生命力的一种用途。玉米油中含有较多的维持人体健康所需的油酸和亚油酸,富含维生素A、维生素E和卵磷脂。玉米油淡黄透明,气味芳香,味觉好,人体吸收率高达98%(高玉林,2011)。由于工业企业的技术门槛准入条件,当前中国发展玉米食品加工业以中小企业居多,因为中小企业可以利用更加简易的设施装备和技术条件,把握其产品特点和工艺技术流程,建立适度规模的关系人民生活的"社会大产业",甚至促使一些有发展前途的企业变成"小巨人"也是完全可能的(曲会朋,2013)。但是就当前国内食品产业的大环境来说,普遍存在质量安全问题,中国的玉米食品加工业也不例外。普遍存在着加工程度低、加工品种少、科技含量低和安全卫生性差等问题(龚魁杰,2003)。加工转化增值的实践探索有了巨大发展,展现了玉米深度开发的可行性(杨庆才,2003)。2000年以前,中国玉米深加工年消费不足100亿公斤,占玉米消费比重不到

10%。近年来,玉米深加工业产能迅速扩展,未来在目前900亿公斤的基础上有可能进一步扩大(韩长赋,2012)。玉米加工已经从简单的粗加工口粮和饲料,转变到深加工的精细产品、生物产品和有机产品,逐步加强与汽车、食品、医药、能源等产业之间的关联(张越杰,2007)。于是,形成了系统性的玉米经济,即按照玉米的经济属性,把玉米作为可再生生物资源和轻工、化工原料,在种植、营销和加工转化全面创新的基础上,用工业化思维来推进传统农业向现代农业转变(杨庆才,2003)。尽管面临粮价上涨、农业资源紧缺等诸多压力,但是由于技术等因素的限制,利用纤维素、木薯、甜高粱等原料大规模生产燃料乙醇短期内无法实现,玉米仍是生物燃料乙醇的重要原料(仇焕广等,2011)。中国玉米深加工产业的迅猛发展、要素和产品市场竞争的日趋激烈,导致产业内部的玉米深加工企业对玉米原料、资金和技术的依赖性较强,而随着国外玉米的深加工企业的竞争优势凸显以及替代产品的推广和应用,李锐(2014)基于波特"五力模型",对玉米深加工企业成长的产业环境从替代品威胁、潜在进入者威胁、购买者的议价能力、供应商的砍价能力和现有企业间竞争情况五个方面进行分析,得出行业内企业的利润水平差距不大,但是企业的规模效益日趋明显。

关于玉米深加工业的定量研究,杨兴龙等(2008)运用区位商和国内市场占有率等指标对吉林、辽宁、河北、山东四个玉米主产省玉米加工产业的比较优势和竞争优势进行了分析,得出山东、吉林、河北三省属于玉米加工产业的优势地区,辽宁省优势较弱;就玉米加工业各子行业的竞争力而言,吉林省的优势子行业为淀粉及其制品业和酒精制造业,辽宁省的优势子行业为饲料加工业、河北省的优势子行业为淀粉及其制品业、山东省的优势子行业为淀粉及其制品业、白酒制造业、酒精制造业。杨子刚等(2011)以吉林省45家玉米加工龙头企业(县级以上)的调查数据为基础,运用因子分析和多项Logistic回归方法分析了供应链中玉米加工企业选择合作模式的影响因素,提出国家应该整合优化玉米加工产业布局,对玉米加工企业进行差别引导和扶持,淘汰效率低下、污染严重的小型玉米加工企业,使大中型玉米加工企业做大、做强,更好地发挥在供应链中的龙头引领作用;另外,玉米加工企业也要强化与上游供应商的合作,与他们订立中长期合同甚至组建战略联盟,保证合作的稳定性与持久性。

然而,随着玉米加工业的蓬勃发展,中国玉米产业又面临着一个矛盾的局面——玉米加工业的扩张速度远大于玉米产量的增长速度。因此,粮食加工业迅速发展会不会引发中长期粮食需求格局的重大变化,会不会形成影响中长期粮食安全的新问题呢(姜长云,2007)?过大的发展规模不仅引发了玉米本身价格的上涨,而且也对玉米相关产业发展及国家粮食安全产生了负面效应。应在保证国家粮食安全目标的前提下,对玉米加工业发展规模进行控制,实施玉米加工业向原料优势区域集中的政策,同时科学合理地确定玉米加工业的产品结构和种植业结构,实施玉米产业化经营(郭庆海,2007)。规模的扩大并不是提高收益的唯一办法,技术效率的进步应随之配套。应通过促进产业集聚、增加资本密集度、完善产权结构等措施均可用来提高玉米加工产业的技术效率(杨兴龙,2010)。针对以上问题,很多学者都提出了解决对策建议,主要集中在宏观调控、拓宽玉米资源的供给渠道、技术创新、打造产业集群、资金投入等方面(段秀萍 2008)。

2.2.2 国外研究

国外对于玉米加工企业的研究主要是从资源和技术进步层面展开的。资源是加工企业存在和发展的基础,决定了企业成长的方向、速度、路径和界限(Wlliamson,1985;Grossman&Hart,1986;Hart&Mooer1990)。玉米加工企业是各类资源的集合体,企业成长源于企业所拥有的各类资源和管理力量的交互作用的结果,企业成长的动力源泉是企业使用内部的异质性资源所进行的生产性服务(Penrose,1995)。加工企业是资源束组成的集合,企业内部所拥有的有价值的特质性资源是推动企业成长的动力要素,并通过创新、改革和加强管理等手段积累、整合并促进资源增值进而推进企业持续成长(Wernerfield,1984;Barnet,1991;Grant,1991;Collis,Montgomery,1995)。其中最关键的就是资源的异质性和动态性是推动企业持续成长的根本动力要素(Helfat,Peteraf,2003)。国外学者对于玉米加工企业的研究进入 2003 年以后主要集中在技术进步层面上。Ayton. J. C(2005)通过实证研究认为,知识的载体——智力资本是形成玉米加工企业持续竞争优势和技术发展的潜在源泉。玉米加工企业在创立初期加大研发的投入可以使企业获得较快成长速度(Erik Stam,2009)。Alfredo Del Monte(2009)根据 500 家玉米制造业企业的相关数据考察了企业成长和创新之间的关系,研究结论验证了以研发为基础,企业的销售增长率要高于非研发企业,直接验证了技术是推动企业成长动力的结论。Yang CH 和 Huang CH(2005)使用中国台湾地区加工企业的面板数据,论述了研发、企业规模和成长率之间的关系。研究表明,研发的增长诱导了更高的成长率,并且这种作用在小企业中表现得更显著。

2.3 关于玉米国际贸易的研究

2.3.1 国内研究

中国从 2010 年正式从玉米净出口国变为净进口国。对于中国进出口贸易的现有文献研究主要集中在两个方面:2008 年以前主要集中在对中国玉米国际竞争力的研究上,2008 年以后对中国玉米进口数量和趋势的关注比较多。

关于中国玉米的国际竞争力。从玉米进出口贸易情况分析发现,从总体上看中国玉米出口没有竞争力,玉米出口不占绝对优势(刘少伯,2001)。根据包括国际市场占有率、进口国市场占有率、本国市场占有率在内的市场占有率、贸易竞争力指数等指标来看,从 20

世纪80年代以来,中国玉米的国际竞争力较强但不稳定(刘树坤、杨汭华,2003)。加入世界贸易组织前与加入世界贸易组织后相比,竞争力在降低(隋福爱,2006)。张庆圆(2009)也证明了这个观点,通过用国际市场占有率MS、显示性比较优势指数RCA、贸易竞争指数TC三个指标对中国玉米出口竞争力水平进行分析发现,中国玉米国际市场竞争力在波动中呈下降趋势,这很大原因在于中国玉米属于土地密集型农产品(李岳云等,2007)。屈小博和霍学喜(2007)测算中国农产品的国际竞争力后分析认为,中国农产品处于低水平竞争层次,同时中国玉米贸易竞争力指数波动较大(杨建成,2007)。中国国内玉米产需缺口较大,将大量减少玉米出口,这只是一个过渡期,中国最终将成为纯粹的玉米净进口国(陈楠,2008)。

关于中国玉米进口的数量和趋势。随着美国大力发展生物质能源,进而影响世界玉米生产和贸易。在中国玉米是净进口还是净出口的判断上,前几年一直说法不一。有学者认为,美国生物乙醇企业的投产使用将会大幅度拉高国际市场玉米价格,美国将会逐步减少玉米出口量,中国、阿根廷、法国和巴西将成为世界主要玉米出口国,但出口量都有所降低(周曙东等,2009)。然而事实并非如此,尽管目前中国玉米产业在整体上没有受到国际贸易冲击,但玉米出口的国际竞争力已下降,中国玉米贸易已由净出口转变为净进口。彭超等(2010)根据应用Baseline模型预测的结果表明,未来几年中国玉米进出口贸易有可能会出现净出口与净进口的交替。目前中国玉米产业总体上是安全的,但是未来的玉米产业发展面临很多挑战,产业安全将受到一定程度的威胁。通过估算未来几年中国饲料需求量来推测国内饲用玉米需求规模,未来五年进口玉米将超千万吨。从目前的形势来看,玉米重蹈大豆覆辙的态势已越来越清晰(郭真2011)。目前,各类机构对2014年中国玉米进口量在进行预测:美国谷物协会预测,中国最早将于2014年取代日本而成为全球最大的玉米进口国,因为随着国内中产阶层的壮大,肉类和饲粮需求也将提高[1];中国粮油信息网预测,2013/14年度中国进口数量约为700万吨,基本接近年度满配额720万吨的水平[2],并指出数量激增的主要原因不是玉米饲用消费需求的紧缺,而是进口贸易利差推动的。截至2013年12月12日,美玉米运输到中国南方港口的进口完税成本为1874元/吨,相较于目前南方港口价格2470元/吨,进口利差高达596元/吨。

2.3.2 国外研究

国外学者对中国玉米贸易作了以下研究。1996年,Won W. Koo等即预测中国未来将成为玉米、大豆、小麦净进口大国。中国的玉米受政策及地理区位环境影响,对通过对流通

---

[1] 资料来源:http://www.cngrain.com/Publish/record/201204/522155.shtml。
[2] 国家发展和改革委员会公布2014年玉米进口配额720万吨、小麦963.6万吨、棉花89.4万吨、大米532万吨。

效率和各种政策的影响效果进行分析后认为,中国玉米的国际贸易模式将是南方进口、北方出口(Hong Yang,1998)。玉米的国际贸易存在价格剩余效应(Tschirley,Santos,1999),并且中国玉米主产省份的情况各不相同。Albert Park等(2002)建立1988—1995年中国各省玉米价格的计量模型,测算出了玉米期货套利率、交易成本、自给率等因素对中国玉米地区贸易的影响,再加入中国玉米政策的进一步比较分析认为,中国南方省份的市场结构瓶颈阻碍着中国玉米流通体制改革,在对中国玉米贸易的支持方面,政府的保护成本是很大的。Haggblade等(2008)通过建立空间聚类模型比较分析了有无边境小额贸易情况下的玉米贸易供给冲击效应,通过建立双重市场模型估算了国内玉米价格波动对消费者、生产者和贸易商行为的影响。而这种价格主要取决于供给与需求(Jayne等,2010;Minot,2010)。Jayne(2008)利用向量自回归VAR模型分析了在贸易国中玉米进口关税的影响。国外的很多学者也对非洲和北美的玉米贸易进行了研究,他们认为,贸易中存在环境的不利冲击、税收的不当、政府的过当政策管制等制约因素(Ackerman et al,2003;Nadal&Wise,2004;Abdula,2005;James K. Nyoro等,2007)。

2.4 关于玉米价格的研究

现有研究主要从玉米价格的形成及变动、玉米价格传导和玉米价格调控三个方面进行。

关于玉米价格的形成及变动的原因,现有研究主要有以下结论:钟甫宁(1995)指出,国家宏观调控是玉米等粮食价格形成的关键原因。温铁军(1996)指出,1994—1995年粮价之所以上涨绝非生产力不足,也非农业问题,它反映了财政、金融、外贸、外汇、流通和宏观经济连续膨胀等多方面问题。丁声俊(2006)认为,生产成本、国际粮价、工业转化粮食消费总量、国家粮食拍卖、地区干旱和雪灾造成社会紧张心理等因素是玉米等粮食价格形成的主要因素。王晓明(2002)和李想等(2012)认为,生产成本、市场供求、预期利润水平、政府行为、交易费用、市场垄断力量、制度因素、投机因素、物价水平等是玉米(粮食)价格形成的决定因素。李成贵(2007)认为,深加工的发展所引起的玉米需求增大是价格形成的关键。黄季焜等(2009)指出,全球能源价格的大幅上涨、生物质液体燃料的扩张、市场投机及一些国家所采取的贸易限制政策等因素是当年玉米价格形成的主要因素。陆慧(2011)认为,市场供给和市场需求两方面的因素共同决定了玉米(粮食)价格的形成,具体作用机制是:自然灾害、国家政策、生产技术等因素主要决定玉米(粮食)供给;粮食投机、消费偏好改变、人口变动、心理预期、工业粮食消费、国际贸易等因素主要决定玉米需求,二者最终决定价格的形成。杨军、仇焕广等(2012)在对2012年国内外玉米价格走势分析及预测时指出,国际上世界玉米及粮食整体供应量、各国货币政策、全球经济状况、国际石油价格、美国生物能源政策和国内劳动力等生产投入要素成本、工业和饲料粮的需求、农民对利润的预期、饲料用小麦对玉米的替代等因素对玉米价格的形成起到了重要作用。

关于玉米价格传导的研究主要有以下方面：田维明（1999）运用格兰杰因果关系和协整检验研究了城市市场和农村市场之间玉米价格的整合情况，得出了城市与农村之间的长期整合关系，指出玉米和小麦市场的整合长期来看要好于生猪，而玉米及小麦市场不存在短期整合关系。武拉平（2000）运用格兰杰因果检验发现，指出生产者价格波动的影响明显高于消费者价格波动。武拉平（1999）运用共聚合法和市场联系指数研究玉米收购市场价格地区间的变化。黄季琨等（2002）根据1995—2000年全国主要省份集贸市场的旬价格数据，采用共聚合法测量了玉米和大豆、大米市场之间的整合程度，得出三者在长期完全整合、短期整合程度方面也较高。丁守海（2009）利用Johansen检验和VEC模型，选择2002年1月至2008年4月的数据作为样本，考察了玉米的国内外价格影响情况。赵勇等（2009）对玉米主产区和主销区现货市场价格的影响关系进行了实证研究，得出主产区的玉米价格在影响过程中起主导作用的结论，提出为了减弱价格波动幅度，要重视主产区市场的政策研究和倾斜等建议。王芳、陈俊安（2009）以玉米—仔猪—生猪—猪肉这个产业链系统的价格为研究对象，运用Johansen检验解释各种价格之间的引导关系和影响机制时指出，中国养猪业上下游存在不超过5个月的价格影响时滞，产业纵向整合程度较高，玉米价格和生猪价格应该作为价格监控的重点对象。贾伟、秦富（2012）采用向量自回归模型、脉冲响应函数和方差分解等方法，选择2000—2011年玉米价格月度数据，研究了不同省份之间价格的影响，得出了以下结论：主要省份之间玉米价格存在着双向格兰杰因果关系，并长期协整；本省玉米价格冲击对本省玉米价格波动的影响最为明显，持续的时间也最长，对其他省份的影响则相对较弱；玉米主销省价格波动对其他省份玉米价格波动所产生的影响高于主产省份，既是主产省又是主销省的省份对于玉米价格波动的影响明显高于主产省或主销省的影响。王文智、武拉平（2013）利用VEC模型，选择1997—2011年月度数据研究了玉米价格与CPI的关系，指出玉米价格与CPI存在正向的协整关系。

关于玉米价格调控的研究主要是从国际市场价格的冲击和国内市场的供求关系出发：吕捷、林宇洁（2013）运用经典时态转换模型及结构性突变模型发现，国际玉米价格通过贸易及价格信息渠道影响中国玉米价格，提出未来中国在积极稳妥地利用国际玉米市场的道路上，应结合新生的国际价格影响因素，进一步完善国际粮食价预警机制，加强对农业领域外商直接投资的管制。王丽娜、陆迁（2011）运用误差修正模型和VAR模型对国际玉米价格波动和国内玉米价格波动的互动关系及影响效应进行了实证分析，提出中国玉米市场与国际玉米市场的价格变化存在共同趋势，因此中国政府应及时调控、稳定玉米价格，并进一步完善玉米现货及期货市场，增强中国玉米产业的国际竞争力。

2.5 文献评述

通过对现有文献的大量研读，可以得出以下启示：

生产、进出口贸易和深加工消费是目前关于中国玉米产业研究的重点，现有文献对中国玉米产业在生产、国际贸易和消费等方面进行了大量研究，这些已有研究成果将为本文提供宝贵的资料和研究借鉴。

根据现有研究的主要结论，中国玉米生产比较稳定，有进一步增产的空间，但能力有限且时间调整周期相对较长目前中国玉米少量进口调节将成为常态，但由于进口配额的调控，短时间内进口也处于可控的范围内；而已有研究和数据分析均一致表明，近年来，中国玉米消费的快速增长是中国玉米产需缺口扩大，进而导致中国玉米进口增加、价格变动幅度加大的主要原因。因此，在中国玉米产量稳步增加、少量进口调节可控的背景下，本书将中国玉米产业中的消费状况作为了研究的目标和分析的重点。

现有文献关于中国玉米消费的大量分析也主要集中在宏观整体层面，而关于中国玉米消费状况的结构层面的微观研究相对较少。因此，本书对中国玉米的消费状况从以下三个方面展开较为详细的比较研究，以期对中国玉米的消费状况有更多关于结构方面的微观分析。这三个方面包括国际比较研究、国内省际区域比较研究和内部消费结构比较研究，分别从玉米消费的总量、结构和价格三个维度进行比较，其中在进行关于内部消费结构的分析时还专门考察了玉米饲用消费和工业深加工消费加工行业的效率问题。

第3章

世界玉米市场中的中国玉米市场

随着中国玉米净进口的增加,国际玉米市场对国内市场的影响不断加深,只有准确把握中国玉米市场面临的国际环境状况,才能更好地利用国际国内两个市场两种资源,进而促进中国玉米产业的健康发展、保障中国粮食安全。

3.1 世界玉米市场的供需平衡状况

玉米营养丰富、用途广泛,是产业链最长的粮食品种。玉米籽粒含淀粉70%—75%,蛋白质10%左右,脂肪4%—5%,2%左右的多种维生素(核黄素、硫胺素等,黄玉米还含有在人体内可以转化为维生素A的胡萝卜素)。每100克玉米热量为1527千焦,热量和脂肪的含量均比面粉和大米高。籽粒玉米胚含油36%—41%,亚油酸的含量较高,为优质食用油并可制作人造奶油。

玉米用途广泛,主要为食用、种用、饲用和工业深加工。食用主要体现在玉米可烧煮、磨粉或制作膨化食品上。饲用主要体现在三个方面:(1)玉米秸秆是牛的高能饲料,可以代替部分玉米籽粒;蜡熟期收割的茎叶和果穗,柔嫩多汁、营养丰富、粗纤维少,是奶牛的良好青贮饲料;(2)玉米籽粒,特别是黄粒玉米是良好的饲料,其营养价值和消化率均高于大麦、燕麦和高粱;(3)玉米湿磨、干磨生产淀粉、啤酒、糖等深加工产品的过程中生产的胚、麸皮、浆液、DDGS等副产品,也是重要的饲料资源。工业深加工是以玉米为原料,采用物理、化学方法和发酵工程等工艺技术对玉米进行深度的加工,玉米籽粒是重要的工业原料,初加工和深加工可生产二三百种产品,初加工产品和副产品可以作为基础原料进一步加工利用,在食品、化工、发酵、医药、纺织、造纸等工业生产中制造各种各样的产品,主要有玉米淀粉、淀粉糖、变性淀粉、酒精等。玉米是产业链最长的粮食品种,目前美国玉米加工产品多达3500种,而中国玉米则只有200多种,发展前景十分广阔。

3.1.1 世界玉米生产

根据联合国粮农组织2013年的统计数据,2013年世界玉米总产量约为10.17亿吨,其中排在前十位的国家分别是美国、中国、巴西、阿根廷、乌克兰、印度、墨西哥、印度尼西亚、法国和加拿大,如表3-1所示。其中,中国是世界第二大玉米生产国,占世界总产量的21.42%;美国是世界玉米第一大生产国,总产量占到世界34.79%的份额。中国和美国的玉米总产量占到世界的一半以上。

表3-1　　　　　　　　2013年世界玉米总产量前十位的国家　　　　　　单位:万吨;%

国家	美国	中国	巴西	阿根廷	乌克兰	印度	墨西哥	印度尼西亚	法国	加拿大
产量	35370	21783	8054	3212	3095	2329	2266	1851	1505	1419
占比	34.79	21.42	7.92	3.16	3.04	2.29	2.23	1.82	1.48	1.40

数据来源:FAO统计数据。

再从2000年以来的历史数据看世界及排名前十位的国家玉米总产量的变动情况。表3-2显示了2000年以来世界及排名前十位的国家玉米总产量的年均变动情况:2000年以来,世界玉米总产量整体呈增加的趋势,以年均7.16%的幅度增长;在2013年玉米总产量排名前十位的国家中,只有美国、墨西哥和法国的年均增幅小于世界平均水平7.16%,分别为4.04%、2.91%和-0.60%,其余国家的年均增速都在9%以上,其中增速最快的国家是乌克兰,年均增速高达70.43%,2013年的产量几乎是2000年的9倍;巴西、中国、加拿大的年均增幅都在10%以上。

表3-2　　　　　　　2000年以来世界及主要玉米生产国产量变动情况　　　　　单位:万吨;%

年度\国家	2000	2004	2008	2009	2010	2011	2012	2013	年均增幅
世界总量	59248	72897	83061	82020	85127	88785	87279	101674	7.16
美国	25185	29987	30714	33255	31616	31395	27382	35370	4.04
中国	10618	13043	16603	16411	17754	19290	20572	21783	10.52
巴西	3188	4179	5893	5072	5536	5566	7107	8054	15.26
阿根廷	1678	1495	2202	1312	2268	2380	2120	3212	9.14
乌克兰	385	887	1145	1049	1195	2284	2096	3095	70.43
印度	1204	1417	1973	1672	2173	2176	2226	2329	9.34
墨西哥	1756	2167	2432	2014	2330	1764	2207	2266	2.91
印度尼西亚	968	1123	1632	1763	1833	1763	1939	1851	9.13
法国	1602	1637	1582	1529	1397	1591	1561	1505	-0.60
加拿大	695	884	1059	956	1171	1069	1306	1419	10.41

数据来源:FAO统计数据。

从2000年以来世界主要国家玉米产量占世界总产量的比重变动情况看(见表3-3):其中,美国、墨西哥和法国玉米产量的世界占比情况总体呈下降趋势,而占比情况变动最大的是乌克兰,其玉米产量占世界总产量的比重从2000年的0.65%增加到2013年的3.04%,占比情况的年均增幅高达36.87%;巴西、中国、加拿大、阿根廷、印度和印度尼西亚的占比都呈增加的趋势。2000年以来,世界玉米总产量整体呈增加的趋势,其中巴西从2000年的5.83%增加到2013年的7.92%、中国从2000年的17.92%增加到2013年的21.42%。

表3-3 2000年以来主要国家玉米产量占世界总产量的比重 单位:%

年度 国家	2000	2004	2008	2009	2010	2011	2012	2013	年均增幅%
美国	42.51	41.14	36.98	40.54	37.14	35.36	31.37	34.79	-1.82
中国	17.92	17.89	19.99	20.01	20.86	21.73	23.57	21.42	1.95
中国大陆	17.89	17.87	19.97	19.99	20.84	21.71	23.56	21.41	1.97
巴西	5.83	5.73	7.10	6.18	6.50	6.27	8.14	7.92	4.72
阿根廷	2.83	2.05	2.65	1.60	2.66	2.68	2.43	3.16	1.15
乌克兰	0.65	1.22	1.38	1.28	1.40	2.57	2.40	3.04	36.87
印度	2.03	1.94	2.38	2.04	2.55	2.45	2.55	2.29	1.27
墨西哥	2.96	2.97	2.93	2.46	2.74	1.99	2.53	2.23	-2.48
印度尼西亚	1.63	1.54	1.97	2.15	2.15	1.99	2.22	1.82	1.15
法国	2.70	2.25	1.90	1.86	1.64	1.79	1.79	1.48	-4.52
加拿大	1.17	1.21	1.28	1.17	1.38	1.20	1.50	1.40	1.89

数据来源:FAO统计数据。

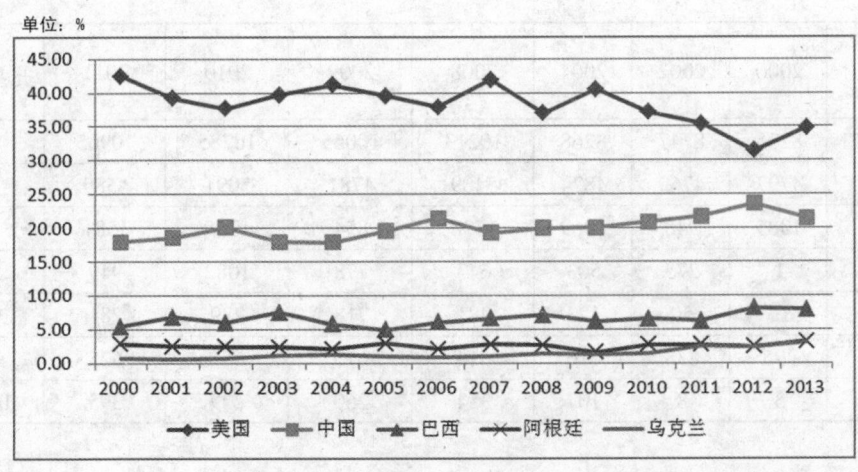

图3-1 主要玉米生产国产量占世界总产量比重的变动趋势

数据来源:FAO统计数据。

图3-1表明，2000年以来世界玉米总产量整体呈增长的趋势，美国始终保持着世界玉米产量第一的排名，但占比呈逐年下降的趋势；中国、巴西、阿根廷、乌克兰一直处于第二到第四的排名水平，且这四国占世界玉米总产量的比重均保持上涨的趋势，其中占比变动最大的是乌克兰，其玉米产量占世界总产量的比重从2000年的0.65%增加到2013年的3.04%，占比情况的年均增幅高达36.87%。

3.1.2 世界玉米进出口

根据联合国粮农组织2011年统计数据①，2011年全球玉米总出口量10965万吨，其中排在前十位的国家和地区分别是美国、阿根廷、巴西、乌克兰、法国、印度、匈牙利、南非、罗马尼亚、欧盟27国，如表3-4所示。其中，美国是世界玉米第一大出口国，总出口量占到世界41.85%的份额。

表3-4　　　　　2011年世界玉米出口量前十位的国家　　　　　单位：万吨；%

国家	美国	阿根廷	巴西	乌克兰	法国	印度	匈牙利	南非	罗马尼亚	欧盟27国
出口	4589	1581	949	781	625	395	364	256	231	215
占比	41.85	14.42	8.65	7.12	5.70	3.60	3.32	2.34	2.11	1.96

数据来源：FAO统计数据。

再根据2000年以来的数据来看世界及排名前十位的玉米出口国的出口量变动情况。如表3-5所示，在2011年排名前十位的玉米出口国中，美国和法国的玉米出口量呈递减趋势，而其他国家和地区均表现出超过世界平均水平的增长幅度，其中由于基数较小的缘故，增幅较大的是乌克兰、印度和罗马尼亚，年均增幅分别达到390.23%、1006.15%、124.99%。

表3-5　　　2000年以来世界及主要玉米出口国出口量变动情况　　　单位：万吨

年度 国家	2000	2002	2004	2008	2009	2010	2011	年均增幅%
全球总出口	8235	8747	8268	10213	10065	10785	10965	2.76
美国	4797	4769	4874	5409	4781	5091	4589	-0.36
阿根廷	1085	948	1069	1538	854	1755	1581	3.81
巴西	1	275	503	643	778	1082	949	26.96
乌克兰	16	50	123	281	718	289	781	390.23
法国	795	838	616	614	673	661	625	-1.78
印度	3	8	107	354	260	229	395	1006.15

---

① 由于笔者在FAO统计数据库里找到的数据和根据农业部农业贸易促进中心课题组撰写的《中国玉米产业面临的挑战与政策选择》一文里中提供的FAO-CBS数据有相当多不一致的地方，为了避免造成读者的混乱，本文在分析国际玉米进出口情况这一小节时仅使用FAO统计数据库的数据，能查到的完整连续数据时间仅到2011年，因此分析也主要到2011年。

续表

年度 国家	2000	2002	2004	2008	2009	2010	2011	年均增幅%
匈牙利	101	212	124	337	418	391	364	21.81
南非	62	75	45	108	166	124	256	26.29
罗马尼亚	14	19	31	69	169	205	231	124.99
欧盟27国	77	109	68	126	121	170	215	14.81

数据来源：FAO 统计数据。

图 3-2 显示，2000 年以来，美国的玉米出口量一直保持第一位的排名，2000—2011 年一直稳定在 4000 万吨以上，约占全球的一半，2006 年前后经历了先大幅上升然后大幅下降的变化；阿根廷、巴西一直保持世界出口第二、第三的排名，且均保持增加的趋势；乌克兰的增幅较大，随着法国出口整体减少的趋势，乌克兰 2011 年开始超过法国成为世界第四大玉米出口国。

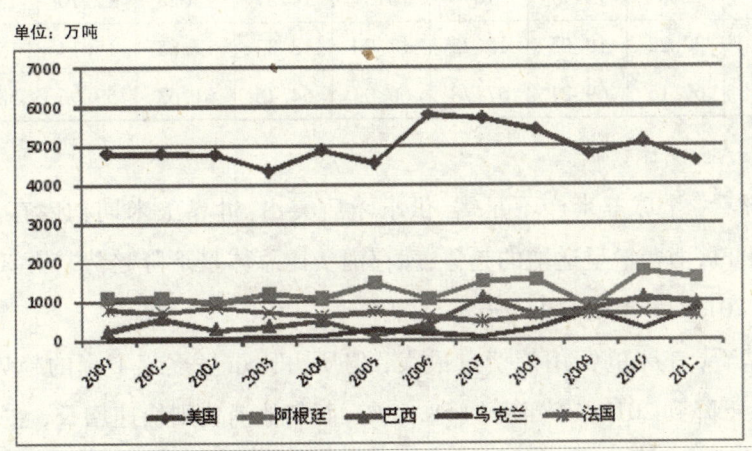

图 3-2 世界主要玉米出口国出口量的历史变动情况

数据来源：FAO 统计数据。

再看世界玉米的主要进口情况。根据联合国粮农组织 2011 年统计数据，2011 年世界玉米总进口量约为 10807 万吨，其中主要的进口国为日本、墨西哥、韩国、欧盟、埃及、中国、西班牙等，其中中国台湾地区占整个中国进口量的绝大部分，而中国大陆 2011 年的进口量为 175 万吨。

表 3-6　　　　　　　　2011 年世界及主要玉米进口国进口情况　　　　　　单位：万吨；%

	日本	墨西哥	韩国	欧盟①	埃及	中国	中国台湾	中国大陆	西班牙	世界总量
进口	1528	948	776	714	705	175	415	175	482	10807
占比	14.14	8.77	7.18	6.61	6.52	5.49	3.84	1.62	4.46	100

数据来源：FAO 统计数据。

---

① 此处欧盟是 FAO 统计数据里 EU(27)ex. int。

3.1.3 世界玉米供需平衡表分析

根据美国农业部 2013 年 12 月发布的 2002/03 年度至 2012/13 年度世界玉米供需平衡数据(见表 3-7),可以得出:

表 3-7　　　　　　　　　　世界玉米供需平衡　　　　　　　　　单位:万吨

年度	2002/03	2004/05	2006/07	2007/08	2008/09	2009/10	2010/11	2011/12	2012/13
期初库存	15144	10465	12449	11074	13159	14737	14628	12910	13246
产量	60398	71675	71610	79515	80026	82545	83421	88599	86288
进口	7570	7594	9016	9820	8226	8963	9231	9992	9817
出口	7675	7766	9384	9854	8415	9662	9125	11697	9183
饲用消费	43400	47649	47952	49908	48228	49143	50282	50715	51661
总消费	62750	68852	72616	77396	78258	81954	85246	86557	86678
期末库存	12687	13117	11074	13159	14737	14628	12910	13246	13490
库存消费比(%)	20.22	19.05	15.25	17.00	18.83	17.85	15.14	15.30	15.56
饲用消费占比(%)	69.16	69.21	67.78	66.03	64.48	61.63	59.96	58.99	58.59

数据来源:FAO 统计数据。

从总体情况看,全球玉米产不足需、供求矛盾突出:世界玉米期初库存总体呈减少趋势;总产量、进出口、消费量呈递增的趋势;库存消费比总体呈下降趋势,从 2002/03 年度的 20.22% 下降到 2012/13 年度的 15.56%。

从消费结构看,玉米的饲用消费量最大,但所占比重呈逐年下降的趋势,从 2002/03 年度的 69.16% 下降到 2012/13 年度的 58.59%;而其他消费则快速增长,主要是以美国为代表的燃料乙醇对玉米的消费快速增加,同期年均增幅达 8.4%,所占比重从 16% 增加到 30%[①]。

根据经合组织(OECD)统计,2000—2012 年,美国生物燃料消费的粗粮(主要是玉米)从 1770 万吨增长到 2012 年的 1.16 亿吨,占全球玉米总产量的比重从 2000 年的 3% 增长到 2012 年的 13.3%。OECD 预测到,2020 年全球生物乙醇产量将达 1715 亿升,需要消耗的粗粮将达 1.85 亿吨[②]。

经过对世界玉米市场的整体分析后得出,全球玉米生产和贸易高度集中,美国对世界玉米市场的掌控能力增强,而美国是中国最主要的进口国。因此,接下来将对美国玉米市场的供需平衡状况进行考察。

---

① 此处美国燃料乙醇的玉米消费数据根据农业部农业贸易促进中心课题组撰写的《中国玉米产业面临的挑战与政策选择》一文提供的数据。
② 此处数据是根据农业部农业贸易促进中心课题组撰写的《中国玉米产业面临的挑战与政策选择》一文中提供的。

3.2 美国玉米市场的供需平衡状况

3.2.1 美国玉米市场供需平衡表分析

表3-8 美国玉米市场供需平衡 单位：万吨；%

年度	期初库存	产量	进口	总供给	国内消费	出口	总需求	期末库存	库存消费比%
2002/03	4055	22777	37	26868	20075	4033	24108	2760	14
2003/04	2760	25623	36	28419	21159	4826	25985	2434	12
2004/05	2434	29987	28	32449	22461	4618	27079	5370	24
2005/06	5370	28226	22	33618	23201	5420	28621	4997	22
2006/07	4997	26750	30	31777	23067	5399	28466	3311	14
2007/08	3311	33118	51	36480	26163	6191	32354	4126	16
2008/09	4126	30591	34	34751	25804	4697	30500	4250	16
2009/10	4250	33192	21	37463	28099	5027	33126	4338	15
2010/11	4338	31562	70	35970	28455	4651	33105	2864	10
2011/12	2864	31279	75	34218	27791	3914	31705	2512	9
2012/13	2512	27319	406	30238	26297	1854	28152	2086	8
2013/14	2086	35371	91	37548	29539	4870	34409	3139	11
2014/15	3139	36596	64	39799	30278	4445	34723	5075	17
年均增幅(%)	-4.07	4.61	12.31	3.31	3.93	1.73	3.56	1.14	—

数据来源：美国农业部。14/15年度的数据为美国农业部预测数据。

2002/03年度以来，美国玉米产量整体在波动中呈上涨的趋势，年均增幅为4.61%；美国农业部预测2014/15年度美国玉米总产量还将继续增加，达到3.7亿吨左右。

2002/03年度以来，美国玉米进口量在波动中呈增加的趋势，由于2012/13年度美国玉米减产近4000万吨，因此，导致美国玉米的进口突增到406万吨。美国农业部预测2014/15年度美国玉米进口将有所减少，仅为64万吨。

2002/03年度以来，美国玉米出口大概以2007/08年度为分界线，由之前的递增趋势开始转为减少的趋势，尤其是2012/13年度的减产，导致美国玉米出口量较上年减少了1/2还多，从平均的4000万吨左右降为1854万吨。美国农业部预测，2014/15年美国玉米出口将下降400万吨，降为4445万吨。

2002/03 年度以来,美国国内玉米消费总量以年均 3.93% 的幅度增加,其中以燃料乙醇为代表的玉米消费增长最快,年均增幅达到 34.64%(美国农业部数据:2002/03 年度美国玉米燃料乙醇消耗量为 2529 万吨,2013/14 年度增加为 13040 万吨)。美国农业部预测,2014/15 年度美国玉米国内消费总量将增加到 30278 万吨。

根据上述对美国玉米供需平衡表整体数据的分析,可以得出以下基本判断:随着美国燃料乙醇用玉米的大幅增加,美国玉米的国内需求将大幅增加,这将对美国玉米的出口产生较大影响。因此,下文进一步对美国玉米的主要出口国情况进行分析。

3.2.2 美国玉米主要出口国分析

表 3-9　　　　　美国玉米的主要出口国及出口量　　　　　单位:万吨

年度	2002/03	2003/04	2004/05	2005/06	2006/07	2007/08	2008/09	2009/10	2010/11	2011/12	2012/13	2013/14
日本	1438	1461	1551	1595	1511	1469	1552	1513	1391	1152	687	1184
墨西哥	529	568	589	634	877	982	784	825	748	1014	458	1046
韩国	27	366	210	559	404	856	520	708	612	356	450	497
哥伦比亚	160	178	204	270	325	294	142	102	51	27	16	346
中国大陆	0	0	0	5	5	1	9	120	98	515	239	274
埃及	269	320	385	405	338	312	233	277	341	49	0	264
中国台湾	405	474	434	465	433	384	361	318	274	155	53	179
欧盟27国	7	17	6	2	5	14	4	7	100	1	2	126
出口总量	4033	4826	4618	5420	5399	6191	4697	5027	4651	3914	1854	4870

数据来源:美国农业部。

表 3-9 显示了 2013/14 年美国玉米出口量前八位的国家和地区,分别是日本、墨西哥、韩国、哥伦比亚、中国大陆、埃及、中国台湾、欧盟 27 国。

其中,日本是美国最大的玉米出口国,年均过 1000 万吨左右,但总体呈现下降趋势。2002/03 年度以来,美国出口日本的玉米总量从 1438 万吨降为 1184 万吨,占比从 35.66% 降为 29.37%,但目前仍然是美国第一大玉米出口国。

墨西哥是美国第二大玉米出口国,年均超过 500 万吨以上,且呈现逐年递增的趋势。2002/03 年度以来,美国出口墨西哥的玉米总量从 529 万吨增加到 1046 万吨,占比从 13.11% 增加为 25.94%,目前依然保持着美国第二大玉米出口国的地位。

韩国是目前美国第三大玉米出口国,2002/03 年度以来,美国出口韩国的玉米占美国玉米出口总量的比重从 0.68% 增加到了 12.33%。

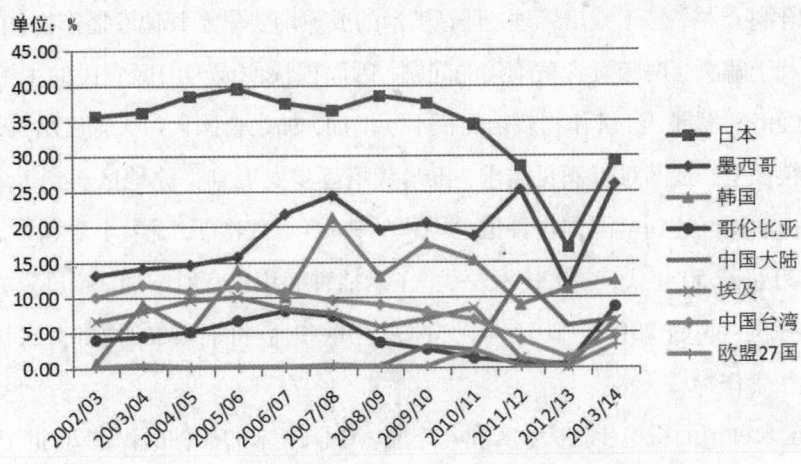

图3-3 美国主要玉米出口国出口量占比变动情况

数据来源:美国农业部。

从图3-3可以清晰地看出,日本始终保持美国玉米第一大出口国的位置,但占比明显下降;墨西哥处于第二的位置,占比显著上升;韩国位列第三,占比显著上升;哥伦比亚、埃及及中国台湾地区的占比显著下降;欧盟从2010/11年度开始成规模进口;中国大陆从2009/10年度开始成规模进口,占比仅次于哥伦比亚,达到6.78%,成为美国第五大玉米出口国。

对美国玉米市场供需平衡状况的分析可以得出以下判断:在美国玉米产量增加的同时,美国国内玉米消费增速更快,尤其是以燃料乙醇的玉米消费为代表,这将对美国玉米的出口产生较大影响;日本依然是美国玉米第一大出口国,中国成为美国第五大玉米出口国。

3.3 中国玉米市场的供需平衡状况

3.3.1 中国玉米市场的供给状况

玉米起源于美洲大陆,考古发现,7000年前印第安人就开始种植玉米。1492年哥伦布发现新大陆后,玉米开始传入欧洲,并最终通过地中海传至亚洲。关于玉米是如何传入中国的,目前有三种说法:第一种是从欧洲传到菲律宾再由葡萄牙人在16世纪经海路传入中国东南沿海;第二种说法是从欧洲经陆路传入土耳其、阿拉伯、伊朗、印度,最后从西藏再次传入中国;第三种说法是从西班牙到麦加再从中亚到我国西北地区。韩茂莉(2007)认为,人文、交通、地理等环境的共同限制,使得三条传入路径在一定的区域自成体系、在不同区域内独立传播。同时,玉米通过在不同区域的适应生长也产生了不同的品种。

根据史料记载,玉米传入我国后,最初是被当作"救荒作物"种植在山区丘陵的,由于玉米对水分的要求不甚严格,易于栽培管理,且春玉米的成熟期要早于其他春播作物,在完全成熟前又可煮食,有利于解决当时粮食青黄不接的问题,因而很快便成为山区农民的主粮。19世纪以后,随着商品经济的发展,经济作物栽培面积不断增加,加之全国人口大幅度增长,北方地区由于水源有限,粮食生产逐渐难以满足需求,玉米栽培逐步发展到平原地区。到了20世纪30年代,玉米的种植面积已达到全国作物种植总面积的9.6%,仅次于水稻、小麦和粟,居于粮食作物的第四位。20世纪50年代,栽培技术发展,玉米播种面积也有所增加,超过粟成为粮食作物种植面积的第三位(邵飞,2011)。2012年,玉米从产量和播种面积两方面都首次超过水稻而成为我国第一大粮食作物。

(1)中国玉米种植面积稳步扩大,实现九连增。中国玉米的播种面积在20世纪50年代前仅排在第四位,位于稻谷、小麦和粟之后;20世纪50年代起,玉米栽培有了进一步发展,播种面积远远超过粟而跃居第三位,一直持续到2001年。从2002年开始,播种面积首次超过小麦,成为中国播种面积第二大的粮食作物;到了2007年,播种面积首次超过稻谷而成为中国播种面积第一位的粮食作物。2004年以前,中国玉米播种面积波动性增长,年均增长量为316万亩,而从2004年起,中国玉米种植面积连续九年增加,年均增长量达到1597万亩;再比较2008年前和2008年以后的情况,2008年中国玉米播种面积达到44796万亩,2004—2008年五年间年平均增加为1325万亩,而2008—2012年五年间年平均增加为1550万亩。根据我国目前的情况,玉米播种面积扩大还是有一定潜力的。东北地区通过推广抗旱播种技术、改大豆连作为大豆与玉米轮作等措施,可扩大玉米种植面积;黄淮海地区通过套种改平播,可适当增加种植面积;西南地区通过增加间套种、西北地区通过推广全膜双垄沟播技术及合理压夏扩秋、华南地区利用冬闲田等,都可扩大玉米种植面积。据专家测算,到2020年我国玉米种植面积达到5.5亿亩、比目前增加3000万亩是有可能的(韩长赋,2012)。

表3-10 中国三大粮食品种播种面积 单位:万亩

年份	1978	2002	2003	2004	2007	2008	2009	2010	2011	2012
粮食	180881	155836	149116	152409	158458	160189	163479	164814	165860	166807
玉米	29942	36951	36102	38169	44216	44796	46774	48750	50313	52545
小麦	43774	35862	32995	32439	35581	35426	36436	36385	36406	36402
稻谷	51631	42302	39762	42568	43378	43862	44440	44810	45086	45206
玉米/粮食(%)	17	24	24	25	28	28	29	30	30	32

玉米播种面积年均增加量			
1978—2004年	316	2004—2012年	1597
2004—2008年	1325	2008—2012年	1550

数据来源:国家统计局。

（2）单产水平波动提高，缺乏稳定性。与种植面积较为稳定的增长趋势不同，中国玉米单产的变动幅度相对较大。1978年以来，三大粮食品种的单产水平都呈增长趋势，但玉米的波动幅度最大：小麦和水稻的单产变动相对较为平稳，上下浮动区间基本控制在50斤/亩以内，而玉米单产浮动区间甚至超过100斤/亩；1978年以来，除了1982—1984年和2010—2012年连续三年单产均增加外，其他年份玉米单产未出现过三年连续增加的情况，而小麦和水稻单产连续四年、五年增加的情况均有出现。

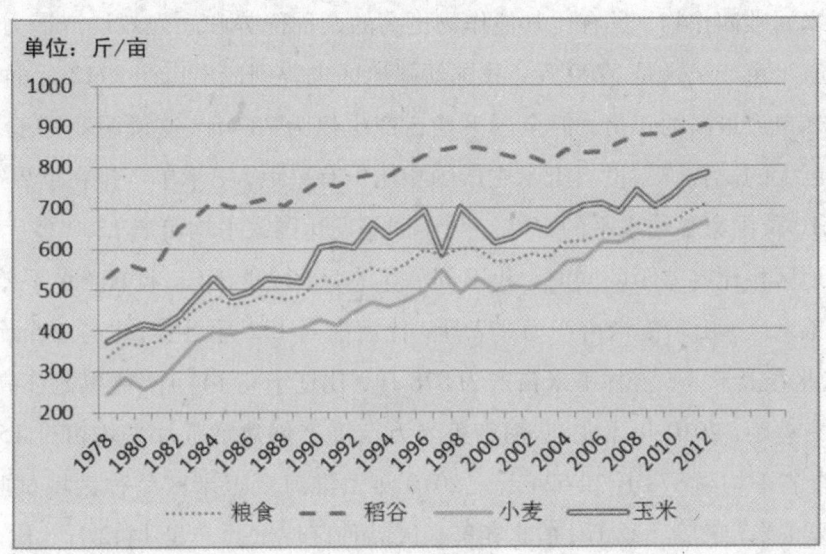

图3-4 中国三大粮食品种单产情况

数据来源：国家统计局。

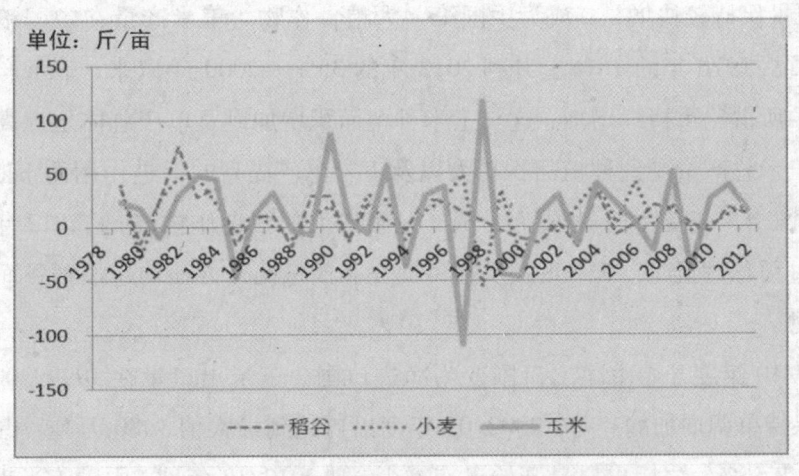

图3-5 中国三大粮食品种单产年均变动量

数据来源：笔者根据国家统计局公布的相关数据计算整理。

我国玉米单产水平一直高于粮食作物的平均单产水平,这也显示出了玉米高产的特性。自2005开始,我国玉米单产已超过700斤/亩,2012年达到783斤/亩,而直到2012年粮食作物的平均单产水平才达到707斤/亩。从1978年到2012年,玉米单产水平以年均11.7斤/亩的速度增加,而粮食作物平均单产的年均增量为10.6斤/亩。玉米单产增加为我国粮食作物平均单产水平的提高做出了巨大贡献。

到目前为止,虽然我国玉米单产相比1978年已经增产一倍多,但提高单产依然还是有潜力的。玉米属碳四作物,具有比其他作物更高的杂种优势和高光效增产潜力,理论产量较高。美国玉米亩产纪录是3700斤,我国新疆地区也曾创造出亩产2712斤的纪录。2012年是我国玉米单产最高的年份,但全国平均亩产也仅为787斤,这说明我国玉米单产增长的潜能还是巨大的。我国与世界玉米主产国相比仍有差距,玉米单产排在世界第21位,是单产排在前10位国家平均水平的67%,与美国等发达国家平均亩产1200多斤相比差距更大。与高产地区相比有差距的同时,我国同一生态区的省际间玉米单产水平差异也很大,在黄淮海夏玉米区,山东玉米亩产为872斤,比河南高132斤、比河北高204斤、比安徽高324斤;在东北春玉米区,吉林玉米亩产为878斤,比辽宁高144斤、比黑龙江高168斤;与高产田相比有差距,2010年黑龙江、河南玉米万亩高产创建示范片平均亩产1588斤、1364斤,分别比全省平均高878斤和624斤。2010年黄淮海夏玉米区品种区域试验产量1164斤,比全国夏玉米亩产高522斤;东北春玉米区品种区域试验产量1442斤,比全国春玉米亩产高784斤;与最适宜密度有差距,目前我国玉米种植密度普遍偏低,全国平均每亩为3500株左右,而美国种植密度平均能达到5000株。据专家分析,如果我国玉米种植密度每亩增加500株,再配套相应的技术措施,亩产可提高100斤以上(韩长赋,2012)。

(3)总产量保持较快增长,成为中国第一大粮食作物。玉米产量在中国粮食作物总产量中所占比重从1978年的18%上升到2012年的35%。2000年以来,玉米产量在中国粮食作物产量中所占比重持续增加,这与玉米种植面积增加以及单产总体上提高的趋势基本一致。中国玉米总产量受到种植面积扩大以及玉米单产提高的促进作用而不断增加,1998年开始,中国玉米产量超过小麦成为中国产量第二大的粮食作物;到了2012年,中国玉米产量首次超过稻谷。至此,玉米正式从播种面积和产量两个方面均超过稻谷而成为中国第一大粮食作物。

(4)2009/10年度开始由净出口国变为净进口国。玉米出口量在1999/2000-2002/03年度,一直保持单调增加的趋势,2002/03年度出口达到最大值1480万吨,占到国内玉米消费总量的12.56%,之后出口量开始迅速减少,到2012/13年度,中国玉米出口仅为4万吨,占国内玉米消费总量的0.02%;在出口减少的同时,中国从2006年8月开始进口玉米,进口量从2009/10年度开始迅速增加,中国也从2009/10年度开始正式由玉米净出口国变为玉米净进口国,2011/12年度的玉米进口量达到503万吨,占国内玉米消费总量的比重达到 2.33%。

表 3-11　　　　　　　　　　中国玉米进出口情况

年 份	出口量（万吨）	出口量占国内玉米消费总量的比重(%)	进口量（万吨）	进口量占国内玉米消费总量的比重(%)
1999/2000 年	739	6.56	—	—
2000/01 年	747	6.66	—	—
2001/02 年	818	7.12	—	—
2002/03 年	1480	12.56	—	—
2003/04 年	892	7.39	—	—
2004/05 年	712	5.52	—	—
2005/06 年	430	3.08	5	0.04
2006/07 年	491	3.45	1	0.01
2007/08 年	95	0.64	4	0.03
2008/09 年	17	0.10	4	0.02
2009/10 年	15	0.08	79	0.43
2010/11 年	11	0.06	150	0.68
2011/12 年	10	0.05	503	2.33
2012/13 年	4	0.02	308	1.33

数据来源：国家海关统计局。

再从进口的省份看，靠近港口的沿海省份将是未来中国玉米进口的主要区域。按国家统计局 2010 年的数据显示，中国玉米进口 150 万吨，其中广东进口 90 万吨，占 65%；山东进口 36 万吨，占 26%；福建进口 12 万吨，占 9%。

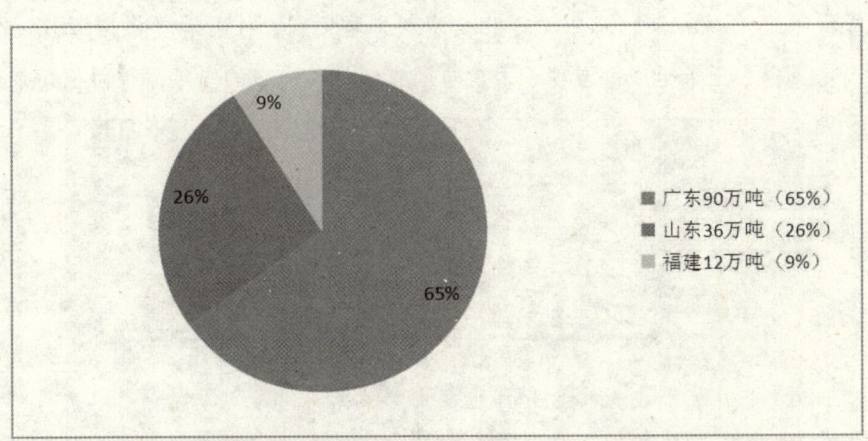

图 3-6　2010 年中国玉米进口省份分布

数据来源：国家海关统计局。

在玉米不断增产的背景下，进口较快增加，这意味着中国玉米总需求正在以一个更快的速度增加,接下来书中将对中国玉米的需求状况进行分析。

3.3.2 中国玉米市场的需求状况

中国玉米市场的总需求量十年来持续增加。数据显示,2002/03 年度的总需求量为 12387 万吨,2012/13 年度达到 21894 万吨,十年间增加了 9507 万吨,年均增幅达 8%。其中,饲用消费和工业消费的玉米量分别从 2002/03 年度的 9600 万吨和 1400 万吨增加为 2012/13 年度的 14400 万吨和 6000 万吨,年均增量分别为 436 万吨和 418 万吨,饲用消费年均增幅 5%,工业消费年均增幅高达 30%;玉米食用消费、种子用量和损耗保持在相对稳定的水平,分别稳定在 950 万吨、120 万吨和 330 万吨上下。

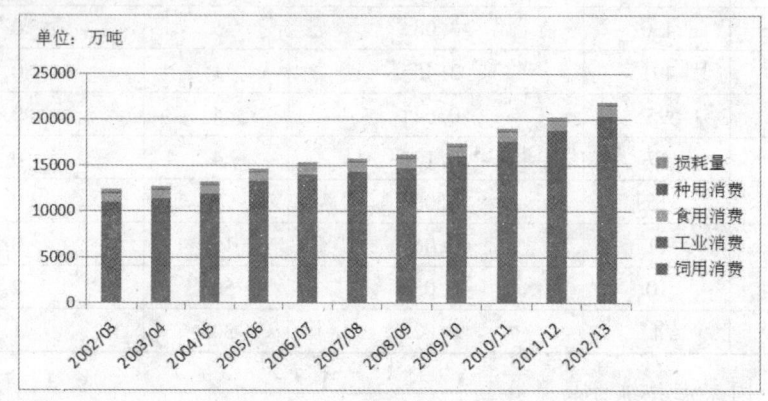

图 3-7 中国玉米消费变动

数据来源:饲用消费量来源于美国农业部,食用消费量、深加工消费量和损耗根据中国玉米网、中证期货研究部、国家粮油信息中心等相关资料整理而得,种用消费根据《2013 全国农产品成本收益资料汇编》中玉米生产每亩种子用量与国家统计局发布的当年播种面积相乘得来。

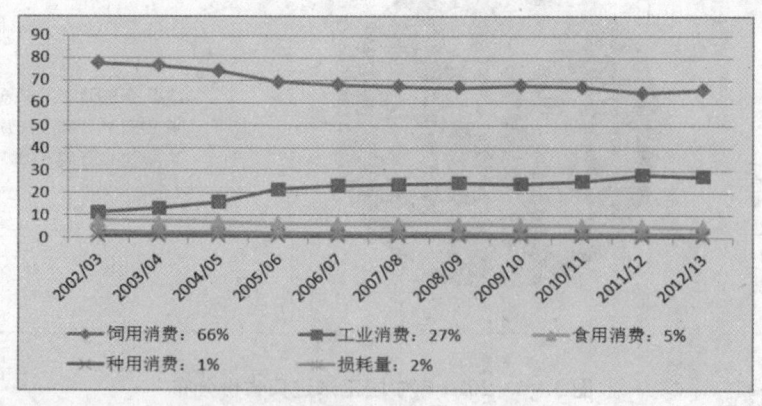

图 3-8 我国玉米各类消费占比情况

数据来源:同图 3-7。

同时，玉米饲用消费量占国内玉米消费总量的比重从2002/03年度的78%降为2012/13年度的66%；而工业消费量占比从2002/03年度的11%变为2012/13年度的27%；食用消费量占比从7%下调为5%；种用消费量稳定在1%；损耗量占比从3%降为2%（见图3-9）。

图3-9 2002/03年度和2012/13年度各类玉米消费占比

数据来源：同图3-7。

（1）饲用消费量稳步增加，占比缓慢下降。

玉米是我国畜牧业发展的重要能源饲料，饲料加工每年消耗我国玉米产量的70%左右。玉米的饲用主要在三个方面：①玉米秸秆是牛的高能饲料，可以代替部分玉米籽粒；蜡熟期收割的茎叶和果穗，柔嫩多汁、营养丰富、粗纤维少，是奶牛的良好青贮饲料；②玉米籽粒，特别是黄粒玉米是良好的饲料，其营养价值和消化率均高于大麦、燕麦和高粱；③玉米湿磨、干磨生产淀粉、啤酒、糖等深加工产品的过程中生产的胚、麸皮、浆液、DDGS等副产品，也是重要的饲料资源。

根据中证期货战略研究部2012年数据，如图3-10所示，目前在饲料原料消费中，玉米占比在38%以上，具体数据如下：玉米38.3%，豆粕11.3%，麦麸次粉米糠16.8%，小麦4.3%，鱼粉0.5%，棉粕及其他油粕5.4%，菜粕4.1%，发酵豆粕0.2%，肉骨粉0.2%，其他原料18.9%。

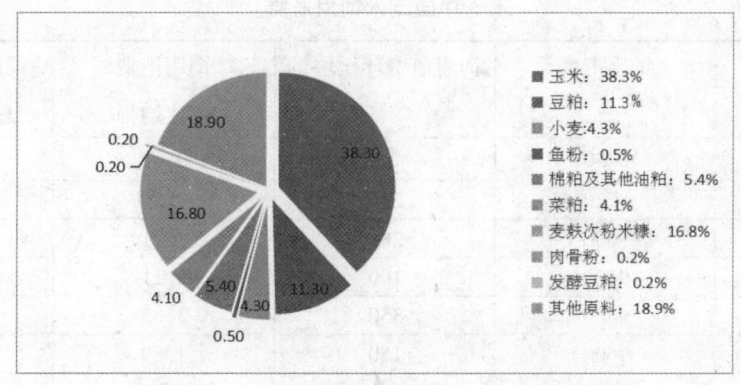

图3-10 玉米在饲料原料消费中的比例

数据来源：中证期货战略研究部2012年统计数据。

随着人们生活水平的持续提高,无论是农村居民还是城镇居民的肉、蛋、奶需求量都有了大幅增长,1995 年,城镇居民的人均肉禽、蛋、奶消费量分别为 23.65 千克、10.92 千克和 7.88 千克;2008 年,城镇居民的人均肉禽、蛋、奶消费量分别为 30.70 千克、10.74 千克和 15.19 千克,蛋类消费需求基本保持稳定,而肉禽和奶类消费增长率分别为 29.81% 和 92.77%,农村居民的肉、蛋、奶消费量则分别增加了 50.15%、68.63% 和 471.67%[①]。根据 2012 年国家统计局的数据,我国城镇和农村居民的肉、禽、蛋等的消费量依然保持稳定的增长态势,尤其是农村居民的消费情况,如表 3-12 所示。

表 3-12　　　　　　　我国人均肉、禽、蛋等产品的年消费量　　　　　　单位:千克

年份	农村居民			城镇居民			
	猪牛羊肉	家禽	蛋及制品	猪肉	牛羊肉	禽类	鲜蛋
2007	14.9	3.9	4.7	18.2	3.9	9.7	10.3
2008	13.9	4.4	5.4	19.3	3.4	——	10.7
2009	15.3	4.3	5.3	20.5	3.7	10.5	10.6
2010	15.8	4.2	5.1	20.7	3.8	10.2	10.0
2011	16.3	4.5	5.4	20.6	4.0	10.6	10.1
2012	16.4	4.5	5.9	21.2	3.7	10.8	10.5

数据来源:中国统计年鉴(2013)

作为肉蛋奶生产不可或缺的饲料来源,饲料玉米需求量必将随着肉蛋奶需求的增加而不断攀升。2000 年以来,中国玉米饲用消费量保持单调递增的趋势:2012/13 年度的消费量达到 14400 万吨,比 2002/03 年度的 9600 万吨增加了 5400 万吨,年均增量为 490 万吨,年均增幅达到 5.5%。

表 3-13　　　　　　　中国玉米饲用消费　　　　　　单位:万吨;%

年　度	饲用消费	饲用消费环比增量	饲用消费环比增幅	饲用消费占国内总消费的比例
2000/01 年	8450	10	0.12	75
2001/02 年	8720	270	3.20	76
2002/03 年	9000	280	3.21	76
2003/04 年	9100	100	1.11	75
2004/05 年	9450	350	3.85	73
2005/06 年	9600	150	1.59	69
2006/07 年	10400	800	8.33	73

---

① 数据来源:西北农林科技大学邵飞博士论文《我国玉米经济:供给与需求分析》。

续表

年 度	饲用消费	饲用消费环比增量	饲用消费环比增幅	饲用消费占国内总消费的比例
2007/08 年	10600	200	1.92	72
2008/09 年	10800	200	1.89	63
2009/10 年	11800	1000	9.26	64
2010/11 年	12800	1000	8.47	66
2011/12 年	13100	300	2.34	61
2012/13 年	14400	1300	9.92	62

数据来源：同图 3-7。

(2)工业深加工消费量快速增长，占比大幅提高。

随着农产品加工业的发展和生物质能源的开发，农产品的中间需求迅速扩大。2000/01 年度至 2010/11 年度，我国玉米的工业消费从 990 万吨增长到 5300 万吨，增长了 4.4 倍；同期，世界玉米消费中用于生物质能源的数量从 0.53 亿吨增长到 1.44 亿吨，增长了 1.7 倍。农产品加工需求的扩大通过中间环节的作用推动了农产品价格的上涨。

我国玉米加工分为三种类型：食用加工、饲料加工和深加工，其中玉米深加工需求是各类需求中增长最快的部分，被视为玉米产业中的朝阳产业。玉米深加工是以玉米为原料，采用物理、化学方法和发酵工程等工艺技术对玉米进行深度的加工。目前，美国玉米深加工产品达 3500 多种，我国由于技术水平比较落后，目前深加工产品只有 200 多种，具有广阔的发展前景。

目前我国深加工业的产品结构已出现了较大变化，从原来主要以淀粉和酒精为终端产品的初级加工为主逐步向继续对淀粉再加工的精深加工发展。总体来看，淀粉类产品（含淀粉糖）和酒精类产品仍然是玉米深加工业的主要产品：淀粉类产品（含淀粉糖）约占深加工产品的 55%，酒精类产品约占 30%，另外还有赖氨酸、柠檬酸、味精，玉米油、DDGS 等其他产品约占 15%。

农业部提供的调查报告显示，玉米经过一次加工，可增值 1~2 倍；经过二次加工，可增值 5~10 倍；经过三次加工，可增值几十倍甚至上百倍（邵飞，2011）。在以上产品的深加工过程中，玉米的单耗水平，如表 3-14 所示（由于工艺不同，各生产厂家的单耗会有差异）。

表 3-14　　　　　　　主要深加工产品的玉米单耗

产品	酒精	淀粉	淀粉糖	柠檬酸	赖氨酸
单耗	3.2	1.45	1.2	1.9	3.0

21 世纪以来，中国玉米深加工业出现快速发展势头，2002/03 年度中国玉米深加工消费量为 1400 万吨，2012/13 年度达到 6000 万吨，10 年间一直呈现单调递增的趋势，增加

了4600万吨，年均增量460万吨，年均增幅33%。从增长阶段看，2006/07年度以前是玉米深加工消费量增长最快的时期，每年增幅都在10%，特别是2005/06年度，深加工业消费玉米量从上年度的2100万吨猛增至3150万吨，增幅高达50%，2006/07年度也达到13%的增幅。根据比较可以发现，由于国家发展和改革委员会2007年9月5日《关于促进玉米深加工业健康发展的指导意见》的出台，2007/08年度、2008/09年度、2009/10年度深加工玉米消费量增幅较之前两年有较大减少，分别为6%、5%、6%。这说明当时国家对玉米深加工行业的规范和引导确实达到了明显的效果。但2010/11年度和2011/12年度玉米深加工消费的增幅又开始迅速回升，分别达到14%和19%，2012/13年度增幅有所下降，为5%。

表3-15　　　　　　　　　中国玉米工业深加工消费　　　　　　　　单位：万吨；%

年度	深加工消费	环比增量	环比增幅	占全国玉米消费总量
2000/01	1110	60	6	10
2001/02	1250	140	13	11
2002/03	1400	150	12	12
2003/04	1650	250	18	14
2004/05	2100	450	27	16
2005/06	3150	1050	50	22
2006/07	3550	400	13	23
2007/08	3750	200	6	24
2008/09	3950	200	5	24
2009/10	4200	250	6	24
2010/11	4800	600	14	25
2011/12	5703	903	19	28
2012/13	6000	297	5	27

数据来源：根据中国玉米网、中证期货研究部、国家粮油信息中心等相关资料整理而得。

从增长阶段看，2006/07年度以前是玉米深加工消费量增长最快的时期，每年的增幅都在10%，特别是2005/06年度，深加工业消费玉米量从上年度的2100万吨猛增至3150万吨，增幅高达50%，2006/07年度也达到13%的增幅。根据比较可以发现，由于国家发展和改革委员会2007年9月5日《关于促进玉米深加工业健康发展的指导意见》的出台，2007/08年度、2008/09年度、2009/10年度深加工玉米消费量增幅较之前两年有较大的减少，分别为6%、5%、6%。这说明当时国家对玉米深加工行业的规范和引导确实达到了明显效果。但从2010/11年度和2011/12年度玉米深加工消费的增幅又开始迅速回升，分别达到14%和19%;2012/13年度增幅有所下降,仅为5%。

数据表明,由于国家的规范和引导,在"十一五"期间,玉米深加工消费处于相对比较稳定的态势,但从"十二五"开始,深加工消费占国内玉米消费总量的比重又呈现增加势头。

(3)食用、种用及损耗量基本稳定。

玉米口粮消费逐年减少。20世纪80年代,95%以上是玉米初级加工食品,即玉米碴、玉米粉等。随着人民生活水平的提高,玉米作为口粮的消费量逐年减少。与此同时,从90年代开始,由于人民生活水平的提高,非口粮的玉米食品消费稳步上升。膳食结构和消费倾向的改变以及新技术的应用,使非口粮玉米食品的质量和口感得到了大大提高,玉米食用量的增加和减少的因素大致相互抵消,食用消费量开始处于相对稳定阶段。从图3-11可以看出,1999/00年度以来,我国玉米的年均食用消费量经历先降低而后趋于平稳,最近两年又有所增加的趋势,但总体看玉米食用消费量处于相对稳定的状态,保持在1000万吨上下。但由于国内玉米需求总量的增长较快,因此,玉米食用消费占玉米国内总消费量的比重呈现逐年下降的趋势,由1999/00年度的10.8%降到2012/13年度的4.5%。中国玉米食用消费量处于相对稳定阶段,总体保持在1000万吨上下;玉米食用消费占玉米国内总消费量的比重呈现逐年下降的趋势,由1999/00年度的10.8%降到2012/13年度的4.7%。

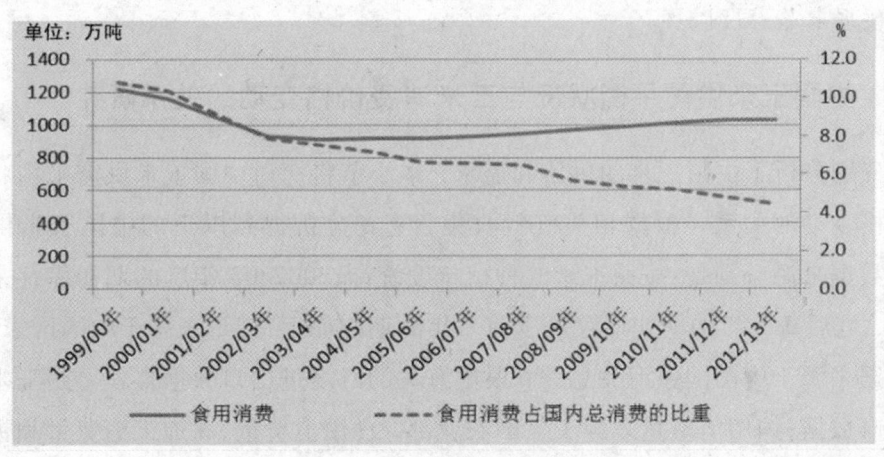

图3-11 我国玉米食用消费量

数据来源:根据中国玉米网、中证期货研究部、国家粮油信息中心等相关资料整理而得。

我国玉米种用消费总体保持稳定。由于我国玉米栽培技术的革新、育种技术的进步以及配套设施的完善等,都提高了玉米种植效率,使得单位面积的玉米播种用量开始下降。根据《2013全国农产品成本收益资料汇编》,2007—2012年以来,我国每亩玉米播种的种子用量依次是2.78公斤、2.64公斤、2.63公斤、2.45公斤、2.37公斤、2.24公斤。但由于总体上看我国玉米播种面积处于增加的态势,因此我国玉米种植种子需求总量基本保持稳定,为 120 万吨左右。随着我国玉米总消费量的增加,种用消费占玉米总消费量的比重呈下降趋势。在收获、储藏、运输以及加工的过程中,不可避免地会有玉米的损耗,根据相关资料的数据收集,1999/00 年度以来,我国玉米损耗量占玉米总消费量的比重呈下降趋势,但损耗量大致稳定在 350 万吨左右。

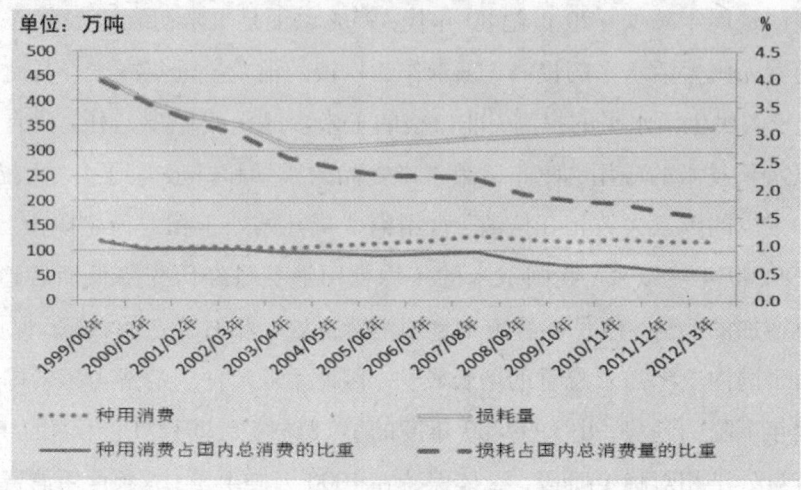

图 3 - 12　我国玉米种用消费及损耗量

数据来源:同图 3 - 7。

3.3.3 中国玉米供需平衡状况与玉米消费价格变动的关系研究

前文分别分析了中国玉米的供给和需求,本小节将探讨中国玉米供需平衡状况与玉米消费价格变动的关系。根据相关资料收集,笔者分析得到以下的中国玉米供需平衡表。其中数据来源分别是:按照玉米的种植年度统计;2002/03 年度的期初库存来源于美国农业部,之后每一年的期初库存等于前一年的期末库存;产量来源于中国国家统计局;进出口数据来源于中国国家海关总署,根据海关的月度进出口数据整理得到玉米种植年度的进出口数据;饲用消费量来源于美国农业部,食用消费量、深加工消费量和损耗根据中国玉米网、中证期货研究部、国家粮油信息中心等相关资料整理而得,种用消费根据《2013 全国农产品成本收益资料汇编》中玉米生产每亩种子用量与国家统计局发布当年的播种面积相乘得来。

表3-16　　　　　　　　　中国玉米市场供需平衡表(1)　　　　　　　　单位:万吨

年 度	2002/03	2003/04	2004/05	2005/06	2006/07	2007/08
期初库存	8479	6743	4759	3836	2748	2098
产量	12131	11583	13029	13937	15160	15230
进口	0	0	0	5	1	4
新增供给	12131	11583	13029	13942	15161	15234
食用消费	928	910	920	920	930	950
饲用消费	9600	9700	9800	10100	10400	10600
工业消费	1400	1650	2100	3150	3550	3750
种用消费	108	105	110	115	120	130
损耗	351	310	309	315	320	325
国内消费	12387	12675	13239	14600	15320	15755
出口	1480	892	712	430	491	95
结转库存	-1736	-1984	-922	-1088	-650	-616
期末库存	6743	4759	3836	2748	2098	1482
库存消费比	54%	38%	29%	19%	14%	9%

表3-17　　　　　　　　　中国玉米市场供需平衡表(2)　　　　　　　　单位:万吨

年 度	08/09	09/10	10/11	11/12	12/13	13/14
期初库存	1482	1888	906	-322	-848	-1877
产量	16591	16397	17725	19278	20561	21100
进口	4	79	131	503	308	700
新增供给	16595	16476	17856	19781	20869	21800
食用消费	970	990	1010	1030	1030	1030
饲用消费	10800	11800	12800	13100	14400	15600
工业消费	3950	4200	4800	5703	6000	6100
种用消费	123	118	123	119	119	119
损耗	330	335	340	345	345	345
国内消费	16173	17443	19073	20297	21894	23194
出口	17	15	11	10	4	10
结转库存	405	-982	-1228	-526	-1029	-1404
期末库存	1888	906	-322	-848	-1877	-3281
库存消费比	12%	5%	-2%	-4%	-9%	-14%

备注:表中数据是2013/14年度的预测数据。

表3-16和表3-17分析显示了这样一种趋势,即中国玉米市场产需缺口扩大、库存消费比存在下降。而这一趋势与玉米消费价格的变动存在怎样的关系呢,接下来将做进一步分析。此处的玉米消费价格以玉米全国批发均价表示。

表3-18　　　　　中国玉米库存消费比与玉米消费价格变动

年度	中国玉米(%)库存消费比	中国玉米消费价格(元/公斤)	消费价格环比涨幅(%)
2002/03	54	1.09	——
2003/04	38	1.30	19
2004/05	29	1.31	1
2005/06	19	1.32	1
2006/07	14	1.52	15
2007/08	9	1.76	16
2008/09	12	1.65	-6
2009/10	5	1.94	18
2010/11	-2	2.18	12
2011/12	-4	2.43	11
2012/13	-9	2.43	0

数据来源:库存消费比的数据来源同上文;玉米批发价格根据安信证券2014年1月6日农业数据周报的周度数据按照玉米种植年度平均。

分析发现:随着中国玉米库存消费比的下降,以批发价格表示的中国玉米消费价格也随之快速上涨。除了2008/09年度库存消费比与上年相比上涨了3个百分点外,2002/03年度以来的年份里中国玉米库存消费比出现快速下跌的趋势,且从2006/07年度开始这一比值降到17%~18%的警戒线以下,2010/11年度甚至出现负值,11个年度内平均降幅达到6%。随着中国玉米库存消费比的下降,以批发价格表示的中国消费玉米价格也随之快速上涨。2002/03年度以来,除了2008/09年度中国玉米消费价格下降了6个百分点外,其他年份都保持上涨的趋势,11个年度内平均涨幅达到11.18%。

根据数据还可以得出:在玉米库存消费比降到17%~18%的国际警戒线之下以后,玉米消费价格对于库存消费比变动的反映程度明显增强。从表3-18中的中国玉米库存消费比和玉米消费价格环比变动百分比可以得出:2003/04年度库存消费比与上年相比下降16个百分点,而同期玉米消费价格则上涨19个百分点;2004/05年度的库存消费比与上年相比下降9个百分点,而同期玉米消费价格仅上涨1个百分点;2005/06年度的库存消费比与上年相比下降10个百分点,同期的玉米消费价格仅上涨1个百分点;2006/07年度的库存消费比降到14%,比上年下降了5个百分点,玉米消费价格则上涨了15个百分点;2007/08年度的库存消费比与上年相比下降5个百分点,玉米消费价格则上涨达到16个百分点,是前者的3倍多;2008/09年度由于增产1361万吨,同时国内总需求增长放缓,仅增加418万吨,比上年少17万吨,国家临时储备政策大量收购,玉米的库存消费比与上年相比上涨了3个百分点,达到12%,同期玉米消费价格下降了6个百分点,是前者的2倍;2009/10年度的库存消费比上年下降7个百分点,同期玉米消费价格上涨18个百分点,是前者的2倍多;2010/11年度的库存消费比与上年相比下降7个百分点,同期玉米消费价格上涨12个百分点,约为前者的2倍;2011/12年度的库存消费比与上年相比下降2个百分点,同期玉米消费价格上涨11个百分点,约为前者的5倍。由此可见,在玉米库存消费比在国际警戒线之上的年份中,库存消费比的降低对于玉米消费价格上涨的促进作用相对较小,而当玉米库存消费比降到国际警戒线之下以后,库存消费比的变动对于玉米消费价格变动的促进作用明显增强,玉米消费价格变动幅度约为库存消费比变动幅度的2~5倍。

3.4 本章小结

随着中国玉米净进口的增加,国际玉米市场对国内玉米市场的影响不断加深。只有准确把握中国玉米市场面临的国际环境,才能更好地利用国际国内两个市场两种资源,进而促进中国玉米产业的健康发展、保障中国粮食安全。为了对中国玉米消费经济有全面的把握,本章分析了中国在世界玉米市场中所处的地位,研究得出以下结论:

(1)关于世界玉米市场的供需平衡状况。

2000年以来,世界玉米总产量整体呈增长的趋势,美国始终保持着世界玉米产量第一的排名,但占比呈逐年下降的趋势;中国、巴西、阿根廷、乌克兰一直处于第二到第四的排名水平,且这四国占世界玉米总产量的比重均保持上涨趋势,其中占比变动最大的是乌克兰,其玉米产量占世界总产量的比重从2000年的0.65%增加到2013年的3.04%,占比情况的年均增幅高达36.87%。

从消费结构看,世界玉米的饲用消费量最大,但所占比重呈逐年下降趋势,从2002/03年度的69.16%下降到2012/13年度的58.59%;而其他消费则快速增长,主要是以美国为代表的燃料乙醇对玉米的消费快速增加,同期年均增幅8.4%,所占比重从16%增加到30%。

2000年以来的世界玉米进出口情况:美国的玉米出口量一直保持第一位的排名,2000—2011年一直稳定在4000万吨以上,约占全球的一半,2006年前后经历了先大幅上升然后大幅下降的变化;阿根廷、巴西一直保持世界出口第二、第三的排名,且均保持增加的趋势;乌克兰的增幅较大,随着法国出口整体减少的趋势,乌克兰2011年开始超过法国成为世界第四大玉米出口国。2011年世界玉米总进口量为10807万吨,其中主要的进口国为日本、墨西哥、韩国、欧盟、埃及、中国、西班牙等,其中中国台湾地区占整个中国进口的绝大部分，而中国大陆2011年的进口量为175万吨。

从总体情况看，世界玉米期初库存总体呈减少趋势；总产量、进出口、消费量呈递增的趋势；库存消费比总体呈下降趋势，从2002/03年度的20.22%下降到2012/13年度的15.56%。

对世界玉米市场分析后可发现几个特点：①世界玉米市场生产和贸易高度集中，美国对世界玉米市场的掌控能力很强，美国玉米产量占世界的35%左右，出口量占世界的一半左右，消费量占世界的30%左右；②随着消费的增加，尤其是以美国为代表的燃料乙醇对玉米消费的快速增加，世界玉米市场库存消费比呈下降趋势，世界市场供需趋紧；③世界玉米市场饲用消费占比趋于下降，其他消费尤其是工业深加工消费趋于增加；④乌克兰的玉米生产和出口占比大幅增加。

（2）关于美国玉米市场供需平衡状况。

2002/03年度以来，美国玉米产量整体在波动中呈上涨趋势，年均增幅为4.61%；美国玉米进口量在波动中呈增加趋势；美国玉米出口大概以2007/08年度为分界线，由之前的递增趋势开始转为减少的趋势，尤其是2012/13年度的减产，导致美国玉米出口量较上年减少了一半多，从平均的4000万吨左右降为1854万吨；美国国内玉米消费总量以年均3.93%的幅度增加，其中以燃料乙醇为代表的玉米消费增长最快，年均增幅达到34.64%（美国农业部数据：2002/03年度美国玉米燃料乙醇消耗量为2529万吨，2013/14年度增加为13040万吨）。

对美国玉米供需平衡表整体数据的分析可以得出以下基本判断：随着美国燃料乙醇用玉米的大幅增加，美国玉米的国内需求将大幅增加，美国玉米总需求的增幅快于总供给，这将对美国玉米的出口和国际玉米价格产生较大影响。日本依然是美国玉米第一大出口国，中国已成为美国第五大玉米出口国。

（3）关于中国玉米供需平衡状况。

中国玉米的供给：中国玉米播种面积稳步扩大，实现九连增；中国玉米单产水平提高，但缺乏稳定性，是三大粮食作物中单产水平波动最大的；中国玉米总产量受到种植面积扩大以及玉米单产提高的促进而不断增加，1998年开始，中国玉米产量超过小麦成为了中国产量第二大的粮食作物；到了2012年，中国玉米产量首次超过稻谷，从此，玉米正式从播种面积和产量两个方面超过稻谷，成为了中国第一大粮食作物；中国从2009/10年度开始由玉米净出口国变为净进口国。

在玉米不断增产的背景下，进口较快增加，这意味着中国玉米总需求正在以一个更快的速度增加：数据显示，2002/03年度的总需求量为12387万吨，2012/13年度达到了21894万吨，十年间增加了9507万吨，年均增幅达8%。其中，饲用消费和工业消费的玉米量分别从2002/03年度的9600万吨和1400万吨增加到2012/13年度的14400万吨和6000万吨，年均增量分别为436万吨和418万吨，饲用消费年均增幅5%，工业消费年均增幅高达

30%；玉米食用消费、种子用量和损耗保持在相对稳定的水平，分别稳定在950万吨、120万吨和330万吨上下。玉米饲用消费量占国内玉米消费总量的比重从2002/03年度的78%降为2012/13年度的66%，而工业消费量占比则从2002/02年度的11%变为2012/13年度的27%；食用消费量占比从7%下调为5%，种用消费稳定在1%，损耗量占比从3%降为2%。

研究同时还分析了中国玉米库存消费变动与玉米价格变动的关系，得出了以下结论：2002/03年以来，中国玉米库存消费比呈下降的趋势，且从2006/07年度开始这一比值降到17%~18%的警戒线以下；随着中国玉米库存消费比的下降，以批发价格表示的中国玉米消费价格也随之快速上涨，2002/03年度以来的11个年度内平均涨幅达到11.18%。在玉米库存消费比在国际警戒线之上的年份中，库存消费比的降低对于玉米价格上涨的促进作用相对较小，而当玉米库存消费比降到国际警戒线之下以后，即从2006/07年度开始，库存消费比的变动对于玉米价格变动的促进作用明显增强，玉米价格变动幅度为库存消费比变动幅度的2~5倍。2008/09年度以来，需求增速较快是产需缺口扩大的主要原因。2008/09年度以来，中国玉米总产量以年均4.8%的幅度增加，而国内总需求以年均7.1%的幅度增加，产需缺口增大。

通过对世界、美国及中国的玉米市场的供需平衡状况进行详细分析，得出以下主要结论：由于以美国为代表的燃料乙醇的快速发展，世界玉米库存消费比呈下降趋势，世界玉米市场供需趋紧；而在中国玉米生产逐年增加的背景下，中国从玉米净出口国变为净进口国、产需缺口扩大、2008年以来价格变动幅度加大，主要原因都是由于中国玉米消费需求增速过快。因此，对中国玉米消费状况的关注和详细分析显得尤为重要。本书接下来的章节就从三个重要维度对中国玉米的消费状况进行详细分析，分别是中国玉米消费经济——国际比较的视角、中国玉米消费经济——国内省际区域比较的视角和中国玉米消费经济——消费结构内部比较的视角。

第4章

中国玉米消费经济:国际比较研究——以中美为例

第3章分析得出由于以美国为代表的燃料乙醇的快速发展,世界玉米库存消费比呈下降趋势,世界玉米市场供需趋紧;而在中国玉米生产逐年增加的背景下,中国从玉米净出口国变为净进口国、产需缺口扩大、2008年以来价格变动幅度加大,这一切的重要原因都是由于中国玉米消费需求增速过快。研究同时指出,全球玉米生产和贸易高度集中,美国在生产和贸易方面占据绝对的主导地位,产量约占世界总产量的35%,出口量占世界的40%以上;美国是中国最主要的玉米进口国,中国也成为美国第五大玉米出口国。因此,在对中国玉米消费状况进行国际比较研究时选择了美国作为参照系,一是因为美国在世界上的重要地位,可以作为世界市场的状况代表;二是美国是中国主要的玉米进口国,美国国内玉米的消费状况对中国玉米的进口甚至中国国内玉米消费的结构将产生一定影响。

本章分为四个小节,分别从中美玉米消费总量比较研究、中美玉米消费结构比较研究和美国玉米消费价格对中国玉米消费价格的影响机制来研究中国玉米消费状况,最后是本章小结。

4.1 中美玉米消费总量比较研究

本小节将从玉米消费总量的角度对中美玉米消费状况进行比较研究,分别计算了以下四个指标:国内消费总量、占全球的比重、占国内总供给比重、库存消费比,如表4-1所示。

第4章 中国玉米消费经济：国际比较研究——以中美为例

表4-1 中美玉米消费总量比较分析

年度	国内消费总量(万吨) 中国	国内消费总量(万吨) 美国	占全球的比重(%) 中国	占全球的比重(%) 美国	占国内总供给比重(%) 中国	占国内总供给比重(%) 美国	库存消费比(%) 中国	库存消费比(%) 美国
2002/03	12387	20075	19.74	31.99	60.10	74.72	54.43	13.75
2003/04	12675	21159	19.51	32.58	69.16	74.46	37.54	11.50
2004/05	13239	22461	19.23	32.62	74.43	69.22	28.98	23.91
2005/06	14600	23201	20.67	32.85	82.12	69.01	18.82	21.54
2006/07	15320	23067	21.10	31.77	85.54	72.59	13.70	14.36
2007/08	15655	26163	20.23	33.80	90.32	71.72	10.11	15.77
2008/09	16073	25804	20.54	32.97	88.42	74.25	12.99	16.47
2009/10	16843	28099	20.55	34.29	90.73	75.00	10.13	15.44
2010/11	17673	28455	20.73	33.38	90.35	79.11	10.62	10.07
2011/12	20297	27791	23.45	32.11	93.71	81.22	6.66	9.04
2012/13	21894	26297	25.26	30.34	98.53	86.97	1.48	7.93
总变化量	9507	6222	5.52	-1.65	38.43	12.25	-52.95	-5.82
年均增量	864	566	0.50	-0.15	3.49	1.11	-4.81	-0.53
年均增幅	6.98	2.82	2.54	-0.47	5.81	1.49	-8.84	-3.85

数据来源：美国数据来源于美国农业部；中国数据中期初库存和总消费中包含的玉米饲用消费数据来源于美国农业部，其他数据来自于国家粮油信息中心和《2013全国农产品成本收益资料汇编》。

中国与美国国内玉米消费总量的数据对比分析：2002/03年度至2012/13年度的11年间，中国玉米国内消费总量从12387万吨增加到21894万吨，总计增加了9507万吨，年均增量达864万吨，年均增幅6.98%；同期美国玉米国内消费总量从20075万吨增加到26297万吨，总计增加了6222万吨，年均增量达566万吨，年均增幅2.82%。就国内玉米总消费量这个指标看，中国比美国增加得快，增幅也大于美国。

中国与美国国内玉米消费总量占全球的比重对比分析：2002/03年度至2012/13年度的11年间，中国玉米消费总量占全球的比重从19.74%增加到25.26%，总计上升了5.52个百分点，年均增量为0.50个百分点，年均增幅2.54%；同期美国玉米消费总量占全球的比重从31.99%减少到30.34%，总计下降1.65个百分点，年均降幅0.15个百分点，年均降幅达0.47%。就国内玉米消费总量占全球比重这个指标看，美国呈现减少的趋势，而中国则呈现增加的趋势，且增幅还相对较大。

中国与美国国内玉米消费总量占各国总供给的比重对比分析:2002/03 年度至 2012/13 年度的 11 年间,中国玉米国内消费总量占国内总供给的比重从 60.10% 增加到 98.53%,总计增加了 38.43 个百分点,年均增量为 3.49 个百分点,年均增幅 5.81%;同期美国玉米国内消费总量占国内总供给的比重从 74.72% 增加到 86.97%,总计增加了 12.25 个百分点,年均增量为 1.11 个百分点,年均增幅 1.49%。就国内玉米消费总量占国内总供给的比重这个指标看,中国和美国均保持大幅增长态势,其中中国的增长幅度比美国要大,中国的年均增幅约是美国的 4 倍。

中国与美国玉米库存消费比的对比分析:2002/03 年度至 2012/13 年度的 11 年间,中国玉米的库存消费比从 54.43% 降到 1.48%,总计下降了 52.95%,年均下降 4.81%,年均降幅 8.84%;同期美国的玉米库存消费比从 13.75% 降为 7.93%,总计下降 5.82%,年均下降 0.53%,年均降幅 3.85%。就玉米库存消费比这个指标看,两国均处于大幅下降的趋势,且中国比美国下降的幅度要大很多,中国的总下降量(52.95%)约是美国(5.82%)的 10 倍。

通过以上中美玉米消费总量的四个指标的比较分析可以得出:就玉米消费这方面来看,与美国相比,中国的变动情况均远远大于美国,其中玉米国内消费总量的年均增幅中国约是美国的 2.5 倍,国内玉米消费量占全球比重的年均变动幅度中国约是美国的 6 倍,国内玉米消费量占国内总供给比重的年均变动幅度中国约是美国的 4 倍,库存消费比的年均变动幅度中国约是美国的 2 倍。

4.1 节从总量上比较了中美两国的玉米消费状况,接下来将从玉米内部消费结构的角度对中美玉米消费状况进行比较研究。

4.2 中美玉米消费结构比较研究

4.1 节从总量上将中国玉米的消费总量及相关变动情况与美国进行了对比分析。本小节从玉米消费的内部结构的角度将中国玉米消费状况与美国进行对比分析。按照玉米的用途分类,研究将从饲用消费、工业深加工消费、食用消费、种用消费和损耗几个方面将中美玉米消费结构进行对比分析。由于中国数据的可获得性问题,比较的年度仅从 2002/03 年度至 2010/11 年度。同时,为了和美国数据形成可比性,中国数据以年份数据近似代表年度数据,例如,2002 年数据代表 2002/03 年度的数据。

表 4-2   中国与美国的玉米消费结构对比   单位：万吨

年度	食用消费量		种用消费量		工业深加工		饲用及其他		总消费量	
	中国	美国	中国	美国	中国	美国	中国	美国	中国	美国
2002/03	928	475	108	51	1400	5456	9951	14093	12387	20075
2003/04	910	476	105	52	1650	5946	10010	14685	12675	21159
2004/05	920	480	110	53	2100	6344	10109	15584	13239	22461
2005/06	920	483	115	51	3150	7135	10415	15533	14600	23201
2006/07	930	484	120	60	3550	8451	10720	14072	15320	23067
2007/08	950	489	130	55	3750	10740	10825	14879	15655	26163
2008/09	970	488	123	56	3950	12221	11030	13039	16073	25804
2009/10	990	492	118	57	4200	14593	11535	12957	16843	28099
2010/11	1010	500	123	58	4800	15763	11740	12133	17673	28455
2011/12	1030	503	119	62	5703	15744	13445	11481	20297	27791
2012/13	1030	507	119	62	6000	14768	14745	10960	21894	26297

数据来源：美国农业部；中国粮油信息中心；《2013 全国农产品成本收益资料汇编》。

表 4-2 显示了中国与美国不同用途的玉米消费量从 2002/03 年度至 2013/14 年度的历史变动情况。

表 4-3   中国与美国的玉米消费结构占比   单位：%

年度	食用消费量		种用消费量		工业深加工消费量		饲用及其他消费量	
	中国	美国	中国	美国	中国	美国	中国	美国
02/03	7.5	2.4	0.9	0.3	11.3	27.2	80.3	70.2
03/04	7.2	2.2	0.8	0.2	13.0	28.1	79.0	69.4
04/05	6.9	2.1	0.8	0.2	15.9	28.2	76.4	69.4
05/06	6.3	2.1	0.8	0.2	21.6	30.8	71.3	66.9
06/07	6.1	2.1	0.8	0.3	23.2	36.6	70.0	61.0
07/08	6.1	1.9	0.8	0.2	24.0	41.0	69.1	56.9
08/09	6.0	1.9	0.8	0.2	24.6	47.4	68.6	50.5
09/10	5.9	1.8	0.7	0.2	24.9	51.9	68.5	46.1
10/11	5.7	1.8	0.7	0.2	27.2	55.4	66.4	42.6
11/12	5.1	1.8	0.6	0.2	28.1	56.7	66.2	41.3
12/13	4.7	1.9	0.5	0.2	27.4	56.2	67.3	41.7

数据来源：笔者计算而得。

表4-3是根据表4-2计算的中国与美国不同用途的玉米消费占比情况。

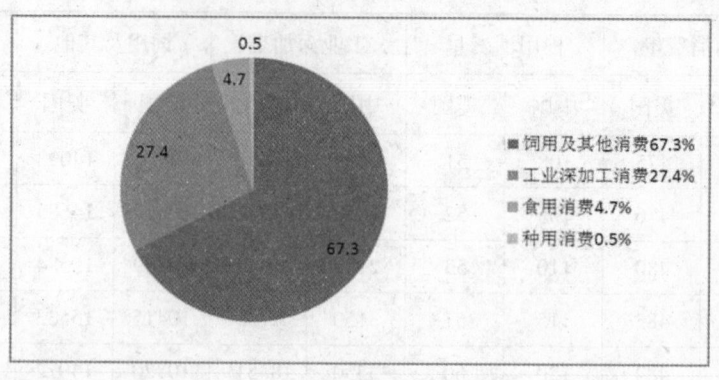

图4-1 2012/13年度中国玉米消费结构

根据表4-3和图4-1，2012/13年度中国玉米消费结构为种用消费占比0.5%、食用消费占比4.7%、工业深加工消费占比27.4%、饲用及其他消费共占比67.3%。

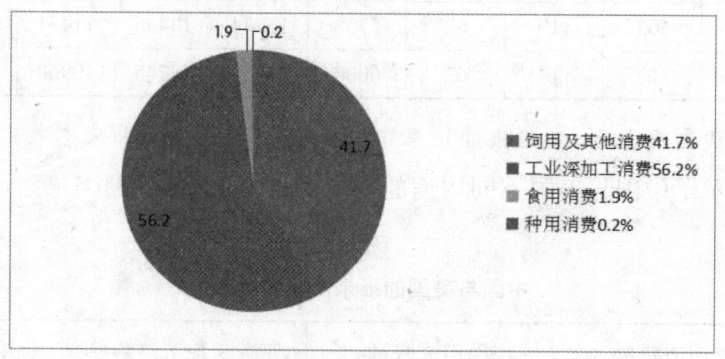

图4-2 2012/13年度美国玉米消费结构

根据表4-3和图4-2，2012/13年度美国玉米消费结构为种用消费占比0.2%、食用消费占比1.9%、工业深加工消费占比56.2%、饲用及其他消费共占比41.7%。

从总体上看，中国和美国玉米内部消费结构变动如下：中国四类玉米消费量均保持增加，而美国食用、种用、工业用途是增加但饲用消费量却在下降；从四类消费量占总消费的比重这一指标看，两国的变动趋势都是一致的，均表现为：食用消费、种用消费、饲用消费处于下降的趋势，工业深加工消费处于上升的趋势。

下文将从玉米消费的不同用途分别进行详细的比较分析。

4.2.1 中美玉米食用消费对比分析

总体上看，2002/03年度至2012/13年度的11年间，中国和美国的玉米食用消费量整体呈现出增加趋势，但总量相对比较稳定，中国稳定在1000万吨左右，美国稳定在500万吨左右,中美玉米食用消费差距稳定在 500 万吨左右。

具体来看,中国玉米食用消费量从 2002/03 年度的 928 万吨增加到 2012/13 年度的 1030 万吨,年均增量 9 万吨,年均增幅 1.0%;美国玉米食用消费量从 2002/03 年度的 475 万吨增加到 2012/13 年度的 507 万吨,年均增量 3 万吨,年均增幅 0.6%。因此,从玉米的食用消费量上看,中国不仅总量是美国的近两倍,而且年均增量是美国的 3 倍,年均增幅约是美国的 1.2 倍。

表 4-4 中美玉米食用消费对比

年度	食用消费量(万吨)			食用消费占比(%)		
	中国	美国	中国—美国	中国	美国	中国—美国
02/03	928	475	453	7.5	2.4	5.1
2003/04	910	476	434	7.2	2.2	4.9
2004/05	920	480	440	6.9	2.1	4.8
2005/06	920	483	437	6.3	2.1	4.2
2006/07	930	484	446	6.1	2.1	4.0
2007/08	950	489	461	6.1	1.9	4.2
2008/09	970	488	482	6.0	1.9	4.1
2009/10	990	492	498	5.9	1.8	4.1
2010/11	1010	500	510	5.7	1.8	4.0
2011/12	1030	503	527	5.1	1.8	3.3
2012/13	1030	507	523	4.7	1.9	2.8
年均增幅(%)	1.0	0.6	1.4	-3.4	-1.7	-4.2
年均增量	9	3	6	-0.3	-0.04	-0.2

数据来源:美国农业部;中国粮油信息中心。

再看中美玉米食用消费占总消费的比重对比,由于玉米食用消费量的增长幅度小于玉米总消费量的增长幅度(中国玉米总消费量年均增幅 6.98%,食用消费量年均增幅 1%;美国玉米总消费量年均增幅 2.82%,食用消费量年均增幅 0.6%),因此,中国玉米食用消费占总消费的比重从 2002/03 年度的 7.5% 降到 2012/13 年度的 4.7%,11 年间总计下降 2.8 个百分点;美国玉米食用消费占总消费的比重从 2002/03 年度的 2.4% 降到 1.9%,11 年间总计下降 0.5 个百分点。因此,从玉米食用消费占国内总消费的比重看,两国均处于下降的趋势,其中中国占比比美国高,几乎是美国的 3 倍;且因为中国下降的幅度比美国快,几乎是美国的两倍(中国玉米食用消费占总消费的比重的年均降幅 3.4%,美国年均降幅为 1.7%),中美之间玉米食用消费占总消费的比重这一指标在逐渐缩小。

研究小结:

(1)2002/03 年度至 2012/13 年度的 11 年间,中国和美国的玉米食用消费量整体处于增加的趋势,但总量相对比较稳定,中国稳定在1000万吨左右,美国稳定在500万吨左右,中美玉米食用消费差距稳定在500万吨左右。

(2)中国玉米食用消费量的年均增量是美国的3倍,年均增幅是美国的1.2倍。

(3)中美玉米食用消费占总消费的比重均呈现下降趋势,且中国下降的幅度约是美国的两倍,因此中美之间玉米食用消费占总消费的比重这一指标在逐渐缩小。

4.2.2 中美玉米种用消费对比分析

总体上看,2002/03年度至2012/13年度的11年间,中国和美国的玉米种用消费量整体呈现增加趋势,但总量相对比较稳定,中国稳定在100万~130万吨,美国稳定在50万~60万吨,中美玉米种用消费差距稳定在50万~70万吨。

具体来看,中国玉米种用消费量从2002/03年度的108万吨增加到2012/13年度的119万吨,年均增量1万吨,年均增幅0.9%;美国玉米种用消费量从2002/03年度的51万吨增加到2012/13年度的62万吨,年均增量1万吨,年均增幅2.1%。因此,从玉米的食用消费量上看,中国总量是美国的近2倍,但美国的年均增幅较中国快,约是中国的2倍。

表4-5　　　　　　　　　　中美玉米种用消费对比

年度	种用消费量(万吨)			种用消费占比(%)		
	中国	美国	中国—美国	中国	美国	中国—美国
2002/03	108	51	57	0.9	0.3	0.6
2003/04	105	52	53	0.8	0.2	0.6
2004/05	110	53	57	0.8	0.2	0.6
2005/06	115	51	64	0.8	0.2	0.6
2006/07	120	60	60	0.8	0.3	0.5
2007/08	130	55	75	0.8	0.2	0.6
2008/09	123	56	67	0.8	0.2	0.5
2009/10	118	57	61	0.7	0.2	0.5
2010/11	123	58	65	0.7	0.2	0.5
2011/12	119	62	57	0.6	0.2	0.4
2012/13	119	62	57	0.5	0.2	0.3
年均增幅(%)	0.9	2.1	-0.1	-3.4	-0.6	-4.6
年均增量	1	1	-0.1	-0.030	-0.001	-0.028

数据来源:美国农业部;中国粮油信息中心;《2013全国农产品成本收益资料汇编》。

再看中美玉米种用消费占总消费量的比重对比情况,由于两国玉米种用消费量的增长幅度均小于本国玉米总消费量的增长幅度(中国玉米总消费量年均增幅6.98%,种用消费量年均增幅0.9%;美国玉米总消费量年均增幅2.82%,种用消费量年均增幅2.1%),因此,中国玉米种用消费占总消费的比重从2002/03年度的0.9%降到2012/13年度的0.5%,11年间总计下降了0.4个百分点;美国玉米种用消费占总消费的比重从2002/03年度的0.3%降到0.2%,11年间总计下降了0.1个百分点。因此,从玉米种用消费占国内总消费的比重看,两国均呈现下降趋势,其中中国占比比美国高,几乎是美国的3倍;且因为中国下降的幅度比美国快,几乎是美国的5倍(中国玉米种用消费占总消费的比重的年均降幅为3.4%,美国年均降幅为0.6%),中美之间玉米种用消费占总消费的比重这一指标在逐渐缩小。

研究小结:

(1)2002/03年度至2012/13年度的11年间,中国和美国的玉米种用消费量整体呈现增加的趋势,但总量相对比较稳定,中国稳定在100万~130万吨,美国稳定在50万~60万吨,中美玉米种用消费差距稳定在50万~70万吨。

(2)中国玉米种用消费量的年均增量和美国基本保持一致,年均增量均为1万吨,而美国年均增幅约是中国的两倍。

(3)中美玉米种用消费占总消费的比重均呈现下降趋势,且中国下降的幅度约是美国的5倍,因此中美之间玉米种用消费量占总消费量的比重这一指标在逐渐缩小。

4.2.3 中美玉米工业深加工消费对比分析

(1)中美玉米工业深加工消费整体数据对比分析

总体上看,2002/03年度至2012/13年度的11年间,中国和美国的玉米工业深加工消费量均保持快速增加的趋势,工业深加工消费占各国玉米总消费的比重也大幅增加。

具体来看,中国玉米工业深加工消费量从2002/03年度的1400万吨增加到2012/13年度的6000万吨,总计增加了4600万吨,年均增量为418万吨,年均增幅30%;美国玉米工业深加工消费量从2002/03年度的5456万吨增加到2012/13年度的14768万吨,总计增加了9312万吨,年均增量为847万吨,年均增幅16%。因此,从玉米的工业深加工消费量上看,美国的总量是中国的3倍左右、美国11年间的年均增量是中国的2倍多,但由于中国基数较小,中国的年均增幅比美国大,约是美国的2倍;同时,由于美国的增加量较快,中美之间玉米深加工的消费总量的差距以年均增量428万吨的幅度在扩大。

表4-6　　　　　　　　　中美玉米工业深加工消费对比

年度	工业深加工消费量（万吨）			工业深加工消费占比（%）		
	中国	美国	美国—中国	中国	美国	美国—中国
02/03	1400	5456	4056	11.3	27.2	15.9
03/04	1650	5946	4296	13.0	28.1	15.1
04/05	2100	6344	4244	15.9	28.2	12.4
05/06	3150	7135	3985	21.6	30.8	9.2
06/07	3550	8451	4901	23.2	36.6	13.5
07/08	3750	10740	6990	24.0	41.0	17.1
08/09	3950	12221	8271	24.6	47.4	22.8
09/10	4200	14593	10393	24.9	51.9	27.0
10/11	4800	15763	10963	27.2	55.4	28.2
11/12	5703	15744	10041	28.1	56.7	28.6
12/13	6000	14768	8768	27.4	56.2	28.8
年均增幅%	29.9	15.5	10.6	13.0	9.7	7.4
年均增量	418	847	428	1.464	2.635	1.171

数据来源：美国农业部；中国粮油信息中心；《2013全国农产品成本收益资料汇编》。

再看中美玉米工业深加工消费量占国内玉米总消费量的比重对比情况，由于两国玉米工业深加工消费量的增长幅度均大于本国玉米总消费量的增长幅度（中国玉米总消费量年均增幅6.98%，工业深加工消费量年均增幅13%；美国玉米总消费量年均增幅2.82%，种用消费量年均增幅9.7%），因此，中国玉米工业深加工消费占总消费的比重从2002/03年度的11.3%增加到2012/13年度的27.4%，11年间的占比指标总计增加了2倍多；美国玉米工业深加工消费占总消费的比重从2002/03年度的27.2%增加到56.22%，11年间的占比指标总计增加了2倍多。因此，从玉米工业深加工消费占国内总消费的比重看，两国均处于快速增长的趋势，其中美国占比比中国高，几乎是中国的2倍多；但中国的基数小，年均增幅比美国要大，几乎是美国的1.5倍（中国玉米工业深加工消费占总消费的比重的年均降幅13%，美国年均降幅为9.7%），中美之间玉米工业深加工消费占总消费的比重这一指标之间的差距在逐渐扩大。

研究小结：

①2002/03年度至2012/13年度的11年间，中国和美国的玉米工业深加工消费量整体处于快速增加的趋势，工业深加工消费占国内玉米总消费的比重也大幅增加。

②从玉米的工业深加工消费量上看，美国的总量是中国的3倍左右；美国11年间的年

均增量是中国的2倍多,但由于中国基数较小,中国的年均增幅比美国大,约是美国的两倍;同时,由于美国的增加较快,中美之间玉米深加工的消费总量的差距以年均增量428万吨的幅度在扩大。

③从玉米工业深加工消费占国内总消费的比重看,两国均呈现快速增长的趋势,其中美国占比比中国高,几乎是中国的2倍多;但中国的基数小,年均增幅比美国要大,几乎是美国的1.5倍(中国玉米工业深加工消费占总消费的比重的年均降幅13%,美国年均降幅为9.7%),中美之间玉米工业深加工消费占总消费的比重这一指标之间的差距在逐渐扩大。

(2)中美玉米工业深加工消费的内部结构对比分析

表4-7　　　　　　　美国主要玉米深加工产品的玉米消费量　　　　　单位:万吨;%

年度	淀粉		燃料乙醇		食用酒精		果葡糖浆		葡萄糖		总量
	数量	占比	数量	占比	数量	占比	数量	占比	数量	占比	
2002/03	656	12.0	2529	46.3	333	6.1	1352	24.8	587	10.8	5456
2003/04	694	11.7	2966	49.9	335	5.6	1346	22.6	605	10.2	5946
2004/05	716	11.3	3361	53.0	337	5.3	1334	21.0	596	9.4	6344
2005/06	712	10.0	4073	57.1	343	4.8	1384	19.4	623	8.7	7135
2006/07	703	8.3	5384	63.7	345	4.1	1360	16.1	659	7.8	8451
2007/08	672	6.3	7745	72.1	344	3.2	1328	12.4	650	6.1	10740
2008/09	595	4.9	9421	77.1	340	2.8	1242	10.2	623	5.1	12221
2009/10	636	4.4	11662	79.9	340	2.3	1301	8.9	654	4.5	14593
2010/11	656	4.2	12748	80.9	343	2.2	1324	8.4	692	4.4	15763
2011/12	645	4.1	12701	80.7	347	2.2	1304	8.3	748	4.7	15744
2012/13	633	4.3	11789	79.8	356	2.4	1248	8.5	742	5.0	14768
2013/14	553	3.5	13040	81.8	357	2.2	1213	7.6	772	4.8	15936
增量总计	-102	-9	10511	35	24	-4	-139	-17	186	-6	10480
年均增量	-9	-0.7	876	3.0	2	-0.3	-12	-1.4	15	-0.5	873
年均增幅	-1.3	-5.9	34.6	6.4	0.6	-5.3	-0.9	-5.8	2.6	-4.6	16.0

数据来源:美国农业部。

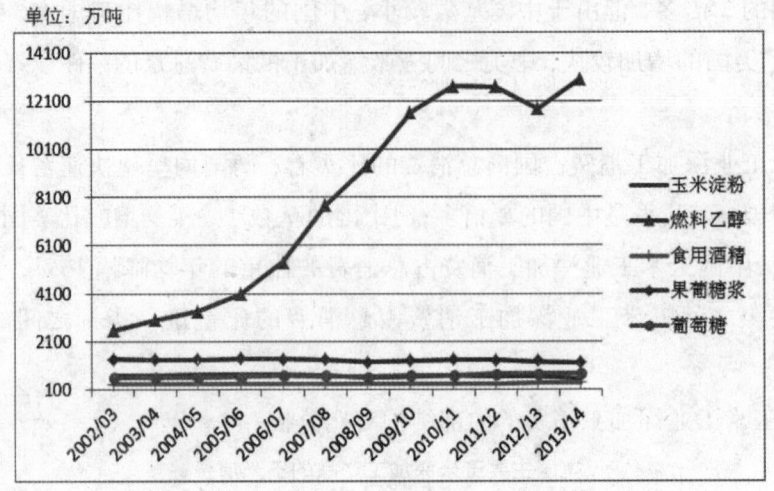

图 4-3 美国主要玉米深加工产品的玉米消费量

数据来源：美国农业部。

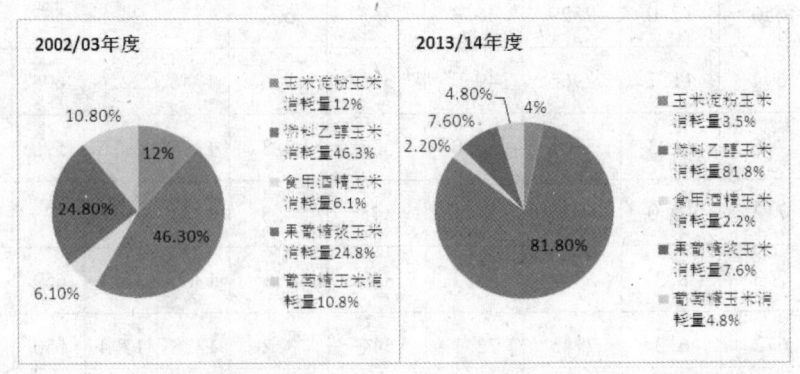

图 4-4 美国主要玉米深加工产品的玉米消耗量变动情况

数据来源：美国农业部。

美国玉米工业深加工的主要产品有以下几类（根据美国农业部的统计数据可获得性）：玉米淀粉（直接消费）、燃料乙醇、食用酒精、果葡糖浆、葡萄糖，其中玉米消耗量排名第一的是燃料乙醇，其次是果葡糖浆和葡萄糖，最后是淀粉和食用酒精。从图 4-3 可以明显看出，2002/03 年度至 2013/14 年度的 12 年间，玉米消耗量增加最明显的是燃料乙醇的玉米消耗量，从 2002/03 年度的 2529 万吨增加到 2013/14 年度的 13040 万吨，总计增加了 10551 万吨，年均增量为 876 万吨，年均增幅高达 34.6%。而其他四类主要玉米深加工产品的消耗量变动不大：玉米淀粉的玉米消耗量整体呈现减少的趋势，12 年间总计减少 102 万吨，年均减少 9 万吨，年均降幅 1.3%，稳定在 500 万~700 万吨；食用酒精的玉米消耗量整体呈现增加的趋势，12 年间总计增加 24 万吨，年均增加 2 万吨，年均增幅 0.6%，稳定在 350 万吨左右；果葡糖浆的玉米消耗量整体呈现下降的趋势，12 年间总计减少 139 万吨，年均减少 12 万吨，年均降幅 0.9%，稳定在 1200 万～1400 万吨；葡萄糖的玉米消耗量呈增加趋势，12 年间总计增加 186 万吨，年均增加 15 万吨，年均增幅 2.6%，大致稳定在 500 万～800 万吨。

再看美国各类玉米深加工产品消费的玉米量占玉米工业深加工消费总量的比重：以 2002/03 年度与 2013/14 年度的比较看，燃料乙醇的玉米消费量占比从 46.3% 增加到 81.8%，食用酒精玉米消费量占比从 6.1% 减少到 2.2%，玉米淀粉玉米消费量占比从 12% 减少到 3.5%，果葡糖浆玉米消费量占比从 24.8% 降到 7.6%，葡萄糖玉米消费量占比从 10.8% 减少到 4.8%。由于燃料乙醇的玉米消费量增长太快，导致其他玉米深加工产品玉米消费量占比均显著下降。

表 4-8　　　　　　　中国主要玉米深加工产品的玉米消费量（1）　　　　　单位：万吨；%

年度	淀粉		燃料乙醇		食用酒精		淀粉糖		变性淀粉		总量
	数量	占比	数量	占比	数量	占比	数量	占比	数量	占比	
2002/03	408	30.5	30	2.2	330	24.7	262	19.6	54	4.0	1336
2003/04	290	20.9	48	3.5	406	29.2	318	22.9	57	4.1	1389
2004/05	334	18.6	114	6.4	442	24.6	470	26.2	74	4.1	1794
2005/06	517	20.7	196	7.8	495	19.8	619	24.8	121	4.8	2497
2006/07	609	16.8	363	10.0	759	21.0	876	24.2	172	4.8	3616
2007/08	746	17.3	436	10.1	891	20.7	1090	25.3	204	4.7	4308
2008/09	584	13.4	446	10.2	973	22.3	1206	27.6	207	4.7	4363
2009/10	701	14.8	446	9.4	990	20.9	1324	27.9	215	4.5	4741
2010/11	664	13.5	455	9.3	1089	22.2	1424	29.0	237	4.8	4903
增量总计	256	-17.0	425	7.0	759	-2.5	1162	9.4	183	0.8	3567
年均增量	28	-1.9	47	0.8	84	-0.3	129	1.0	20	0.1	396
年均增幅	7.0	-6.2	157.4	34.8	25.6	-1.1	49.3	5.3	37.7	2.2	29.7

数据来源：2012 年山东农业大学徐杰博士论文《基于"系统流"理论的中国玉米产业系统协调性研究》一文中的计算。

表4-9 中国主要玉米深加工产品的玉米消费量(2) 单位:万吨;%

年度	味精		赖氨酸		柠檬酸		其他产品		总量
	数量	占比	数量	占比	数量	占比	数量	占比	
2002/03	113	8.5	21	1.6	79	5.9	39	2.9	1336
2003/04	116	8.4	34	2.4	79	5.7	41	3.0	1389
2004/05	121	6.7	79	4.4	107	6.0	53	3.0	1794
2005/06	174	7.0	154	6.2	148	5.9	73	2.9	2497
2006/07	266	7.4	248	6.9	217	6.0	106	2.9	3616
2007/08	321	7.5	239	5.5	254	5.9	127	2.9	4308
2008/09	298	6.8	274	6.3	247	5.7	128	2.9	4363
2009/10	382	8.1	282	5.9	262	5.5	139	2.9	4741
2010/11	340	6.9	265	5.4	285	5.8	144	2.9	4903
增量总计	227	-1.5	244	3.8	206	-0.1	105	0.02	3567
年均增量	25	-0.2	27	0.4	23	-0.01	12	0.002	396
年均增幅	22.3	-2.0	129.1	27.1	29.0	-0.2	29.9	0.1	29.7

数据来源:2012年山东农业大学徐杰博士论文《基于"系统流"理论的中国玉米产业系统协调性研究》一文中的计算。

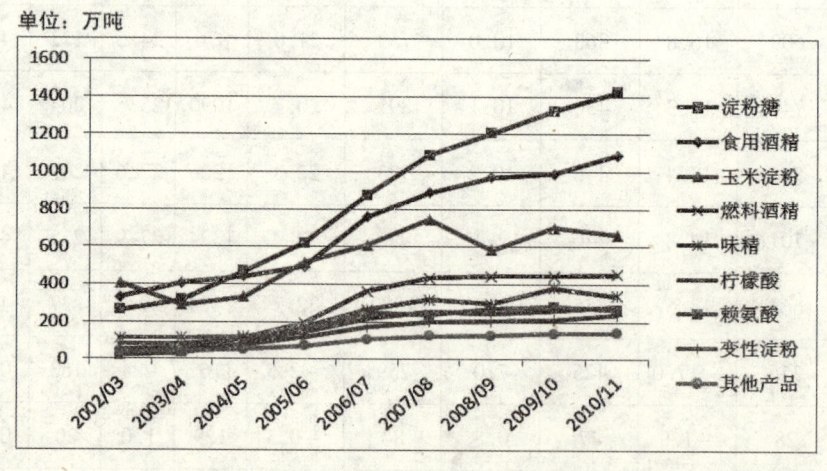

图4-5 中国主要玉米深加工产品的玉米消费量

数据来源:2012年山东农业大学徐杰博士论文《基于"系统流"理论的中国玉米产业系统协调性研究》一文中的计算。

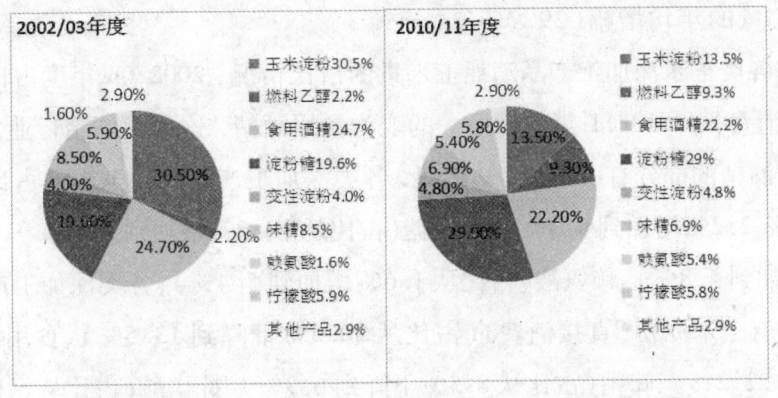

图4-6 中国主要玉米深加工产品的玉米消耗量变动情况

数据来源:2012年山东农业大学徐杰博士论文《基于"系统流"理论的中国玉米产业系统协调性研究》一文中的计算。

中国玉米工业深加工的主要产品有以下几类(根据统计数据的可获得性):玉米淀粉(直接消费)、燃料乙醇、食用酒精、淀粉糖、变性淀粉、味精、赖氨酸、柠檬酸及其他产品。

从图4-5可以明显地看出,2002/03年度至2010/11年度的9年间,中国玉米工业深加工的各类产品消耗玉米的总量均呈增加趋势,从高到低的排名是淀粉糖、食用酒精、玉米淀粉、燃料乙醇、味精、柠檬酸、赖氨酸。其中,玉米淀粉的玉米消耗量从2002/03年度的408万吨增加到2010/11年度的664万吨,总计增加256万吨,年均增量为28万吨,年均增幅7.0%;燃料乙醇从30万吨增加到455万吨,总计增量为425万吨,年均增量为47万吨,年均增幅157.4%;食用酒精从330万吨增加到1089万吨,总计增加759万吨,年均增量为84万吨,年均增幅25.6%;淀粉糖从262万吨增加到1424万吨,总计增加1162万吨,年均增量为129万吨,年均增幅49.3万吨;变性淀粉从54万吨增加到237万吨,总计增加183万吨,年均增量为20万吨,年均增幅37.7%;味精从113万吨增加到340万吨,总计增加227万吨,年均增量为25万吨,年均增幅22.3%;赖氨酸从21万吨增加到265万吨,总计增加244万吨,年均增量为27万吨,年均增幅129.1%;柠檬酸从79万吨增加到285万吨,总计增加206万吨,年均增量为23万吨,年均增幅29.0%;其他深加工产品的玉米消耗量从39万吨增加到144万吨,总计增加105万吨,年均增量为12万吨,年均增幅29.9%。9年间,中国玉米工业深加工产品玉米消耗量总计增量最大的是淀粉糖,增加了1162万吨,其次是食用酒精,增加了759万吨,然后是燃料乙醇,增加了425万吨;9年间年均增幅最大的是燃料乙醇(从30万吨增加到455万吨,年均增幅157.4%),其次是赖氨酸(从21万吨增加到265万吨,年均增幅129.1%),然后是淀粉糖(年均增幅49.3%)、变性淀粉(年均增幅37.7%)、柠檬酸(29%)、食用酒精(年均增幅25.6%)、味精(年均增幅22.3%)、淀粉(7.0%),其中仅有柠檬酸、食用酒精、味精和淀粉的增幅小于工业深加工玉米消费总量的年均增幅(29.7%)。

再看中国各类玉米深加工产品消耗玉米量的占比情况,2002/03 年度占比第一的是玉米淀粉(直接消费),2010/11 年占比第一的变为食用酒精,这说明酒精行业发展较快,淀粉被用于生产酒精的部分有所增加。9 年间,各类深加工产品消耗玉米的占比增加的有燃料乙醇(占比从 2.2%增加到 9.3%)、淀粉糖(占比从 19.6%增加到 29.0%)、变性淀粉(占比从 4.0%增加到 4.8%)、赖氨酸(占比从 1.6%增加到 5.4%);各类深加工产品消耗玉米的占比减少的有玉米淀粉(直接消费)(占比从 30.5%下降到 13.5%)、食用酒精(占比从 24.7%下降到 22.2%)、味精(占比从 8.5%下降到 6.9%)、柠檬酸(占比从 5.9%下降到 5.8%)。9 年间占比下降最大的是玉米淀粉,占比增加最多的是淀粉糖,其次是燃料乙醇。

最后看中美玉米深加工消费结构的对比分析,根据数据的可获得性重点比较玉米淀粉、燃料乙醇、食用酒精和淀粉糖这四个指标。

表4-10 中美玉米工业深加工内部消费结构对比分析 单位:万吨;%

年度	玉米淀粉		燃料乙醇		食用酒精		淀粉糖		工业深加工总量	
	中国	美国	中国	美国	中国	美国	中国	美国	中国	美国
2002/03	408	656	30	2529	330	333	262	360	1336	5456
2003/04	290	694	48	2966	406	335	318	454	1389	5946
2004/05	334	716	114	3361	442	337	470	556	1794	6344
2005/06	517	712	196	4073	495	343	619	691	2497	7135
2006/07	609	703	363	5384	759	345	876	1122	3616	8451
2007/08	746	672	436	7745	891	344	1090	1327	4308	10740
2008/09	584	595	446	9421	973	340	1206	1419	4363	12221
2009/10	701	636	446	11662	990	340	1324	1436	4741	14593
2010/11	664	656	455	12748	1089	343	1424	1544	4903	15763
总计增量	256	1	425	10219	759	10	1162	1184	3567	10307
年均增幅	7.0	0.0	157.4	44.9	25.6	0.3	49.3	36.5	29.7	21.0

数据来源:美国农业部;2012 年山东农业大学徐杰博士论文《基于"系统流"理论的中国玉米产业系统协调性研究》一文中的计算。

根据表 4-10 的中美玉米工业深加工内部消费结构对比分析,可以得出:

整体上看,美国玉米工业深加工消费总量的排名为燃料乙醇、淀粉糖、玉米淀粉和食用酒精,中国的排序则为淀粉糖、食用酒精、玉米淀粉和燃料乙醇。

从9年间的增量总计上看：美国增量最大的是燃料乙醇的玉米消费量（总计增加10219万吨），其次是淀粉糖（总计增加1184万吨），食用酒精和玉米淀粉的变化不大（分别稳定在330万吨和650万吨左右）；中国增量最大的是淀粉糖（总计增加1162万吨），其次是食用酒精（总计增加759万吨），燃料乙醇总计增加425万吨，玉米淀粉增加256万吨。

从9年间的年均增幅上看：美国年均增幅最大的是燃料乙醇（年均增幅44.9%），其次是淀粉糖（年均增幅36.5%），食用酒精和玉米淀粉变化不大；中国年均增幅最大的是燃料乙醇（年均增幅157.4%），其次是淀粉糖（年均增幅49.3%），食用酒精年均增幅25.6%，玉米淀粉年均增幅为7.0%。

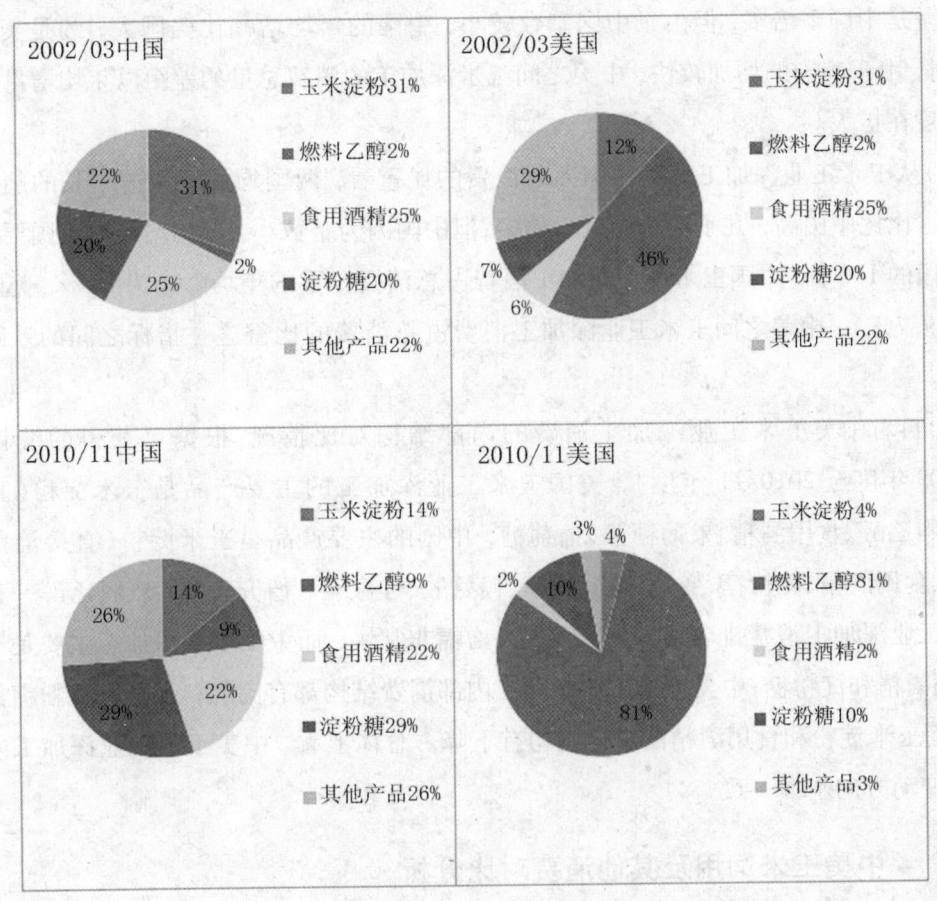

图4-7 中美玉米工业深加工内部消费占比结构

数据来源：美国农业部；2012年山东农业大学徐杰博士论文《基于"系统流"理论的中国玉米产业系统协调性研究》一文中的计算。

9年间的中美玉米工业深加工内部消费占比结构变动如下：2002/03年度，中国玉米深加工产品消耗玉米量的占比排名是玉米淀粉（31%）、食用酒精（25%）、淀粉糖（20%）、燃料乙醇（2%），美国玉米深加工产品消耗玉米量的占比排名是燃料乙醇（46%）、玉米淀粉

(12%)、淀粉糖(7%)、食用酒精(6%);到了2010/11年度,中国玉米深加工产品消耗玉米量的占比排名变为淀粉糖(29%)、食用酒精(22%)、玉米淀粉(14%)、燃料乙醇(9%),美国玉米深加工产品消耗玉米量的占比排名变为燃料乙醇(81%)、淀粉糖(10%)、玉米淀粉(4%)、食用酒精(2%)。

研究小结:

(1)2002/03年度至2012/13年度的11年间,中国和美国的玉米工业深加工消费量整体呈现快速增加的趋势,工业深加工消费占国内玉米总消费的比重也大幅增加。

(2)从玉米的工业深加工消费量上看,美国的总量是中国的3倍左右;美国11年间的年均增量是中国2倍多,但由于中国基数较小,中国的年均增幅比美国大,约是美国的2倍;同时,由于美国的增加较快,中美之间玉米深加工的消费总量的差距以年均增量428万吨的幅度在扩大。

(3)从玉米工业深加工消费占国内总消费的比重看,两国均处于快速增长的趋势,其中美国占比比中国高,几乎是中国的2倍多;但中国因为基数小,年均增幅比美国要大,几乎是美国的1.5倍(中国玉米工业深加工消费占总消费比重的年均降幅为13%,美国年均降幅为9.7%),中美之间玉米工业深加工消费占总消费的比重这一指标之间的差距在逐渐扩大。

(4)再看中美玉米工业深加工消费的内部结构对比情况:根据可获得的统计数据(2002/03年度至2010/11年度),美国玉米工业深加工的主要产品是玉米淀粉(直接消费)、燃料乙醇、食用酒精、果葡糖浆、葡萄糖,中国的主要产品是玉米淀粉(直接消费)、燃料乙醇、食用酒精、淀粉糖、变性淀粉、味精、赖氨酸、柠檬酸。研究表明,燃料乙醇一直是美国玉米工业深加工消费排名第一的产品,且增幅非常快,而中国玉米深加工主要是玉米淀粉、食用酒精和淀粉糖;中美玉米工业深加工内部消费结构都有向燃料乙醇和淀粉糖集中的趋势,而玉米淀粉和食用酒精的占比则均有下降。总体上看,中美玉米工业深加工内部消费结构变动方向基本一致。

4.2.4 中美玉米饲用及其他消费对比分析

总体上看,2002/03年度至2012/13年度的11年间,中国的玉米饲用消费量处于增加的趋势,而美国的玉米饲用消费量整体处于减少的趋势。

具体来看,中国玉米饲用消费量从2002/03年度的9951万吨增加到2012/13年度的14745万吨,年均增量为436万吨,年均增幅4.4%;美国玉米饲用消费量从2002/03年度的14093万吨减少到2012/13年度的10960万吨,年均减少285万吨,年均降幅2.0%。因此,从玉米的饲用消费量上看,中国逐渐超过了美国。

表4-11　　　　　　　　　　　中美玉米饲用消费对比

年度	饲用消费量(万吨)			饲用消费占比(%)		
	中国	美国	中国—美国	中国	美国	中国—美国
2002/03	9951	14093	4142	80.3	70.2	10.1
2003/04	10010	14685	4675	79.0	69.4	9.6
2004/05	10109	15584	5475	76.4	69.4	7.0
2005/06	10415	15533	5118	71.3	66.9	4.4
2006/07	10720	14072	3352	70.0	61.0	9.0
2007/08	10825	14879	4054	69.1	56.9	12.3
2008/09	11030	13039	2009	68.6	50.5	18.1
2009/10	11535	12957	1422	68.5	46.1	22.4
2010/11	11740	12133	393	66.4	42.6	23.8
2011/12	13445	11481	-1964	66.2	41.3	24.9
2012/13	14745	10960	-3785	67.3	41.7	25.7
年均增幅%	4.4	-2.0	-17.4	-1.5	-3.7	13.9
年均增量	436	-285	-721	-1.2	-2.59	1.4

数据来源：美国农业部；中国粮油信息中心。

再看中美玉米饲用消费占总消费的比重对比：中国从2002/03年度的80.3%降到2012/13年度的67.3%，11年间总计下降13个百分点；美国的比重从2002/03年度的70.2%降到41.7%，11年间总计下降28.5个百分点。因此，从玉米饲用消费占国内总消费的比重看，两国均呈现下降趋势，但中国的占比一直比美国高；但美国占比减少的幅度比中国快，几乎是中国的2倍(中国玉米饲用消费占总消费的比重的年均降幅1.5%，美国年均降幅为3.7%)，中美之间玉米饲用消费占总消费的比重这一指标在逐渐扩大。

研究小结：

(1)2002/03年度至2012/13年度的11年间，中国的玉米饲用消费量处于增加的趋势，而美国的玉米饲用消费量整体呈现减少的趋势。

(2)中国玉米饲用消费占总消费的比重比美国高，但中美玉米饲用消费占总消费的比重均处于下降的趋势(中国从80.3%降到67.3%、美国从70.2%降到41.7%)，美国的年均降幅约是中国的2倍；由于美国占比减少得非常快，中美之间玉米饲用消费占总消费的比重这一指标在逐渐扩大。

4.2.5 研究小结

本小节分别从玉米的食用、种用、工业深加工和饲用消费四个方面对中美玉米消费的内部结构进行了比较，其中对两国工业深加工的内部结构又做了进一步研究。分析得出以下结论：

（1）中美玉米食用消费对比分析：①2002/03年度至2012/13年度的11年间，中国和美国的玉米食用消费量整体呈现增加的趋势，但总量相对比较稳定，中国稳定在1000万吨左右、美国稳定在500万吨左右，中美玉米食用消费差距稳定在500万吨左右。②中国玉米食用消费量的年均增量是美国的3倍，年均增幅是美国的1.2倍。③中美玉米食用消费占总消费的比重均呈现下降趋势，且中国下降的幅度约是美国的2倍，因此中美之间玉米食用消费占总消费的比重这一指标在逐渐缩小。

（2）中美玉米种用消费对比分析：①2002/03年度至2012/13年度的11年间，中国和美国的玉米种用消费量整体处于增加的趋势，但总量相对比较稳定，中国稳定在100万~130万吨、美国稳定在50万~60万吨，中美玉米种用消费差距稳定在50万~70万吨。②中国玉米种用消费量的年均增量和美国基本保持一致，年均增量均为1万吨，而美国年均增幅约是中国的2倍。③中美玉米种用消费占总消费的比重均呈现下降趋势，且中国下降的幅度约是美国的5倍，因此中美之间玉米种用消费量占总消费量的比重这一指标在逐渐缩小。

（3）中美玉米工业深加工消费对比分析：①2002/03年度至2012/13年度的11年间，中国和美国的玉米工业深加工消费量整体呈现快速增加的趋势，工业深加工消费占国内玉米总消费的比重也大幅增加。②从玉米的工业深加工消费量上看，美国的总量是中国的3倍左右，美国11年间的年均增量是中国的2倍多，但由于中国基数较小，中国的年均增幅比美国大，约是美国的2倍；同时，由于美国的增加较快，中美之间玉米深加工消费总量的差距以年均增量428万吨的幅度在扩大。③从玉米工业深加工消费占国内总消费的比重看，两国均处于快速增长的趋势，其中美国占比比中国高，几乎是中国的2倍多；但中国因为基数小，年均增幅比美国要大，几乎是美国的1.5倍（中国玉米工业深加工消费占总消费比重的年均降幅为13%，美国年均降幅为9.7%），中美之间玉米工业深加工消费占总消费的比重这一指标之间的差距在逐渐扩大。④再看中美玉米工业深加工消费的内部结构对比情况：根据可获得的统计数据（2002/03年度至2010/11年度），美国玉米工业深加工的主要产品是玉米淀粉（直接消费）、燃料乙醇、食用酒精、果葡糖浆、葡萄糖，中国的主要产品是玉米淀粉（直接消费）、燃料乙醇、食用酒精、淀粉糖、变性淀粉、味精、赖氨酸、柠檬酸。对比分析主要四类可比较的产品（玉米淀粉、燃料乙醇、食用酒精和淀粉糖）的结果如下：2002/03年度，中国玉米深加工产品消耗玉米量的占比排名是玉米淀粉（31%）、食用酒精（25%）、淀粉糖（20%）、燃料乙醇（2%），美国玉米深加工产品消耗玉米量的占比排名是燃料乙醇（46%）、玉米淀粉（12%）、淀粉糖（7%）、食用酒精（6%）；到了2010/11年度，中国玉米深加工产品消耗玉米量的占比排名变为淀粉糖（29%）、食用酒精（22%）、玉米淀粉（14%）、燃料乙醇（9%），美国玉米深加工产品消耗玉米量的占比排名变为燃料乙醇（81%）、淀粉糖（10%）、玉米淀粉（4%）、食用酒精（2%）。

研究表明,燃料乙醇一直是美国玉米工业深加工消费排名第一的产品,且增幅非常快,而中国玉米深加工主要是玉米淀粉、食用酒精和淀粉糖;中美玉米工业深加工内部消费结构都有向燃料乙醇和淀粉糖集中的趋势,而玉米淀粉和食用酒精的占比则均有所下降。总体上看,中美玉米工业深加工内部消费结构变动方向基本一致。

(4)中美玉米饲用消费对比分析:2002/03年度至2012/13年度的11年间,中国的玉米饲用消费量呈现增加的趋势,而美国的玉米饲用消费量整体呈现减少的趋势;中国玉米饲用消费占总消费的比重比美国高,但中美玉米饲用消费占总消费的比重均呈现下降的趋势(中国从80.3%降到67.3%、美国从70.2%降到41.7%),美国的年均降幅约是中国的2倍。

4.3 美国玉米消费价格对中国玉米消费价格的影响研究

前文从中美玉米消费总量、中美玉米消费的内部结构比较的视角对中国玉米消费状况进行了研究,接下来本小节将对美国玉米消费价格对中国玉米消费价格的影响方面进行分析。

根据国家海关统计局数据,中国从2006年开始进口玉米,到2010年由玉米净出口国变为玉米净进口国。2010年进口玉米157万吨,2011年继续上涨到175万吨,2012年进口量达到最大521万吨,2013年有所下降但也进口了327万吨。美国是中国主要的玉米进口国,中国也成为美国第五大玉米出口国。近年来,学界和政府对中国玉米的进口趋势做了比较多的分析讨论,总体的判断均表明以进口玉米来满足国内消费需求在中国将成为常态。而随着玉米进口消费的长期存在,国际玉米消费价格通过贸易渠道对中国玉米消费价格的影响将会增强。此外,有学者也指出,国际玉米价格对中国国内玉米价格的影响除了通过贸易渠道外,还通过信息渠道来产生影响(吕捷,2013),而信息渠道主要通过期货市场体现。因此,本小节将从国际现货市场和国际期货市场两个角度研究美国玉米消费价格通过贸易和信息两个渠道对中国国内玉米消费价格的影响。

同时,已有的数据分析表明,2008年以来中国玉米消费价格[①]波幅明显增大,2008年以前的年均波幅为7.95%,而2008年以来的年均波幅则变为19.27%(张利库、陈秀兰,2012)。因此,本小节在分析美国玉米消费价格对中国玉米消费价格的影响时重点关注了2008年以来的情况。

4.3.1 数据来源与方法

本小节将研究美国玉米消费价格通过贸易渠道和信息渠道对中国玉米消费价格产生的影响,其中贸易渠道的影响机制将通过考察美国玉米现货价格对中国玉米现货价格的影响

---

① 以国内批发市场均价代表中国玉米消费价格。

机制来探索,信息渠道的影响机制将通过考察美国玉米期货价格对中国期货价格的影响机制来探索。其中,美国玉米消费价格的现货价格(FP)用美国墨西哥湾离岸价格代表,数据来源于国家发展和改革委员会价格监测中心;中国玉米现货价格(DP)以中国玉米全国批发均价代表,数据来源于安信证券2014年1月6日农业数据周报;芝加哥期货交易所近月玉米期货价格代表美国玉米期货价格(FF),大连商品交易所近月玉米期货价格代表中国玉米期货价格(DF),数据均来源于安信证券2014年1月6日农业数据周报。根据汇率将数据统一为人民币计价。样本区间为2008年1月至2013年12月。

研究方法是利用Johansen检验和基于VEC模型的脉冲响应函数和方差分解两种方法,首先对各时间序列变量进行单位根检验,然后非平稳的时间序列进行协整检验,即要确定协整方程中变量的滞后阶数和方程的形式,最后可以根据检验出的协整关系估计出VEC模型的具体形式。在此基础上,利用脉冲响应函数来模拟美国玉米价格变动过后的中国玉米价格出现的变动轨迹,同时利用方差分解来量化每个冲击的重要性。计量模型的结果通过EViews6.0软件回归而得(高铁梅,2006)。

4.3.2 美国玉米消费价格通过贸易渠道对中国玉米消费价格的影响

(1)变量的ADF单位根检验。首先对变量进行单位根检验,结果如表4-12所示:

表4-12　　　　　　　　　　变量的ADF单位根检验

变量	美国玉米现货价格	中国玉米现货价格
原序列	LFP	LDP
(C,T,P)	(N,N,0)	(C,T,1)
ADF	-0.41	-2.26
P值	0.53	0.45
平稳性	非平稳	
一阶差分序列	ΔLFP	ΔLDP
(C,T,P)	(N,N,0)	(N,N,0)
ADF	-6.85	-4.48
P值	0.00	0.00
平稳性	一阶平稳	

注:(1)检验形式(C,T,P)分别代表截距项、时间趋势项和滞后阶数,若存在截距项则记为C,若存在时间趋势项则记为T,若不存在截距项或趋势项则记为N,滞后阶数按AIC最小信息准则选取。(2)P值为ADF统计量的伴随概率。

由表4-12可知,取自然对数的美国玉米现货价格与中国玉米现货价格的两个原始价格序列均未通过平稳性检验,但其一阶差分序列经过了平稳性检验,虽然理论上说可以采用变量的一阶差分项来建立模型,但是这样就会损失水平序列(原始序列)所包含的信息。按照协整理论,如果各变量之间存在长期的协整关系,那么这些非平稳的时间序列也是可以建立模型的。因此,下文将在检验变量间协整关系的基础上建立 VEC 模型。具体采用的方法是 Johansen 在 1988 年及在 1990 年与 Juselius 一起提出的一种以 VAR 模型为基础的检验回归系数的方法,是一种检验多变量协整关系的好方法。

(2)VEC 模型。VEC 模型是带有协整约束的 VAR 模型。根据检验,模型中变量的最大滞后阶数和模型形式的选择分别做如下确定。

表 4-13　　　　　　　　Johansen 协整检验变量的最大滞后阶数

最大滞后阶数	单位根在圆外数	Log likelihood	AIC	SC	VAR	选择
1	0	265.95	-7.32	-7.13	稳态	
2	0	278.06	-7.659	-7.34	稳态	
3	0	277.86	-7.65	-7.19	稳态	根据 AIC 和 SC 信息准则,均确定模型的最大滞后期为2
4	0	274.34	-7.54	-6.95	稳态	
5	0	270.09	-7.41	-6.68	稳态	
6	0	271.56	-7.44	-6.58	稳态	
7	0	268.26	-7.33	-6.33	稳态	
8	0	269.31	-7.35	-6.21	稳态	

从表 4-13 可以得出,当依次测试滞后期为 1~8 时,均没有在圆外的单位根,因此美国玉米现货价格(LFP)和中国玉米现货价格(LDP)之间建立的无约束 VAR 模型是稳态的。然后确定模型中变量的最优滞后阶数:AIC 信息准则和 SC 信息准则均确定协整模型中的最优滞后阶数为 2,因此,协整检验模型中变量的最大滞后阶数取 2。

表 4-14 所示。

表 4-14　　　　　　　　Johansen 协整检验模型的选择

模型形式		1	2	3	4	5
观测数:66 滞后区间:1 至 2	迹统计量	1	0	0	0	2
	最大特征根	1	0	0	0	0
	AIC	-7.44*	-7.42	-7.46	-7.42	-7.39
	SC	-6.71*	-6.71*	-6.64	-6.64	-6.52

注:模型形式从 1 到 5 分别代表无附加项并无截距和线性趋势、无附加项和形势趋势但有截距、无线性趋势和有截距、有线性趋势和有截距、存在二次趋势并有截距。

由表 4-14 可知,Johansen 协整关系检验的理论分析指出可能存在 5 种形式,根据 AIC 和 SC 信息准则,决定 LFP 与 LDP 的 Johansen 协整检验模型选择第一种形式,即无附加项并无截距和线性趋势。在此 VEC 模型的基础上,可以进行脉冲响应函数和方差分解分析。

(3)脉冲响应函数。脉冲响应函数反映向量自回归模型中某一内生变量的变动或冲击通过变量之间的动态联系对它本身以及其他所有内生变量产生影响的轨迹,即可以模拟美国玉米现货价格变动过后的中国玉米现货价格出现的变动轨迹,如图 4-8 所示。

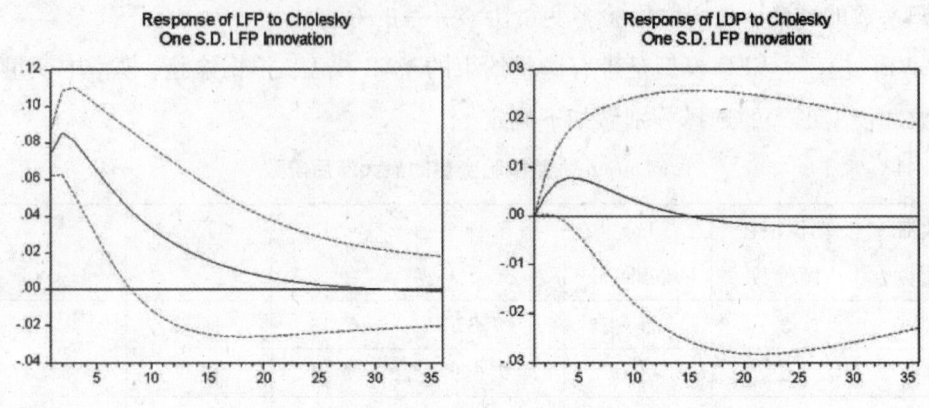

图 4-8　美国玉米价格(LFP)与中国玉米价格(LDP)的脉冲响应函数

由图 4-8 分析得出:当美国玉米现货价格受到外部某一冲击后,会经市场传递给中国玉米现货价格,并对中国玉米现货价格在 15 个周期内带来同向的冲击。

(4)方差分解。脉冲响应函数描述的是 VAR 模型中的一个内生变量受到的冲击给系统中其他内生变量所带来的影响,而方差分解(Variance Decomposition)则是通过分析每一个结构冲击对内生变量(通常用方差来度量)的贡献度,进一步评价不同结构冲击的重要性,定量得出在中国玉米现货价格的变动中美国玉米现货价格的贡献度有多大。表 4-15 是对中国玉米现货价格变动的方差分解结果,表中的第二列是中国玉米现货价格自身的贡献度、第三列是美国玉米现货价格对中国玉米价格变动的贡献度。

表 4-15　　　　　　　　　中国玉米消费价格方差分解　　　　　　　　单位:%

周期	中国玉米现货价格(LDP)	美国玉米现货价格(LFP)
1	100.000	0.000
2	98.492	1.508
3	94.093	5.907
4	90.653	9.347
5	89.212	10.788
6	89.362	10.638
7	90.311	9.689

续表

周期	中国玉米现货价格（LDP）	美国玉米现货价格（LFP）
8	91.488	8.512
9	92.575	7.425
10	93.429	6.571
11	94.014	5.986
12	94.349	5.651
13	94.478	5.522
14	94.453	5.547
15	94.320	5.680
16	94.119	5.881
17	93.878	6.122
18	93.619	6.381
19	93.357	6.644
20	93.099	6.901
21	92.853	7.147
22	92.621	7.379
23	92.405	7.595
24	92.204	7.796
25	92.019	7.981
26	91.849	8.151
27	91.691	8.309
28	91.547	8.453
29	91.413	8.587
30	91.289	8.711
31	91.175	8.825
32	91.069	8.931
33	90.970	9.030
34	90.878	9.122
35	90.792	9.208
36	90.712	9.288
长期平均贡献度	92.633	7.367
最大贡献度	100	10.788

注：（1）EVIEWS软件中选取滞后期为36个月；（2）长期平均贡献度指的是滞后1~36个月的平均值。

根据表4-15，对于中国玉米现货价格的变动来说，其自身的长期平均贡献度达到92.712%，最大贡献度出现在第1期，达到100%；而美国玉米现货价格对中国玉米现货价格变动的长期平均贡献度为7.367%，最大贡献度出现在第5期，达到10.788%。

4.3.3 美国玉米消费价格通过信息渠道对中国玉米消费价格的影响

上一小节分析了通过进口贸易渠道形成的美国玉米消费价格对中国玉米消费价格的影响，本小节将研究通过信息的渠道形成的美国玉米消费价格对中国的影响，具体将通过分析美国玉米期货价格对中国玉米期货价格的影响机制来探讨这一问题，研究方法如上一小节，因此本小节直接报告计量分析结果。

（1）变量的ADF单位根检验。对变量进行单位根检验，结果如表4-16所示：

表4-16 变量的ADF单位根检验

变量	美国玉米期货价格	中国玉米期货价格
原序列	LFF	LDF
(C,T,P)	(N,N,0)	(N,N,0)
ADF	-0.41	1.09
P值	0.53	0.93
平稳性	非平稳	
一阶差分序列	ΔLFF	ΔLDF
(C,T,P)	(N,N,0)	(N,N,0)
ADF	-6.80	-6.38
P值	0.00	0.00
平稳性	平稳	

注：表中C、T、P等所代表的含义同表4-12。

由表4-16可以得出，取自然对数的美国玉米期货价格（LFF）和中国玉米期货价格（LDF）两个价格的原始序列都未能通过平稳性检验，但其一阶差分序列均是平稳序列。

（2）VEC模型。模型中变量的最大滞后阶数和和模型形式的选择分别做如下确定。

表 4-17　　　　　　　Johansen 协整检验模型中变量的最大滞后阶数

最大滞后阶数	单位根在圆外数	Log likelihood	AIC	SC	VAR	选择
1	0	235.54	-6.47	-6.27*	稳态	
2	0	237.48	-6.50*	-6.18	稳态	
3	0	238.04	-6.49	-6.04	稳态	根据 AIC 信息准则，确定模型的最大滞后期为 2
4	0	238.43	-6.48	-5.90	稳态	
5	0	235.48	-6.37	-5.65	稳态	
6	0	237.91	-6.42	-5.56	稳态	
7	0	234.63	-6.30	-5.29	稳态	
8	0	234.45	-6.26	-5.12	稳态	

从表 4-17 可以得出，当依次测试滞后期为 1~8 时，均没有在圆外的单位根，因此美国玉米期货价格（LFF）和中国玉米期货价格（LDF）之间建立的无约束 VAR 模型均是稳态的。采用 AIC 信息准则确定美国玉米期货价格与中国玉米期货价格间的 Johansen 协整检验模型中变量的最大滞后阶数取 2。

表 4-18　　　　　　　Johansen 协整检验模型的选择

模型形式		1	2	3	4	5
观测数:68 滞后区间:1 至 2	迹统计量	1	0	0	0	2
	最大特征根	1	0	0	0	0
	AIC	-6.483*	-6.45	-6.481	-6.47	-6.44
	SC	-6.03*	-6.03*	-5.98	-5.98	-5.86

由表 4-18 可知，Johansen 协整关系检验的理论分析指出可能存在 5 种形式，根据 AIC 和 SC 信息准则，决定 LFF 与 LDF 的 Johansen 协整检验模型选择第一种形式，即无附加项并无截距和线性趋势。在此 VEC 模型的基础上，可以对美国期货价格和中国期货价格进行以下的脉冲响应函数和方差分解分析。

(3)脉冲响应函数

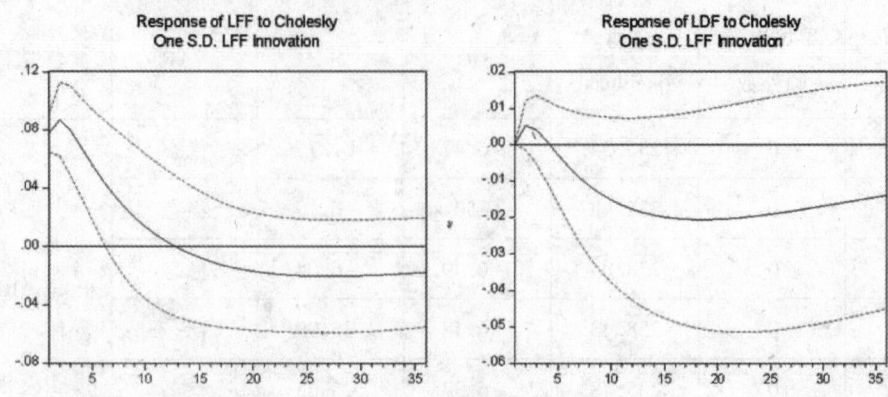

图4-9 中国玉米期货价格(LDF)与美国玉米期货价格(LFF)间的冲击与响应

由图4-9分析得出:当美国玉米期货价格受到外部某一冲击后,经市场传递给中国玉米期货价格,并给中国玉米期货价格在5个周期内带来同向的冲击。

(4)方差分解。表4-19是对中国玉米期货价格变动的方差分解结果,表中第二列为中国玉米期货价格自身的贡献度,第三列是美国玉米期货价格对美国玉米期货价格变动的贡献度。

表4-19　　　　　　　　中国玉米期货价格方差分解　　　　　　　单位:%

周期	中国玉米期货价格	美国玉米期货价格
1	100.000	0.000
2	99.227	0.773
3	97.768	2.232
4	98.120	1.880
5	98.448	1.552
6	97.876	2.124
7	96.111	3.889
8	93.015	6.985
9	88.772	11.228
10	83.755	16.245
11	78.351	21.649
12	72.886	27.114
13	67.607	32.393
14	62.669	37.331
15	58.151	41.849
16	54.077	45.923
17	50.438	49.562
18	47.203	52.797
19	44.336	55.664

续表

周期	中国玉米期货价格	美国玉米期货价格
20	41.795	58.205
21	39.542	60.458
22	37.539	62.461
23	35.755	64.245
24	34.161	65.839
25	32.731	67.269
26	31.445	68.555
27	30.284	69.716
28	29.232	70.768
29	28.275	71.725
30	27.403	72.598
31	26.604	73.396
32	25.871	74.129
33	25.196	74.804
34	24.572	75.428
35	23.995	76.005
36	23.459	76.541
长期平均贡献度	55.741	44.259
最大贡献度	100	76.541

注：(1) 滞后期为36个月；(2) 长期平均贡献度是指滞后1~36个月的平均值。

根据表4-19，对于中国玉米期货价格的变动来说，来自于其自身因素的长期平均贡献度为55.741%，而美国玉米期货价格对中国玉米期货价格变动的长期平均贡献度高达44.259%。且随着时间的推移，贡献度呈逐渐上升的趋势，在计量统计中的36期内，最大贡献度出现在第36期，达到76.541%。

4.3.4 研究小结

利用脉冲响应函数和方差分解的方法，研究得出了美国玉米消费价格对中国玉米消费价格的影响关系，结论如下：

（1）美国玉米现货价格变动对中国玉米现货价格具有一定影响，但程度较小，这说明美国玉米消费价格通过贸易这一渠道对中国玉米消费价格产生的影响还较小。根据方差分解，在中国玉米现货价格的变动中，主要原因还是来自于其自身的因素，其自身因素的贡献度为92.71%，美国玉米现货价格的贡献度仅为7.367%。美国玉米现货价格对中国玉米现货价格形成的影响目前比较小，这同目前中国玉米进口数量还相对较少有关。

（2）美国玉米期货价格对中国玉米期货价格的影响较大，这说明美国消费价格通过信息渠道对中国玉米消费价格的影响较大。研究得出，对中国玉米期货价格的形成和变动而言，其自身的长期平均贡献度为55.741%,而美国玉米期货价格的平均贡献度也高达44.259%,随着时间的推移,这一贡献度呈上升趋势。

4.4 本章小结

第3章分析了中国及世界玉米市场的供需平衡状况,研究得出中国玉米需求增长过快是导致中国玉米产需缺口扩大,进而进口增大、价格变动幅度增大的主要原因,而其中又以玉米工业深加工玉米消费量的增速最快。全球玉米生产和贸易高度集中,而美国在生产和贸易方面占据绝对的主导地位,产量约占世界总产量的35%,出口量占世界的40%以上。同时,美国是中国最主要的玉米进口国,中国也成为美国第五大玉米出口国。因此,本章在对中国玉米消费经济进行国际比较研究时选择美国作为参照系,一是因为美国在世界上的重要地位,可以作为世界的状况代表;二是美国是中国主要的玉米进口国,美国国内玉米的消费状况对中国玉米的进口甚至中国国内玉米消费的结构将产生一定影响。

本章分别从中美玉米消费总量比较研究、中美玉米消费内部结构比较研究和美国玉米消费价格对中国玉米消费价格的影响三个方面对中国玉米消费经济进行国际比较研究,得出以下结论:

(1)首先将玉米消费总量进行中美比较,计算了四个比较指标,分别是国内消费总量、占全球的比重、占国内总供给比重、库存消费比,结论如下:

①中美两国国内玉米消费总量均处于增加的趋势,中国玉米国内消费总量小于美国(2002/03年度中国为12387万吨,美国为20075万吨;2012/13年度中国为21894万吨、美国为26297万吨)但两者总量差距在缩小;中国的变动情况均远远大于美国,其中玉米国内消费总量的年均增幅中国约是美国的2.5倍(11年间的年均增量中国为864万吨、美国为566万吨,年均增幅中国为6.98%、美国为2.82%)。

②中国与美国国内玉米消费总量占全球的比重,中国呈现增加的趋势(11年间从19.74%增加到25.26%),美国呈现减少的趋势(11年间从31.99%减少到30.34%)。

③中国与美国国内玉米消费总量占各国总供给的比重,中国和美国均保持大幅增长态势,其中中国的增长幅度比美国要大,中国的年均增幅约是美国的4倍(11年间中国从60.10%增加到98.53%,美国从74.72%增加到86.97%)。

④中国与美国玉米库存消费比均处于下降的趋势,且中国比美国下降的幅度要大很多,中国的总下降量(52.96%)是美国(5.82%)的10倍(11年间中国玉米的库存消费比从54.43%降到1.48%,美国玉米库存消费比从13.75%降为7.93%)。

(2)其次看中美玉米消费的内部结构比较,分别从食用、种用、工业深加工和饲用四种用途比较分析，结论如下：

①从总体上看，中国和美国玉米内部消费结构变动如下：中国四类玉米消费量均保持增加，而美国食用、种用、工业用途是增加但饲用消费量却是在下降；四类消费量占总消费的比重这一指标看，两国的变动趋势都是一致的，均表现为：食用消费、种用消费、饲用消费呈现下降趋势，工业深加工消费呈现上升趋势。

②中美玉米食用消费对比分析：11年间，中国和美国的玉米食用消费量整体呈现增加趋势，但总量相对比较稳定，中国稳定在1000万吨左右、美国稳定在500万吨左右，中美玉米食用消费差距稳定在500万吨左右；中国玉米食用消费量的年均增量是美国的3倍，年均增幅是美国的1.2倍；中美玉米食用消费占总消费的比重均呈现下降趋势，且中国下降的幅度约是美国的2倍。

③中美玉米种用消费对比分析：11年间，中国和美国的玉米种用消费量整体呈现增加的趋势，但总量相对比较稳定，中国稳定在100万~130万吨、美国稳定在50万~60万吨、中美玉米种用消费差距稳定在50万~70万吨；中国玉米种用消费量的年均增量和美国基本保持一致，年均增量均为1万吨，而美国年均增幅约是中国的2倍；中美玉米种用消费占总消费的比重均呈现下降趋势，且中国下降的幅度约是美国的5倍。

④中美玉米工业深加工消费对比分析：11年间，中国和美国的玉米工业深加工消费量整体呈现快速增加的趋势，工业深加工消费占国内玉米总消费的比重也大幅增加；美国的总量是中国的3倍左右；美国的年均增量是中国2倍多，但由于中国基数较小，中国的年均增幅比美国大，约是美国的2倍；中美之间玉米深加工消费总量的差距以年均增量428万吨的幅度在扩大。

⑤再看中美玉米工业深加工消费的内部结构对比情况：根据可获得的统计数据(2002/03年度至2010/11年度)，美国玉米工业深加工的主要产品是玉米淀粉(直接消费)、燃料乙醇、食用酒精、果葡糖浆、葡萄糖，中国的主要产品是玉米淀粉(直接消费)、燃料乙醇、食用酒精、淀粉糖、变性淀粉、味精、赖氨酸、柠檬酸。对比分析主要四类可比较的产品(玉米淀粉、燃料乙醇、食用酒精和淀粉糖)的结果如下：2002/03年度，中国玉米深加工产品消耗玉米量的占比排名是玉米淀粉(31%)、食用酒精(25%)、淀粉糖(20%)、燃料乙醇(2%)，美国玉米深加工产品消耗玉米量的占比排名是燃料乙醇(46%)、玉米淀粉(12%)、淀粉糖(7%)、食用酒精(6%)；到了2010/11年度，中国玉米深加工产品消耗玉米量的占比排名变为淀粉糖(29%)、食用酒精(22%)、玉米淀粉(14%)、燃料乙醇(9%)，美国玉米深加工产品消耗玉米量的占比排名变为燃料乙醇(81%)、淀粉糖(10%)、玉米淀粉(4%)、食用酒精(2%)。研究表明，燃料乙醇一直是美国玉米工业深加工消费排名第一的产品，且增幅非常快，而中国玉米深加工主要是玉米淀粉、食用酒精和淀粉糖；中美玉米工业深加工内部消费结构都有向燃料乙醇和淀粉糖集中的趋势，而玉米淀粉和食用酒精的占比均有所下

降。总体上看，中美玉米工业深加工内部消费结构变动方向基本一致。

⑥中美玉米饲用消费对比分析：11 年间，中国的玉米饲用消费量呈现增加的趋势，而美国的玉米饲用消费量整体呈现减少趋势；中国玉米饲用消费占总消费的比重比美国高，但中美玉米饲用消费占总消费的比重均呈现下降的趋势（中国从80.3%降到67.3%、美国从70.2%降到41.7%），美国的年均降幅约是中国的2倍。

（3）最后看美国玉米消费价格对中国玉米消费价格的影响：通过脉冲响应函数和方差分解，研究得出了美国玉米消费价格对中国玉米消费价格的影响关系，结论如下：①美国玉米现货价格变动对中国玉米现货价格具有一定的影响，但程度较小，这说明美国玉米消费价格通过贸易这一渠道对中国玉米消费价格产生的影响还较小。根据方差分解，在中国玉米现货价格的变动中，主要原因还是自身的因素，其自身因素的贡献度为92.71%，美国玉米现货价格的贡献度仅为7.367%。美国玉米现货价格对中国玉米现货价格形成的影响目前还比较小，这与目前中国玉米进口数量还相对较少有关。②美国玉米期货价格对中国玉米期货价格的影响较大，这说明美国消费价格通过信息渠道对中国玉米消费价格的影响较大。研究得出，对中国玉米期货价格的形成和变动而言，其自身的长期平均贡献度为55.741%，而美国玉米期货价格的平均贡献度也高达44.259%。随着时间的推移，这一贡献度呈上升趋势。

第5章

中国玉米消费经济：国内省际区域比较研究

本书首先对世界玉米市场及中国玉米市场的供求状况进行了详细分析，结果表明，近年来，中国玉米需求的快速增长是中国玉米产需缺口扩大，进而导致中国玉米进口增加、价格变动幅度加大的主要原因。因此，以中国玉米消费经济为研究对象，分别从国际比较的视角、国内省际区域比较的视角和中国玉米消费结构内部比较的视角展开分析。第4章从中美比较的视角分析中美玉米消费的总量、内部结构和美国玉米消费价格对中国玉米消费价格的影响等问题。本章将研究的视角转向国内，将比较国内不同省际区域间的玉米消费经济。首先探讨中国玉米消费的区域分布，然后将研究不同区域间的玉米消费价格相互影响关系。

5.1 中国玉米消费的区域布局

5.1.1 中国玉米消费总量的省际分布

中国玉米市场的一个特点就是生产和消费分布极不平衡，每年约有1亿吨商品玉米进入流通领域。中国玉米主产区主要集中在东北、华北和西南、西北，其中黑龙江、吉林、辽宁、内蒙古、山东、河北、河南、山西8个省份的玉米产量占到了全国的73%[①]，而东北地区是中国最大的商品玉米产地。根据中国玉米网2009年8月的资料，中国玉米的主销区在2008年以前还主要在华南、华东和西南地区，长江流域以南地区由于饲料工业和畜牧业发达，虽然玉米产量仅占全国的20%，消费量却达全国总产量的50%以上[②]。根据中储粮公司的数据资料，2010年中国玉米在不同省份间的主要消费情况，如表5-1所示。

---

① 2012年国家统计数据。
② 资料来源：中国玉米网《玉米投资手册》。

表 5-1　　　　　2010年中国玉米不同省份（地区）的消费情况　　　　　单位：万吨

区域	产量	消费	余缺
黑龙江	2400	810	1590
吉林	2050	1420	630
内蒙古	1600	680	920
辽宁	960	860	100
河北	1480	1270	210
山东	1500	2610	-1110
河南	1350	1470	-210
江浙沪闽	250	1085	-830
湘鄂赣	370	1490	-1120
四川	620	910	-290
广东	76	910	-834

数据来源：中华粮网。

根据表5-1可知，中国2010年玉米不同省份（地区）的消费数据，中国产销有结余的省份是黑龙江、吉林、内蒙古、辽宁和河北；而曾经的玉米调出省份山东和河南，也开始调入玉米了。中国玉米主要从黑龙江、吉林、内蒙古、辽宁和河北5个省市自治区流向山东、广东、四川、湖南、湖北、河南、广西、江苏、云南、安徽和山西等11个省市自治区。黄淮海地区的玉米主要销往华东地区，东北地区的玉米主要销往华南地区和华东地区，西北地区的玉米主要销往西南地区。每年6月以后，华北地区和南方生产的玉米便所剩无几，南方客户就开始转向北方购买玉米。在中国玉米北粮南运的流通格局中，主要的玉米集散中心有5个：产区的长春—四平—铁岭一带的铁路沿线、大连—鲅鱼圈—锦州港口沿海一带、华北黄淮地区，销区的珠江三角洲地区和江浙沪地区。①

根据2010年中国不同省份的玉米消费数据可以得出：目前中国玉米消费量最大的省份是山东2160万吨，其次是河南1470万吨，然后是吉林1420万吨、河北1270万吨；东北和华北地区已经占到全国玉米消费量的一半以上。主要原因是玉米深加工的飞速发展，而中国玉米深加工的布局是以东北地区和华北黄淮海地区为重点。

从现有众多分析可以得出，中国玉米消费的省际区域分布有如下变动趋势：随着近年来玉米深加工企业的飞速发展，中国玉米主产区、主销区的结构正在发生变化，东北和华北主产区的玉米调出量将大幅减少；长江流域以南地区会在国际市场价格有优势的时候适量进口一定数量的玉米。

---

① 资料来源：中国玉米网《玉米投资手册》。

在整体分析了中国玉米不同省份的消费分布后,接下来将重点分析玉米的不同用途在省际区域间的布局情况。由于在中国玉米饲用消费一直是占绝大比重,工业深加工也以较快的速度增加,而食用消费和种用消费量变动不大。因此,接下来将重点研究中国玉米饲用消费的区域布局和工业深加工消费的区域布局。

5.1.2 中国玉米饲用消费的区域布局

(1)各个省份的玉米饲用消费变动情况

为了分析中国玉米饲用消费量在不同省份之间的分布情况,根据中国不同省份的饲料产量情况来进行换算,其中,换算标准按照农业部农业贸易促进中心课题组2014年的《中国玉米产业面临的挑战与政策选择》一文中提到的"配合饲料中玉米添加比例约60%,1单位浓缩饲料需要1.8单位玉米;预混饲料不需玉米"的信息。根据数据的可获得性,研究选择了2003年、2005年、2009年和2011年四个年份中国玉米饲用消费量在不同省份的分布情况。

由于数据统计了中国30个省份的饲料产量,文中分析时将这30个省份分为前十位、中间十位和排名最后的十位,以四个年份进行代表性分析。

表5-2　　　　　　　　　中国不同省份的玉米饲用消费量　　　　　　　　单位:万吨

	山东	辽宁	河北	河南	广东	黑龙江	湖南	四川	吉林	湖北	总计
	792	633	590	567	556	490	431	316	292	273	4941
2003	陕西	浙江	广西	江西	江苏	天津	内蒙古	山西	北京	云南	总计
	243	212	201	200	183	181	163	147	147	146	1822
	安徽	福建	新疆	甘肃	上海	重庆	海南	宁夏	贵州	青海	总计
	107	100	86	78	71	57	51	34	29	4	618
	山东	河南	广东	辽宁	河北	黑龙江	湖南	四川	吉林	湖北	总计
	1008	812	752	750	615	609	593	375	319	307	6139
2005	陕西	江苏	江西	浙江	广西	山西	云南	内蒙古	天津	北京	总计
	296	292	260	241	222	203	189	179	174	155	2211
	福建	重庆	甘肃	安徽	新疆	上海	海南	贵州	宁夏	青海	总计
	141	115	115	112	94	78	61	45	38	6	804

续表

2009	山东	广东	辽宁	河南	河北	黑龙江	湖南	四川	吉林	陕西	总计
	1109	1058	1053	1050	734	714	617	520	460	430	7743
	江苏	广西	江西	湖北	云南	浙江	山西	福建	内蒙古	北京	总计
	401	386	355	346	282	266	255	250	247	182	2971
	天津	安徽	重庆	甘肃	新疆	海南	上海	贵州	宁夏	青海	总计
	172	167	142	141	98	94	91	79	50	—	1036
2011	山东	广东	辽宁	河南	河北	黑龙江	湖南	四川	广西	江苏	总计
	1300	1264	1159	1032	885	764	682	637	518	510	8751
	吉林	陕西	江西	福建	湖北	云南	浙江	山西	内蒙	安徽	总计
	461	440	398	371	366	334	305	301	298	294	3568
	天津	北京	重庆	甘肃	海南	新疆	上海	贵州	宁夏	青海	总计
	213	202	166	147	116	104	96	83	74	5	1207

数据来源：玉米饲用消费量根据饲料产量换算而来，其中饲料产量来自于中国饲料工业年鉴。

首先看2003年中国玉米饲用消费的区域分布：2003年中国玉米饲用消费总量为7381万吨，排名前十位的省份分别是山东(792万吨)、辽宁(633万吨)、河北(590万吨)、河南(567万吨)、广东(556万吨)、黑龙江(490万吨)、湖南(431万吨)、四川(361万吨)、吉林(292万吨)、湖北(273万吨)，前十位的省份玉米饲用消费量总计达4941万吨，占全国玉米饲用消费的比重达67%。排名中间的十个省份分别是陕西、浙江、广西、江西、江苏、天津、内蒙古、山西、北京、云南，总计玉米饲用消费量为1822万吨，占全国玉米饲用消费的比重为25%。而排名最后的十个省份分别为安徽、福建、新疆、甘肃、上海、重庆、海南、宁夏、贵州、青海，总计玉米饲用消费量为618万吨，占全国8%的比重。

2005年中国玉米饲用消费的区域分布：2005年中国玉米饲用消费总量为9154万吨，排名前十位的省份是山东、河南、广东、辽宁、河北、黑龙江、湖南、四川、吉林和湖北，前十位的省份总计玉米饲用消费量为6139万吨，占全国玉米饲用消费总量的67%。排名中间的十个省份分别是陕西、江苏、江西、浙江、广西、山西、云南、内蒙古、天津和北京，总计玉米饲用消费量为2211万吨，占全国玉米饲用消费总量的24%。排名最后十位的是福建、重庆、甘肃、安徽、新疆、上海、海南、贵州、宁夏和青海，总计玉米饲用消费量为804万吨，占全国玉米饲用消费总量的9%。

2009年中国玉米饲用消费的区域分布：2009年中国玉米饲用消费总量为11756万吨，排名前十位的省份分别是山东、广东、辽宁、河南、河北、黑龙江、湖南、四川、吉林和陕西，总计玉米饲用消费量为7743万吨，占全国玉米饲用消费总量的66%。排名中间的十个省份分别是江苏、广西、江西、湖北、云南、浙江、山西、福建、内蒙古和北京,总计玉米饲用消费量为2971万吨,占全国玉米饲用消费总量的25%。排名最后十位的省份是天津、安徽、重庆、甘肃、新疆、海南、上海、贵州、宁夏和青海,总计玉米饲用消费量为1036万吨,占全国玉米饲用消费总量的9%。

2011年中国玉米饲用消费的区域分布:2011年中国玉米饲用消费总量为13526万吨,排名前十位的省份为山东、广东、辽宁、河南、河北、黑龙江、湖南、四川、广西和江苏,总计玉米饲用消费量为8751万吨,占全国玉米饲用消费总量的65%。中间十位省份分别为吉林、陕西、江西、福建、湖北、云南、浙江、山西、内蒙古和安徽,总计玉米饲用消费量为3568万吨,占全国玉米饲用消费总量的26%。排名最后十位的省份分别为天津、北京、重庆、甘肃、海南、新疆、上海、贵州、宁夏和青海,总计玉米饲用消费量为1207万吨,占全国玉米饲用消费总量的比重为9%。

全国玉米饲用消费量排名前十、中间十位和最后十位的省份的合计情况,如表5-3所示。

表5-3   排名前十、中间十位和最后十位的省份的合计   单位:万吨

	2003年	2005年	2009年	2011年	年均增幅
全国总量	7381	9154	11756	13526	9.3%
前十位总量	4941	6139	7743	8751	8.6%
前十位占比	67%	67%	66%	65%	——
中间十位总量	1822	2211	2971	3568	10.6%
中间十位占比	25%	24%	25%	26%	——
最后十位总量	618	804	1036	1207	10.6%
最后十位占比	8%	9%	9%	9%	——

数据来源:根据表5-2整理。

根据上述分析可以得出:2003—2011年的9年间,中国玉米饲用消费量前十位、排名中间十位和最后十位的省份的消费量均保持增加的趋势,其中全国的年均增幅为9.3%,前十位省份总量的年均增幅为8.6%,中间和最后十位省份的总量的年均增幅为10.6%。因此,前十位省份的年均增幅比全国平均水平要小。而整体上看,前十位、中间十位和最后十位的省份的玉米饲用消费总量占全国的比重变动不大,前十位占全国的66%左右、中间十位占全国的25%左右、最后十位占全国的9%。

(2) 2011年排名前十位的省份的玉米饲用消费变动情况

表 5-4　　　　　　　中国前十位玉米饲用消费省份的变动情况　　　　　　单位:万吨;%

	2003		2005		2009		2011		变动情况	
	数量	比重	数量	比重	数量	比重	数量	比重	年均增幅	占比变动
山东	792:1	10.7	1008:1	11.0	1109:1	9.4	1300:1	9.6	7	-1.1
广东	556:5	7.5	752:3	8.2	1058:2	9.0	1264:2	9.3	14	1.8
辽宁	633:2	8.6	750:4	8.2	1053:3	9.0	1159:3	8.6	9	0.0
河南	567:4	7.7	812:2	8.9	1050:2	8.9	1032:4	7.6	9	-0.1
河北	590:3	8.0	615:5	6.7	734:5	6.2	885:5	6.5	6	-1.5
黑龙江	490:6	6.6	609:6	6.7	714:6	6.1	764:6	5.6	6	-1.0
湖南	431:7	5.8	593:7	6.5	617:7	5.2	682:7	5.0	6	-0.8
四川	316:8	4.3	375:8	4.1	520:8	4.4	637:8	4.7	11	0.4
广西	201:13	2.7	222:15	2.4	386:12	3.3	518:9	3.8	18	1.1
江苏	183:15	2.5	292:12	3.2	401:11	3.4	510:10	3.8	20	1.3

数据来源:玉米饲用消费量根据饲料产量换算而来,其中饲料产量来自于中国饲料工业年鉴。

由于中国玉米饲用消费前十位的省份占据了几乎 2/3 的比重,下面再具体分析下这前十位的省份在 2003—2011 年各自的消费量及其变动情况。以 2011 年中国玉米饲用消费前十位的省份为目标,根据表 5-4 的计算结果研究得出:2003—2011 年,山东一直是全国第一的玉米饲用消费省份,消费量年均增幅为 7%,但低于全国 9%的平均增幅,消费量占全国的比重呈现下降的趋势(从 10.7%降为 9.6%)。广东从 2003 年的第五位一路上升到 2011 年的第二位,消费量年均增幅达 14%,高于全国 9%的平均水平,消费量占全国的比重呈现上升的趋势(从 7.5%升为 9.3%)。辽宁是中国玉米饲用消费第三大省份,消费量年均增幅 9%,占比基本维持在 8.6%的水平。河南是中国玉米饲用消费量第四大省份,消费量年均增幅 9%,占比基本维持在 7.6%。河北从 2003 年的第三位降为 2011 年的第五位,消费量年均增幅 6%,占比处于下降趋势(从 8%降为 6.5%)。黑龙江是一直呈现中国第六位的玉米饲用消费省,消费量年均增幅 6%,低于全国 9%的平均水平,消费量占比呈现下降的趋势(从 6.6%降为 5.6%)。湖南一直保持中国玉米饲用消费第七的位置,消费量年均增幅 6%,低于全国 9%的平均水平;占比呈现下降的趋势(从 5.8%降为 5.0%)。四川一直处于全国第八的位置,消费量年均增幅 11%,占比从 4.3%增加到 4.7%。广西从 2003 年的第十三位变为 2011 年的第九位,消费量年均增幅 18%,消费量占比从 2.7%增加到 3.8%。江苏从 2003 年的第十五位变为 2011 年的第十位,消费量年均增幅高达 20%,消费占比从 2.5%变为 3.8%。

在2011年前十位的玉米饲用消费省份中,从消费量上看均超过500万吨,其中超过1000万吨的省份有山东、广东、辽宁和河南。从年均增幅看,超过全国9%的平均水平的省份有四个,分别是广东、四川、广西和江苏,其中增幅最大的是江苏,达20%;河南和辽宁与全国平均水平持平;山东、河北、黑龙江和湖南的增幅低于全国9%的平均水平。从各省份消费量占全国的比重变动看,占比减少的省份有五个,分别是山东、河南、河北、黑龙江和湖南;占比增加的有广东、辽宁、四川、广西和江苏,其中占比增加最多的是广东,达1.8%。

(3)中国玉米主产区与主销区的玉米饲用消费分布情况

前文分析了全国不同省份以及2011年排名前十位的省份的玉米饲用消费情况,接下来再从中国玉米主产区与主销区的角度来分析中国玉米饲用消费的省际区域分布情况。根据中储粮网站,统计中国玉米主产区与主销区以及既是主产区又是主销区的划分情况如表5-5所示。

表5-5　　　　　　　　　中国玉米主产区与主销区划分

主产区	黑龙江、吉林、辽宁、内蒙古、山东、河南、河北、四川
主销区	辽宁、山东、河南、河北、广东、四川、湖南、湖北、江苏、江西、福建、上海、浙江等
既是主产区又是主销区	辽宁、山东、河南、河北、四川

资料来源:中储粮公司网站。

根据表5-6可知,中国玉米主产区的玉米饲用消费量从2003年的3844万吨增加到2011年的6536万吨,总计增加2693万吨,年均增幅8%;但占比呈现下降的趋势,从2003年的52%降为2011年的48%。

中国玉米主销区的玉米饲用消费量从2003年的3537万吨增加到2011年的6989万吨,总计增加3452万吨,年均增幅11%;占比呈现增加的趋势,从2003年的48%增加到2011年的52%。

中国既是主产区又是主销区的省份玉米饲用消费量从2003年的2899万吨增加到2011年的5013万吨,总计增加2114万吨,年均增幅8%;占比呈现下降的趋势,从2003年的39%降到2011年的37%。

研究表明:中国玉米饲用消费量在中国玉米主产区的比重呈现下降的趋势,主销区的比重在增加,而主销区主要在华北地区和长江流域。

表 5-6　　　　　中国玉米主产区与主销区的饲用消费情况　　　　单位:万吨;%

年度	2003	2005	2009	2011	总增量	年均增幅
主产区	3844	4667	5886	6536	2693	8
占比	52	51	50	48	—	—
主销区	3537	4488	5870	6989	3452	11
占比	48	49	50	52	—	—
既是主产区又是主销区	2899	3560	4465	5013	2114	8
占比	39	39	38	37	—	—
全国	7381	9154	11756	13526	6145	9

数据来源:玉米饲用消费量根据饲料产量换算而来,其中饲料产量来自于《中国饲料工业年鉴》。

5.1.3 中国玉米工业深加工消费的区域布局

中国玉米深加工的产品主要有两大系列,分别是淀粉和酒精系列,其中淀粉系列产品包括淀粉和以淀粉为原料的各种变性淀粉、淀粉糖、味精、氨基酸等,而酒精系列产品按照用途划分主要是燃料酒精、食用酒精和工业酒精。本小节将通过分析玉米淀粉系列产品和酒精系列产品在不同省份的分布情况,来分析中国玉米工业深加工消费在不同省份的分布情况。其中,淀粉和酒精换算成玉米的比例确定如下:根据国家在《关于促进玉米深加工业健康发展的指导意见》中提出的新建、扩建玉米深加工项目能耗要求规定,生产酒精玉米消耗应该小于3.15,而实际生产中的一般技术标准是3.3,因此酒精与玉米的折算比按照3.3确定。同样,根据该指导意见,玉米淀粉的原料消耗比要不大于1.5,因此在计算时取1.5①。

(1)中国玉米淀粉玉米消费量的区域布局

根据数据,1991年底,全国玉米淀粉及制品产量不到100万吨,2002年全国玉米淀粉产量超过500万吨、2005年超过1000万吨,到2010年则达到了1900万吨,如表5-7所示。

表 5-7　　　　　　　　中国玉米淀粉及制品产量　　　　　　　　单位:万吨

年份	1991	2002	2003	2004	2005	2006	2007	2008	2009	2010
产量	100	545	634	862	1107	1207	1530	1685	1726	1900
玉米投入	150	818	950	1293	1660	1810	2295	2528	2589	2850

数据来源:《中国轻工业年鉴》。

根据2010年的数据可知中国玉米淀粉玉米消费量的省际区域分布情况。2010年有玉

---

① 资料来源:2012年山东农业大学徐杰博士论文《基于"系统流"理论的中国玉米产业系统协调性研究》。

米淀粉产量的省份如表5-8所示。2010年统计数据可获得玉米淀粉生产省份按产量排名依次有山东、吉林、河北、河南、辽宁、陕西、山西、江苏、新疆和湖北等10个省份,其中山东的产量包括山东企业在黑龙江、内蒙古、山西等省的产量。

表5-8　　　　　　　　2010年不同省份玉米淀粉产量及玉米投入量　　　　　　单位:万吨

	全国	山东	吉林	河北	河南	辽宁	陕西	山西	江苏	新疆	湖北
淀粉产量	1902	923	379	264	109	86	85	54	10	8	4
玉米投入	2885	1384	569	396	164	129	128	80	15	12	7

数据来源:《中国轻工业年鉴》;玉米投入量根据计算所得。

再看换算后的中国玉米淀粉深加工的玉米消耗量在不同省份间的分布情况。

2010年,山东、吉林、河北三省在玉米淀粉上消耗的玉米量占到全国玉米淀粉消耗玉米量的82%,其中山东玉米淀粉消耗玉米量占到全国的48.4%。根据前文对中国玉米主产区和主销区的划分,可以得出,中国玉米的淀粉深加工消耗量往主产区集中,主产区的玉米淀粉消耗的玉米占到全国淀粉玉米消耗量的90%以上。

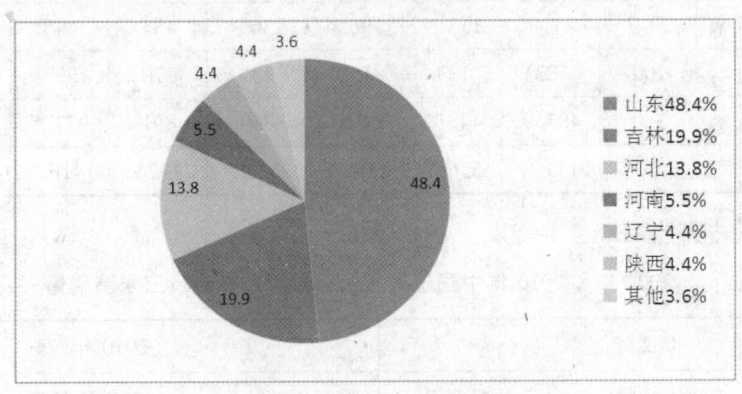

图5-1　中国不同省份玉米淀粉的玉米消费量占比

数据来源:笔者计算整理。

(2)中国酒精对玉米消费量的区域布局

中国酒精生产的原料主要包括玉米、木薯和糖蜜等,其中玉米酒精占主导地位,占全国60%以上的份额,产能主要分布在东北、华北玉米主产区;木薯酒精约占30%的比重,主要分布在西南和华东地区,其中四川和广西是木薯产地,华东区木薯原料主要来自进口;由于成本偏高、原料不足,糖蜜酒精所占市场份额日益萎缩。酒精按照用途又可以分为食用酒精、工业酒精(主要是医药和工业用的无水酒精)和燃料乙醇,目前中国食用酒精占绝大比重,约达70%,燃料乙醇约占25%,无水酒精约占5%,而中国玉米生产的酒精主要用作食用酒精和燃料乙醇。

根据《中国食品工业年鉴》中记录的中国2002年和2010年的各省份的酒精产量数据,

按照以下的标准换算得到各省份的玉米酒精的产量(包括玉米食用酒精和燃料乙醇各省份的量)以及各省份生产玉米酒精所消耗的玉米量:首先《中国食品工业年鉴》中的数据单位是千升,根据酒精的比例为0.8kg/L,单位换算成万吨;由于中国在酒精原料中的比重越来越高,因此2002年的酒精量按照60%的比例计算出玉米酒精的量,而2010年的酒精量按照70%的比例计算出玉米酒精的量;由于中国从2000年才开始启动燃料乙醇项目,之前主要是食用酒精,而2002年是启动项目的最初两年,燃料乙醇的量还很有限,因此按照90%为食用酒精、10%为燃料乙醇的比例来计算各省份玉米酒精中的食用酒精和燃料乙醇量,2010年按照70%的食用酒精和25%的燃料乙醇来计算各省份玉米酒精中的食用酒精和燃料乙醇量;玉米酒精的玉米消耗量按照3.3的比例换算。整理得到中国不同省份的玉米酒精产量及玉米消耗量的数据,如表5-9所示。

表5-9　　　　　　　　中国玉米酒精产量及消耗玉米量　　　　　　　　单位:万吨

年份		2002	2003	2004	2005	2006	2007	2008	2009	2010
燃料乙醇	产量	9	14.5	34.5	59.5	110	132	135	135	138
	消耗玉米	29.7	47.9	113.9	196.4	363	435	445	445	455
食用酒精	产量	100	123	134	150	230	270	295	300	330
	消耗玉米	330	405.9	442.2	495	759	891	973.5	990	1089
玉米总消耗		359.7	453.8	556.1	691.4	1122	1326	1418.5	1435	1544

数据来源:《中国食品工业年鉴》。

表5-10　　　　2002年和2010年中国不同省份玉米酒精产量及玉米消费量　　　　单位:万吨

2002年			2010年		
省份	玉米酒精量	玉米消费量	省份	玉米酒精量	玉米消费量
山东	21.9	72.4	吉林	83.3	274.8
黑龙江	14.3	47.2	内蒙古	68.3	225.4
江苏	10.6	34.8	江苏	53.2	175.6
广西	7.7	25.3	河南	47.7	157.5
天津	7.0	23.0	黑龙江	45.9	151.3
河南	6.7	22.2	广西	38.5	127.1
四川	6.5	21.4	安徽	38.1	125.6
吉林	6.2	20.6	山东	27.3	90.2
云南	6.2	20.6	四川	20.1	66.3
安徽	4.2	13.8	河北	9.8	32.5
广东	2.8	9.3	云南	9.7	32.1

续表

2002年			2010年		
省份	玉米酒精量	玉米消费量	省份	玉米酒精量	玉米消费量
河北	2.1	7.0	广东	7.1	23.4
新疆	1.6	5.4	湖北	4.0	13.1
辽宁	0.6	2.1	山西	2.9	9.6
陕西	0.6	2.1	新疆	2.9	9.5
海南	0.6	2.1	陕西	1.2	3.8
内蒙古	0.5	1.6	甘肃	0.8	2.7
山西	0.4	1.4	湖南	0.7	2.2
浙江	0.4	1.4	辽宁	0.5	1.5
宁夏	0.4	1.3	天津	0.4	1.2
甘肃	0.2	0.6	海南	0.1	0.4
湖北	0.2	0.6	宁夏	0.1	0.4
贵州	0.1	0.4	贵州	0.0	0.1
湖南	0.1	0.4	浙江	0.0	0.0

数据来源：笔者根据《中国食品工业年鉴》数据整理。

根据统计数据，2002年中国玉米酒精的总产量约为109万吨、玉米消耗总量约为350万吨，其中玉米酒精年产超过10万吨的省份只有三个，分别是山东、黑龙江和江苏，总产量为46.8万吨，消耗玉米量总计为154.4万吨，占到全国的45.8%；排名前十位的省份酒精总产量为87.1万吨，玉米消耗总量为301.3万吨，占全国的85.3%。2010年中国玉米酒精的总产量约为462.5万吨，玉米消耗总量约为1526.4万吨，其中玉米酒精年产量超过10万吨的省份增加到9个，分别是吉林、内蒙古、江苏、河南、黑龙江、广西、安徽、山东和四川，9个省份总产量达到442.4万吨，消耗玉米量总计为1393.9万吨，占到全国的91.3%；排名前十位的省份的酒精总产量为432.2万吨，玉米消耗总量为1426.4万吨，占全国的93.4%。数据分析表明，中国玉米酒精生产越来越集中，玉米的消费量也越来越集中。

(3) 中国玉米工业深加工消费的区域布局

前文中提到，根据中储粮网站的分类，中国玉米的主产区省份有黑龙江、吉林、辽宁、内蒙古、山东、河南、河北、四川，主销区省份有辽宁、山东、河南、河北、广东、四川、湖南、湖北、江苏、江西、福建、上海、浙江等，既是主产区又是主销区的省份有辽宁、山东、河南、河北、四川。接下来将按照这个划分，对中国玉米工业深加工消费的区域布局进行分析，把前文分析的淀粉类产品不同省份的玉米消费量和酒精类产品不同省份的玉米消费量加总，以作为不同省份玉米深加工消费量的代表。

表5-11　　　　2010年中国玉米主产区与主销区的工业深加工消费情况

区域	产品	数量(万吨)	全国占比(%)
主产区	玉米淀粉产量	1761	—
	玉米淀粉的玉米消费量	2072	72.6
	玉米酒精产量	303	—
	玉米酒精的玉米消费量	1000	65.5
	总计玉米消费量	3072	64.0
主销区	玉米淀粉产量	1543	—
	玉米淀粉的玉米消费量	2315	81.1
	玉米酒精产量	265	—
	玉米酒精的玉米消费量	875	57.3
	总计玉米消费量	3190	66.5
既是主产区又是主销区	玉米淀粉产量	1381	—
	玉米淀粉的玉米消费量	2072	72.6
	玉米酒精产量	106	—
	玉米酒精的玉米消费量	348	22.8
	总计玉米消费量	2420	50.4

数据来源：笔者根据《中国轻工业年鉴》和《中国食品工业年鉴》统计数据整理。

根据2010年的数据，全国玉米工业深加工消费量为4800万吨、全国玉米酒精消费玉米量为1526.4万吨、全国玉米淀粉消费的玉米量为2853万吨，通过表5-11分析得出：

中国玉米主产区的工业深加工消耗的玉米总量约为3072万吨，占全国的比重为64%；其中主产区玉米淀粉消耗的玉米量为2072万吨，占全国的比重为72.6%；主产区玉米酒精消耗的玉米量为1000万吨，占全国的比重为65.5%。

中国玉米主销区的工业深加工消耗的玉米总量约为3190万吨，占全国的比重为66.5%；其中主销区玉米淀粉消耗的玉米量为2315万吨，占全国的比重为81.1%；主销区玉米酒精消耗的玉米量为875万吨，占全国的比重为57.3%。

中国玉米既是主产区又是主销区的省份玉米工业深加工消费量总计约为2420万吨，占全国比重为50.4%；其中玉米淀粉消耗的玉米量为2072万吨，占全国的比重为72.6%；玉米酒精消耗的玉米量为348万吨，占全国的比重为22.8%。

研究得出：中国玉米工业深加工消费往传统的玉米主产区集中，占到了全国的64%，其中玉米淀粉的玉米消耗量占到全国的72.6%、玉米酒精的玉米消耗量占到全国的65.5%。同时，部分传统的玉米主产省也开始变成玉米工业深加工的主销省份，这样的省份主要是山东、辽宁、河南、河北和四川五省，在这一区域中，玉米工业深加工的消费量占全国的一半以上，达 50.4%，尤其是玉米淀粉的玉米消费量在这一区域占比很高，达 72.6%；玉米酒精的玉米消费量稍微少些，占全国的 22.8%。

5.1.4 研究小结

中国玉米市场的一个特点就是生产和消费分布极不平衡，每年约有 1 亿吨商品玉米进入流通领域。根据 2010 年中国不同省份的玉米消费数据可以得出：目前中国玉米消费量最大的省份是山东 2160 万吨，其次是河南 1470 万吨，然后是吉林 1420 万吨、河北 1270 万吨，东北和华北地区已经占到全国玉米消费量的一半以上。主要的原因是玉米深加工的飞速发展，而中国玉米深加工的布局是以东北和华北黄淮海地区为重点。

根据中储粮网站分类，中国玉米的主产区省份有黑龙江、吉林、辽宁、内蒙古、山东、河南、河北、四川，主销区省份有辽宁、山东、河南、河北、广东、四川、湖南、湖北、江苏、江西、福建、上海、浙江等，既是主产区又是主销区的省份有辽宁、山东、河南、河北、四川。前文重点分析了中国玉米饲用消费量和工业深加工消费量在这三类区域中分布情况结论如下：

（1）中国玉米主产区的玉米饲用消费量从 2003 年的 3844 万吨增加到 2011 年的 6536 万吨，总计增加了 2693 万吨，年均增幅 8%；但占比呈现下降的趋势，从 2003 年的 52% 降为 2011 年的 48%。

中国玉米主销区的玉米饲用消费量从 2003 年的 3537 万吨增加到 2011 年的 6989 万吨，总计增加了 3452 万吨，年均增幅 11%；占比呈现增加的趋势，从 2003 年的 48% 增加到 2011 年的 52%。

中国既是主产区又是主销区的省份玉米饲用消费量从 2003 年的 2899 万吨增加到 2011 年的 5013 万吨，总计增加了 2114 万吨，年均增幅 8%；占比呈现下降的趋势，从 2003 年的 39% 降到 2011 年的 37%。

研究表明：中国玉米饲用消费量在中国玉米主产区的比重呈现下降的趋势，主销区的比重在增加，而主销区主要在华北和长江流域。

（2）中国玉米工业深加工消费向传统的玉米主产区集中，占到了全国的 64%，其中玉米淀粉的玉米消耗量占到全国的 72.6%、玉米酒精的玉米消耗量占到全国的 65.5%。同时，部分传统的玉米主产省也开始变成玉米工业深加工的主销省份，这样的省份主要是山东、辽宁、河南、河北和四川五省。在这一区域中，玉米工业深加工的消费量占全国的一半以上，达 50.4%，尤其是玉米淀粉的玉米消费量在这一区域占比很高，达 72.6%，玉米酒精的玉米消费量稍微少些，占全国的 22.8%。

5.2 中国玉米消费价格在省际区域间的相互影响研究

根据中储粮网站的分类，中国玉米的主产区省份有黑龙江、吉林、辽宁、内蒙古、山东、河南、河北、四川，主销区省份有辽宁、山东、河南、河北、广东、四川、湖南、湖北、江苏、江西、福建、上海、浙江等，既是主产区又是主销区的省份有辽宁、山东、河南、河北、四川。前文已经分析得出，以2010年的数据为例，山东、河南、吉林、河北四省玉米消费量已经占到全国的一半以上；中国玉米饲用消费量在中国玉米主产区的比重处于下降的趋势，主销区的比重在增加，而主销区主要在华北和长江流域；中国玉米工业深加工消费往传统的玉米主产区集中，占到全国的64%；同时，部分传统的玉米主产省也开始变成玉米工业深加工的主销省份，这样的省份主要是山东、辽宁、河南、河北和四川五省，在这一区域中，玉米工业深加工的消费量占全国的50.4%，尤其是玉米淀粉的玉米消费量在这一区域占比很高，达72.6%。这说明，中国玉米主产区的玉米消费对于全国有着极为重要的影响。同时，随着部分主产区的主销区化，主产区与主销区间的玉米消费价格联动性逐渐增强。

因此，本书接下来将探索中国玉米消费价格在省际区域间的相互影响。在时间段上将重点探讨2008年以来的情况，同时根据数据的可获得性，与2008年以前的阶段进行对比分析。

5.2.1 数据来源与方法

书中选择黑龙江、广东、山东分别代表主产区、主销区和既是主产区又是主销区的省份，来研究三者之间玉米消费价格的相互影响。原因如下：(1)广东是最大的玉米调入省，2011年，广东玉米产量不到80万吨，占全国比重不到5%，而同期广东饲料玉米总需求量已经达到1264万吨，处于全国第二位；(2)黑龙江省的玉米产量一直处于全国前三的位置，且是中国玉米调出量最大的省份；(3)山东省玉米产量一直处于全国前三的位置，不仅是中国的玉米生产大省，而且也是中国玉米消费的主要省份（以2011年数据为例，山东的玉米工业深加工消费量和使用消费量均是全国第一，2011年山东玉米工业深加工消费量达1474万吨、饲用玉米消费达1300万吨，而同期的产量则为1979万吨），山东省生产的玉米多用于满足本省的需求，同时也开始大量调入玉米，因此选择其作为既是主产区又是主销区的省份代表。

书中将首先研究主产区（黑龙江为代表）—主销区（广东为代表）—既是主产区又是主销区（山东为代表）三者之间的玉米消费价格间的相互影响情况，然后根据可获得数据情况，将进一步研究主产区中的两个主要区域——东北产区和华北产区之间的玉米消费价格间的相互影响情况。

对数据做以下说明：(1)因为文中将重点研究2008年以来的情况，又由于能收集到2003年1月至2013年12月的数据，因此将数据分成2008年以前和2008年以后两个样本区间，不仅考察2008年以来的情况，同时也可以将2008年以来的情况与2008年以前的情况进行对比分析。(2)东北和华北产区的玉米消费价格为该区域内各省份批发市场价格的平均；哈尔滨批发价格代表黑龙江省的玉米消费价格、德州批发价格代表山东省的玉米消费价格、广州港批发价格代表广东省的玉米消费价格。(3)数据来源于中国人民大学仇焕广教授课题组监测收集的数据。

研究中国玉米消费价格在省际区域间的相互影响机制,本小节将继续采用第4章的分析方法:利用脉冲响应函数和方差分解法来研究价格序列变量间的相互影响关系。计量模型的结果通过 EViews6.0 软件回归而得(高铁梅,2006)。

5.2.2 主产区与主销区的玉米消费价格间的相互影响

文中将首先研究主产区—主销区—既是主产区又是主销区三者之间的玉米消费价格的相互影响机制,以黑龙江代表主产区、广东代表主销区、山东代表既是主产区又是主销区。

(1)变量的 ADF 单位根检验

表 5-12　　　　　　　　　变量的 ADF 单位根检验

变量	黑龙江	广东	山东
时间段	2003年1月至2007年12月		
原序列	HLJ	GD	SD
(C,T,P)	(C,T,1)	(N,N,0)	(C,T,1)
ADF	-2.14	1.88	-1.99
P 值	0.51	0.98	0.59
平稳性	非平稳性		
一阶差分序列	ΔHLJ	ΔGD	ΔSD
(C,T,P)	(C,N,0)	(C,N,0)	(C,N,0)
ADF	-5.17	-7.55	-5.51
P 值	0.00	0.00	0.00
平稳性	平稳		
时间段	2008年1月-2013年12月		
原序列	HLJ	GD	SD
(C,T,P)	(C,N,2)	(C,N,0)	(C,T,1)
ADF	-1.25	0.84	-2.23
P 值	0.65	0.80	0.46
平稳性	非平稳		
一阶差分序列	ΔHLJ	ΔGD	ΔSD
(C,T,P)	(C,T,1)	(C,T,1)	(C,T,0)
ADF	-6.42	-6.11	-6.04
P 值	0.00	0.00	0.00
平稳性	平稳		

注:(1)检验形式(C,T,P)分别代表截距项、时间趋势项和滞后阶数,若存在截距项则记为 C,若存在时间趋势项则记为 T,若不存在截距项或趋势项则记为 N,滞后阶数按 AIC

最小信息准则选取。(2)P值为ADF统计量的伴随概率。(3)表中2-12行是2008年以前的原序列和一阶差分序列的ADF单位根检验结果,表中13-22行是是2008年以后的原序列和一阶差分序列的ADF单位根检验结果。

由表5-12可知,2008年以前和2008年以来的数据均显示,主产区的代表省份黑龙江(HLJ)、主销区的代表省份广东(GD)、既是主产区又是主销区的代表省份山东(SD)三者的玉米消费价格原始序列均未通过单位根检验,但其一阶差分序列均通过检验属于平稳序列。

(2) VEC模型

表5-13 黑龙江—广东—山东三省Johansen协整检验变量的最大滞后阶数

最大滞后阶数	单位根在圆外数	Log likelihood	AIC	SC	VAR	选择
2008年以前(2003年1月至2007年12月)						
1	0	-867.12	29.80	30.22	稳态	根据AIC信息准则,确定模型的最大滞后期为3
2	0	-843.96	29.82	30.57	稳态	
3	0	-816.41	29.70	30.77	稳态	
4	0	-797.93	29.89	31.30	稳态	
5	0	-780.76	30.14	31.89	稳态	
6	0	-761.21	30.30	32.40	稳态	
2008年以后(2008年1月至2013年12月)						
1	0	-1087.24	30.96	31.35	稳态	根据AIC信息准则,确定模型的最大滞后期为6
2	0	-1050.87	30.62	31.30	稳态	
3	0	-1023.03	30.52	31.49	稳态	
4	0	-1004.71	30.70	31.97	稳态	
5	0	-979.89	30.68	32.26	稳态	
6	0	-949.89	30.51	32.40	稳态	

表5-13可知:对2008年以前和2008年以后的数据进行Johansen协整检验时,当依次测试滞后期为1~6时,均没有在圆外的单位根。因此,三个变量间建立的无约束VAR模型均是稳态的。本文选择AIC信息准则,确定2008年以前黑龙江—广东—山东三省间协整检验的最优滞后阶数取3,而2008年以后三省间协整检验的最优滞后阶数取6。接下来对模型的形式进行确定,计量结果如表5-14所示。

表 5-14 黑龙江—广东—山东三省之间 Johansen 协整检验模型的选择

模型形式		1	2	3	4	5
2008 年以前(2003 年 1 月至 2007 年 12 月)						
观测数:56 滞后区间:1 to 3	迹统计量	1	1	1	0	1
	最大特征根	1	1	1	1	1
	AIC	29.94	29.927*	29.93	29.97	30.02
	SC	31.13*	31.16	31.23	1.31	31.43
2008 年以后(2008 年 1 月至 2013 年 12 月)						
观测数:69 滞后区间:1 至 6	迹统计量	2	2	2	1	2
	最大特征根	2	2	2	1	2
	AIC	30.66	30.623*	30.625	30.66	30.68
	SC	31.44*	31.50	31.60	31.64	31.75

由表 5-14 可知,本文选择根据 AIC 信息准则,决定 2008 年以前(2003 年 1 月至 2007 年 12 月)和 2008 年以后(2008 年 1 月至 2013 年 12 月)黑龙江(HLJ)、广东(GD)和山东(SD)三省之间玉米价格的 Johansen 协整检验模型均选择第二种形式,即无附加项和形势趋势但有截距。在此基础上可以建立三个变量之间的 VEC 模型,并在此基础上进行脉冲响应函数和方差分解分析。

(3)脉冲响应函数

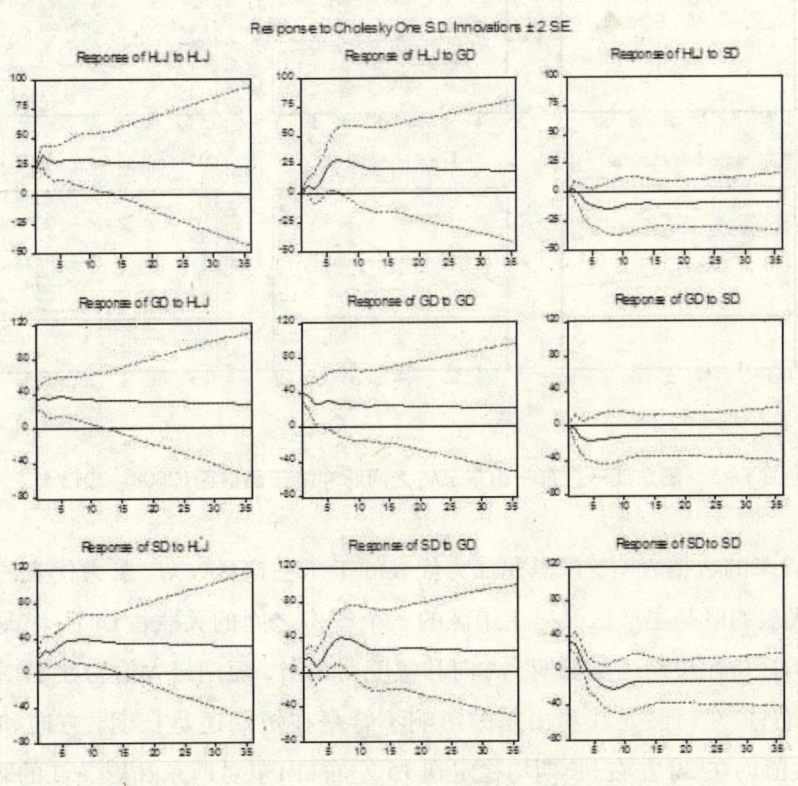

图 5-2 黑龙江—广东—山东三省之间脉冲响应函数(2003-2007 年)

通过 2008 年以前的数据得出黑龙江、广东和山东三省之间玉米消费价格的脉冲响应函数,可以得出:以黑龙江为代表的玉米主产区、以广东为代表的玉米主销区和以山东为代表的既是主产区又是主销区的三个省份之间的关联性如下:黑龙江对广东和山东的影响不管是在短期还是长期,方向和幅度均相当,短期最大值均在 36 以上、长期均稳定在 28 以上;广东短期内对黑龙江的影响要大于山东(黑龙江第 7 期达到 29.14、山东第 2 期达到 17.10);山东对广东和黑龙江的影响均为负,且稳定在 -10 左右。

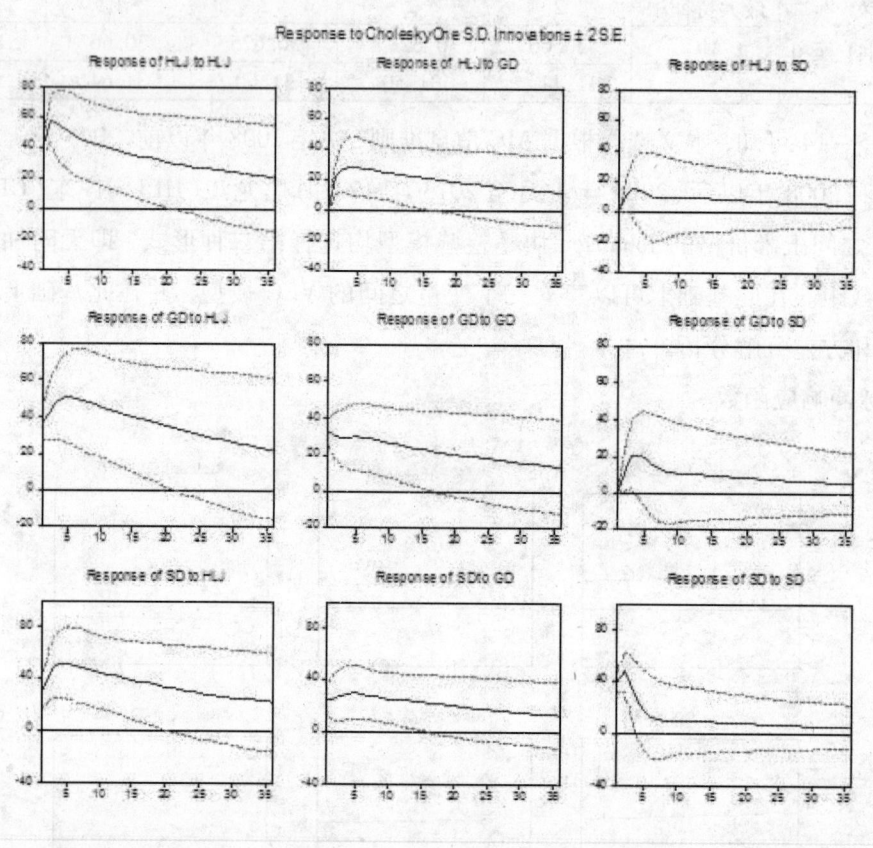

图 5-3　黑龙江—广东—山东三省之间脉冲响应函数图(2008-2013 年)

2008 年以来的数据表明,以黑龙江为代表的玉米主产区、以广东为代表的玉米主销区和以山东为代表的既是主产区又是主销区的三个省份之间的关联性如下:黑龙江对广东和山东的影响不管是在短期还是长期,方向和幅度均相当,短期最大值均在 51 左右,长期均稳定在 30 左右;广东对黑龙江和山东的影响不管是在短期还是长期,方向和幅度也均相当,短期最大值均在 30 左右、长期均稳定在 15 左右;山东对广东和黑龙江的影响,短期内广东要比黑龙江稍大(广东第 4 期最大 20.79、黑龙江第 3 期最大 15.31),长期内对广东和黑龙江的影响方向相同且幅度相当,均稳定在 5 左右。

(4) 方差分解

表 5-15　　黑龙江—广东—山东三省玉米价格方差分解 (2003-2007 年)

周期	对黑龙江价格方差分解（贡献度%）			对广东价格方差分解（贡献度%）			对山东价格方差分解（贡献度%）		
	HLJ	GD	SD	HLJ	GD	SD	HLJ	GD	SD
1	100.00	0.00	0.00	43.91	56.09	0.00	18.48	19.40	62.12
2	97.00	2.78	0.22	47.85	52.14	0.01	24.63	22.27	53.10
3	96.43	2.48	1.10	51.16	48.13	0.72	30.64	21.83	47.53
4	92.77	3.83	3.40	51.43	46.87	1.69	34.91	28.10	36.98
5	85.76	8.65	5.58	50.77	47.25	1.98	35.75	38.59	25.66
6	79.92	12.20	7.88	50.52	47.35	2.13	36.59	44.61	18.79
7	75.96	14.05	9.99	50.73	47.03	2.23	38.08	47.09	14.83
8	73.53	15.11	11.36	51.09	46.68	2.23	39.57	47.93	12.50
9	72.32	15.67	12.00	51.41	46.42	2.17	40.83	48.24	10.93
10	71.88	15.92	12.19	51.67	46.26	2.07	41.87	48.40	9.73
11	71.88	15.98	12.13	51.87	46.15	1.98	42.72	48.49	8.78
12	72.10	15.93	11.97	52.02	46.08	1.90	43.40	48.55	8.04
13	72.38	15.83	11.78	52.14	46.03	1.83	43.92	48.62	7.45
14	72.63	15.75	11.62	52.21	46.01	1.78	44.31	48.73	6.97
15	72.80	15.70	11.50	52.26	45.99	1.75	44.58	48.87	6.55
16	72.89	15.69	11.42	52.29	45.98	1.73	44.79	49.04	6.17
17	72.90	15.70	11.40	52.31	45.97	1.72	44.96	49.22	5.83
18	72.86	15.74	11.40	52.34	45.95	1.72	45.09	49.38	5.52
19	72.79	15.78	11.42	52.36	45.93	1.71	45.22	49.52	5.25
20	72.72	15.83	11.45	52.40	45.90	1.70	45.35	49.64	5.02
21	72.66	15.87	11.47	52.43	45.88	1.69	45.47	49.73	4.80
22	72.62	15.90	11.49	52.46	45.86	1.68	45.60	49.80	4.60
23	72.60	15.91	11.49	52.49	45.84	1.67	45.72	49.86	4.42
24	72.60	15.92	11.48	52.52	45.82	1.65	45.84	49.91	4.26
25	72.61	15.93	11.46	52.55	45.81	1.64	45.95	49.95	4.10
26	72.62	15.93	11.45	52.57	45.80	1.63	46.04	50.00	3.96
27	72.63	15.93	11.44	52.59	45.79	1.62	46.13	50.04	3.83
28	72.64	15.93	11.42	52.61	45.78	1.61	46.20	50.09	3.71
29	72.64	15.94	11.42	52.62	45.77	1.61	46.27	50.14	3.59

续表

30	72.64	15.95	11.41	52.63	45.76	1.60	46.33	50.18	3.49
31	72.64	15.95	11.41	52.65	45.76	1.60	46.39	50.22	3.39
32	72.63	15.96	11.41	52.66	45.75	1.59	46.44	50.25	3.30
33	72.62	15.97	11.41	52.67	45.74	1.59	46.49	50.29	3.22
34	72.62	15.98	11.41	52.69	45.73	1.58	46.54	50.32	3.14
35	72.61	15.98	11.40	52.70	45.73	1.58	46.59	50.34	3.07
36	72.61	15.99	11.40	52.71	45.72	1.57	46.63	50.37	2.99
长期平均贡献度	75.93	13.99	10.08	51.79	46.58	1.64	42.34	46.06	11.60
最大贡献度	100.00	15.99	11.49	52.71	56.09	2.23	46.63	50.37	62.12
最小贡献度	72.61	0.00	0.00	43.91	45.72	0.00	18.48	19.40	2.99

注：(1) EVIEWS 软件中选取滞后期为36个月；(2) 长期平均贡献度指的是滞后1~36个月的平均值。

2008年以前的数据表明，作为主销区代表的广东和作为既是主产区又是主销区代表的山东的价格形成高度依赖于作为主产区代表的黑龙江的价格，黑龙江对广东和山东玉米价格形成的平均贡献度分别为51.79%和42.34%；而广东和山东对黑龙江玉米价格形成的平均贡献度分别为13.99%和10.08%。广东对山东玉米价格形成的平均贡献度为46.06%，而山东对广东玉米价格形成的平均贡献度仅为1.64%。

表5-16　黑龙江—广东—山东三省玉米价格方差分解(2008-2013年)

周期	对黑龙江价格方差分解（贡献度%）			对广东价格方差分解（贡献度%）			对山东价格方差分解（贡献度%）		
	HLJ	GD	SD	HLJ	GD	SD	HLJ	GD	SD
1	100.00	0.00	0.00	53.58	46.42	0.00	35.38	22.21	42.42
2	91.81	5.59	2.60	62.03	33.38	4.59	41.43	16.66	41.91
3	88.93	6.33	4.74	66.62	25.95	7.42	49.58	16.30	34.12
4	87.29	7.68	5.03	67.57	23.59	8.84	55.80	15.41	28.79
5	85.15	9.41	5.44	67.43	22.16	10.42	60.02	14.01	25.97
6	83.08	10.48	6.44	67.45	20.91	11.64	62.59	13.19	24.21
7	80.97	11.35	7.68	67.49	19.99	12.53	64.02	12.92	23.06
8	79.01	12.08	8.91	67.59	19.15	13.26	64.91	12.88	22.22
9	77.53	12.51	9.96	67.79	18.42	13.78	65.54	12.91	21.55
10	76.50	12.72	10.78	68.04	17.82	14.14	66.02	12.95	21.02
11	75.77	12.81	11.42	68.28	17.32	14.40	66.40	12.98	20.62

续表

周期	对黑龙江价格方差分解（贡献度%）			对广东价格方差分解（贡献度%）			对山东价格方差分解（贡献度%）		
	HLJ	GD	SD	HLJ	GD	SD	HLJ	GD	SD
12	75.24	12.83	11.93	68.50	16.90	14.60	66.70	13.01	20.29
13	74.84	12.83	12.33	68.70	16.56	14.74	66.95	13.04	20.01
14	74.51	12.83	12.65	68.86	16.28	14.87	67.17	13.06	19.77
15	74.25	12.84	12.92	68.99	16.04	14.97	67.38	13.07	19.55
16	74.02	12.84	13.14	69.10	15.84	15.05	67.56	13.07	19.37
17	73.81	12.85	13.33	69.20	15.67	15.13	67.73	13.08	19.20
18	73.63	12.87	13.50	69.28	15.52	15.20	67.87	13.08	19.05
19	73.46	12.88	13.66	69.35	15.39	15.26	68.01	13.08	18.91
20	73.31	12.89	13.79	69.41	15.27	15.32	68.13	13.08	18.79
21	73.18	12.90	13.92	69.47	15.16	15.37	68.24	13.08	18.68
22	73.05	12.92	14.03	69.52	15.06	15.42	68.34	13.08	18.57
23	72.94	12.93	14.14	69.57	14.97	15.46	68.44	13.08	18.48
24	72.83	12.94	14.23	69.61	14.89	15.50	68.52	13.09	18.39
25	72.74	12.94	14.32	69.65	14.82	15.53	68.60	13.09	18.31
26	72.65	12.95	14.40	69.68	14.75	15.56	68.67	13.09	18.24
27	72.57	12.96	14.47	69.72	14.69	15.59	68.74	13.09	18.17
28	72.50	12.96	14.54	69.75	14.63	15.62	68.80	13.09	18.11
29	72.43	12.97	14.61	69.78	14.58	15.65	68.86	13.09	18.05
30	72.36	12.97	14.66	69.80	14.53	15.67	68.91	13.09	17.99
31	72.30	12.98	14.72	69.83	14.48	15.69	68.97	13.10	17.94
32	72.24	12.98	14.77	69.85	14.44	15.71	69.01	13.10	17.89
33	72.19	12.99	14.82	69.87	14.39	15.73	69.06	13.10	17.84
34	72.14	12.99	14.87	69.89	14.36	15.75	69.10	13.10	17.80
35	72.10	13.00	14.91	69.91	14.32	15.77	69.14	13.10	17.76
36	72.05	13.00	14.95	69.93	14.28	15.78	69.18	13.10	17.72
长期平均贡献度	76.48	11.78	11.74	68.34	11.86	13.78	64.99	13.60	21.41
最大贡献度	100.00	13.00	14.95	69.93	46.42	0.00	69.18	22.21	42.42
最小贡献度	72.05	0.00	0.00	53.58	14.28	15.78	35.38	13.10	17.72

注：(1) EVIEWS 软件中选取滞后期为36个月；(2) 长期平均贡献度指的是滞后 1~36 个月的平均值。

2008年以来的数据表明，作为主销区代表的广东和作为既是主产区又是主销区代表的山东的价格形成高度依赖于作为主产区代表的黑龙江的价格，黑龙江对广东和山东玉米价格形成的平均贡献度分别高达68.34%和64.99%；而广东和山东对黑龙江玉米价格的形成的平均贡献度差不多，分别为11.74%和11.78%；广东对山东玉米价格形成的平均贡献度为 22.21%，而山东对广东玉米价格形成的平均贡献度为 13.78%。

5.2.3 主产区内部的玉米消费价格间的相互影响

上一小节分析了中国玉米主产区、主销区和既是主产区又是主销区的三者之间的玉米消费价格的相互影响，得出中国以黑龙江为代表的玉米主产区对以广东为代表的玉米主销区和以山东为代表的既是主产区又是主销区的玉米价格的影响作用在 2008 年以后明显增强，黑龙江在广东和山东玉米价格形成中的贡献度在 2008 年以后也显著提高，分别达到 68.34% 和 64.99%。

鉴于主产区对于其他区域玉米消费价格形成的重要地位，本小节将进一步对中国玉米主产区内的消费价格进行研究，详细分析主产区内东北产区与华北产区间的玉米消费价格的相互影响机制。

（1）变量的 ADF 单位根检验

表 5-17　　　　　　　　变量的 ADF 单位根检验

变量	东北产区	华北产区
时间段	2003 年 1 月至 2007 年 12 月	
原序列	DBCQ	HBCQ
(C,T,P)	(C,T,5)	(C,T,1)
ADF	-2.65	-1.46
P 值	0.26	0.83
平稳性	非平稳	
一阶差分序列	ΔDBCQ	ΔHBCQ
(C,T,P)	(C,N,1)	(C,N,0)
ADF	-5.68	-5.44
P 值	0.00	0.00
平稳性	平稳	
时间段	2008 年 1 月至 2013 年 12 月	
原序列	DBCQ	HBCQ
(C,T,P)	(N,N,2)	(C,T,1)
ADF	1.46	-1.15
P 值	0.96	0.69
平稳性	非平稳	
一阶差分序列	ΔDBCQ	ΔHBCQ
(C,T,P)	(N,N,1)	(C,T,1)
ADF	-6.27	-5.41
P 值	0.00	0.00
平稳性	平稳	

注：表中字母代表情况说明同表 5-12。

根据表 5-17 表可知,2008 年以前和 2008 年以来的数据均显示,东北主产区和华北主产区的玉米消费价格原始序列均未通过单位根检验,但其一阶差分序列均通过检验属于平稳序列。

(2) VEC 模型

表 5-18　东北产区与华北产区的 Johansen 协整检验变量的最大滞后阶数

最大滞后阶数	单位根在圆外数	Log likelihood	AIC	SC	VAR	选择
2008 年以前(2003 年 1 月至 2007 年 12 月)						
1	0	-550.77	18.87	19.08	稳态	根据 AIC 信息准则,确定模型的最大滞后期为 2
2	0	-537.21	18.86	19.22	稳态	
3	0	-524.37	18.89	19.39	稳态	
4	0	-511.89	18.92	19.58	稳态	
5	0	-502.67	19.08	19.88	稳态	
6	0	-488.89	19.07	20.03	稳态	
2008 年以后(2008 年 1 月至 2013 年 12 月)						
1	0	-730.63	20.75	20.94	稳态	根据 AIC 和 SC 信息准则,均确定模型的最大滞后期为 3
2	0	-709.07	20.54	20.87	稳态	
3	0	-688.85	20.37	20.83	稳态	
4	0	-678.17	20.48	21.06	稳态	
5	0	-665.04	20.51	21.23	稳态	
6	0	-652.04	20.55	21.41	稳态	

从表 5-18 可知:在对 2008 年以前和 2008 年以后的数据进行 Johansen 协整检验时,当依次测试滞后期为 1~6 时,均没有在圆外的单位根。因此,东北产区和华北产区间价格序列建立的无约束 VAR 模型均是稳态的。本文选择 AIC 信息准则,确定 2008 年以前东北产区和华北产区价格间的协整检验最优滞后阶数取 2,而 2008 年以后二者间协整检验的最优滞后阶数取 3。接下来对模型的形式进行确定,计量结果如表 5-19 所示。

表 5-19　　东北产区与华北产区 Johansen 协整检验模型的选择

模型形式		1	2	3	4	5
2008 年以前(2003 年 1 月至 2007 年 12 月)						
观测数:56 滞后区间:1 至 2	迹统计量	1	0	0	0	0
	最大特征根	0	0	0	0	0
	AIC	18.89*	18.92	18.93	18.93	18.95
	SC	19.38*	19.38*	19.47	19.47	19.60
+2008 年以后(2008 年 1 月至 2013 年 12 月)						
观测数:68 滞后区间:1 至 3	迹统计量	1	1	1	0	1
	最大特征根	1	1	1	1	1
	AIC	20.47*	20.50	20.50	20.52	20.54
	SC	21.00*	21.05*	21.08	21.14	21.20

由表 5-19 可知,本文选择根据 AIC 信息准则,决定 2008 年以前(2003 年 1 月至 2007 年 12 月)和 2008 年以后(2008 年 1 月至 2013 年 12 月)东北产区和华北产区之间玉米价格的 Johansen 协整检验模型均选择第一种形式,即无附加项并无截距和线性趋势。在此基础上可以建立两个变量之间的 VEC 模型,并在此基础上进行脉冲响应函数和方差分解分析。

(3)脉冲响应函数

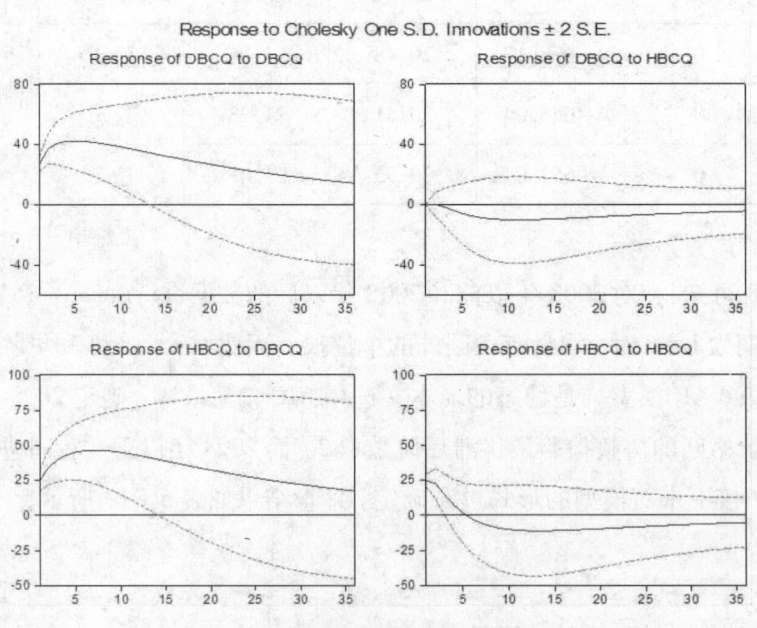

图 5-4　东北产区与华北产区间的脉冲响应函数(2003—2007 年)

2008年以前的数据表明：东北产区和华北产区的玉米价格存在一定的关联性，但影响较弱，东北产区对于华北产区的影响远远大于华北产区对东北产区的影响，同时东北产区给华北产区带来同向的影响，但华北产区却给东北产区带来负向的影响；当东北产区的玉米价格受到正向的冲击，会在7个周期内使得华北产区玉米价格上涨42.54%，并使长期内的上涨稳定在14%以上；而当华北产区的玉米价格受到正的冲击时，却使得东北产区负向变动，稳定在 -4% 至 -10% 的水平。

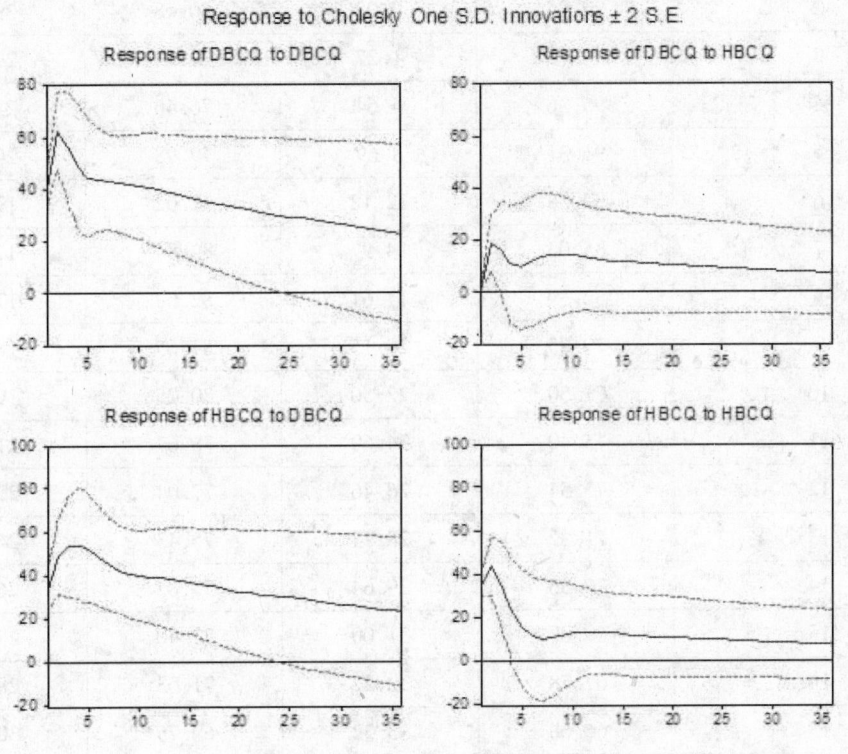

图5-5　东北产区与华北产区间的脉冲响应函数(2008—2013年)

2008年以来的数据表明：东北产区和华北产区的玉米价格关联性强，无论是哪个产区的价格受到冲击，均会对另一个产区玉米价格的形成带来同向的影响。但是无论是从短期还是从长期来看，东北产区对华北产区的玉米价格影响均比华北产区对东北产区的玉米价格影响更大；当东北产区的玉米价格受到正向的冲击，会在短期内使得华北产区玉米价格上涨54%，并使长期内的上涨稳定在20%以上；而当华北产区的玉米价格受到正的冲击时，会在短期内使得东北产区玉米价格上涨18.8%，并在长期内使上涨稳定在10%左右。

(4) 方差分解

表 5-20　　　东北产区与华北产区玉米价格的方差分解(2003—2007 年)

周期	对东北产区玉米价格的方差分解（贡献度 %）		对华北产区玉米价格的方差分解（贡献度 %）	
	东北产区自身	华北产区	东北产区	华北产区自身
1	100.00	0.00	45.79	54.21
2	99.95	0.05	60.48	39.52
3	98.73	1.27	70.54	29.46
4	95.36	4.64	76.46	23.54
5	91.31	8.69	79.98	20.02
6	87.88	12.12	82.02	17.98
7	85.03	14.97	82.84	17.16
8	82.39	17.61	82.62	17.38
9	79.85	20.15	81.65	18.35
10	77.50	22.50	80.25	19.75
11	75.40	24.60	78.67	21.33
12	73.54	26.46	77.04	22.96
13	71.87	28.13	75.43	24.57
14	70.36	29.64	73.87	26.13
15	69.00	31.00	72.40	27.60
16	67.78	32.22	71.03	28.97
17	66.68	33.32	69.75	30.25
18	65.68	34.32	68.58	31.42
19	64.78	35.22	67.50	32.50
20	63.96	36.04	66.51	33.49
21	63.21	36.79	65.60	34.40
22	62.52	37.48	64.76	35.24
23	61.90	38.10	64.00	36.00
24	61.32	38.68	63.29	36.71
25	60.79	39.21	62.64	37.36
26	60.31	39.69	62.04	37.96
27	59.86	40.14	61.49	38.51
28	59.44	40.56	60.98	39.02
29	59.06	40.94	60.51	39.49

续表

周期	对东北产区玉米价格的方差分解（贡献度%）		对华北产区玉米价格的方差分解（贡献度%）	
	东北产区自身	华北产区	东北产区	华北产区自身
30	58.70	41.30	60.07	39.93
31	58.36	41.64	59.66	40.34
32	58.05	41.95	59.28	40.72
33	57.76	42.24	58.93	41.07
34	57.49	42.51	58.60	41.40
35	57.24	42.76	58.29	41.71
36	57.00	43.00	58.00	42.00
长期平均贡献度(%)	70.56	29.44	67.82	32.18
最大贡献度(%)	100.00	43	82.84	54.21
最小贡献度(%)	57.00	0	45.79	17.16

注：(1)EVIEWS软件中选取滞后期为36个月；(2)长期平均贡献度指的是滞后1~36个月的平均值。

2008年以前的数据表明：东北产区的玉米价格形成主要来自于东北产区本身，华北产区对其的影响平均为29.44%，但呈现缓慢上升趋势；而华北产区的玉米价格形成却受到东北产区的很大影响，平均贡献度达到67.82%。

表5-21　东北产区与华北产区玉米价格的方差分解(2008—2013年)

周期	对东北产区玉米价格的方差分解（贡献度%）		对华北产区玉米价格的方差分解（贡献度%）	
	东北产区自身	华北产区	东北产区	华北产区自身
1	100.00	0.00	50.87	49.13
2	92.27	7.73	55.97	44.03
3	90.28	9.72	61.64	38.36
4	89.86	10.14	66.74	33.26
5	89.18	10.82	70.09	29.91
6	87.69	12.31	71.96	28.04
7	85.86	14.14	72.92	27.08
8	84.26	15.74	73.36	26.64
9	83.03	16.97	73.51	26.49
10	82.16	17.84	73.58	26.42
11	81.56	18.44	73.67	26.33
12	81.12	18.88	73.81	26.19

续表

周期	对东北产区玉米价格的方差分解（贡献度%）		对华北产区玉米价格的方差分解（贡献度%）	
	东北产区自身	华北产区	东北产区	华北产区自身
13	80.77	19.23	73.99	26.01
14	80.46	19.54	74.17	25.83
15	80.17	19.83	74.33	25.67
16	79.90	20.10	74.46	25.54
17	79.65	20.35	74.56	25.44
18	79.44	20.56	74.64	25.36
19	79.25	20.75	74.71	25.29
20	79.08	20.92	74.77	25.23
21	78.94	21.06	74.83	25.17
22	78.81	21.19	74.89	25.11
23	78.69	21.31	74.94	25.06
24	78.58	21.42	74.99	25.01
25	78.48	21.52	75.04	24.96
26	78.38	21.62	75.08	24.92
27	78.30	21.70	75.12	24.88
28	78.22	21.78	75.16	24.84
29	78.14	21.86	75.19	24.81
30	78.07	21.93	75.22	24.78
31	78.01	21.99	75.25	24.75
32	77.95	22.05	75.28	24.72
33	77.89	22.11	75.30	24.70
34	77.84	22.16	75.33	24.67
35	77.79	22.21	75.35	24.65
36	77.74	22.26	75.37	24.63
长期平均贡献度	81.61	18.39	72.67	27.33
最大贡献度	100.00	22.26	75.37	49.13
最小贡献度	77.74	0	50.87	24.63

注：(1)EVIEWS 软件中选取滞后期为 36 个月；(2)长期平均贡献度指的是滞后 1~36 个月的平均值。

2008 年以来的数据表明：东北产区的玉米价格形成主要来自于东北产区本身，华北产区对其的影响较小，平均仅为 18.39%，但呈现缓慢上升趋势；而华北产区的玉米价格形成却受到东北产区的很大影响，平均达到 72.67%，且呈现缓慢上升趋势。

5.2.4 研究小结

本小节探索了中国玉米消费价格在省际区域间的相互影响机制,由于数据分析表明 2008 年以来中国玉米消费价格变动幅度加大,因此重点探讨了 2008 年以来的情况,同时根据数据的可获得性,与 2008 年以前的阶段进行了对比分析。研究从两个方面展开:首先研究了主产区—主销区—既是主产区又是主销区的三个区域之间的价格相互影响情况,其中以黑龙江作为主产区的代表省份、广东作为主销区的代表省份、山东作为既是主产区又是主销区的代表省份;然后根据研究得出结论——主产区在其他区域的玉米消费价格形成和变动中具有重要影响,又进一步对玉米主产区中的东北产区和华北产区间的价格相互影响机制进行了研究。

在对主产区—主销区—既是主产区又是主销区的三个区域之间的玉米消费价格的相互影响情况进行研究后得出以下结论:

(1) 2008 年以来,在中国区域间玉米消费价格的形成中,主产区的玉米价格发挥了基础性作用,主产区对其他区域的价格影响不管是在短期内还是在长期内均相当显著。主销区的代表省份广东和既是主产区又是主销区的代表省份山东的价格形成均高度依赖于作为主产区代表省份黑龙江的价格,黑龙江对广东和山东玉米价格变动形成的平均贡献度分别高达 68.34% 和 64.99%,而其他区域对主产区价格形成的贡献度仅为 11% 左右。

(2) 与 2008 年以前的情况相比,2008 年以来,中国主产区与其他区域之间的玉米消费价格的关联度增强,尤其是表现在主产区对其他区域价格形成的影响程度逐渐增强上。

分析得出了主产区玉米消费价格在中国玉米区域间价格形成中的重要作用,接下来对主产区中的东北产区和华北产区之间的玉米消费价格的相互影响机制进行了研究,得出以下结论:

(1) 2008 年以来,东北产区的玉米消费价格形成主要来自于东北产区自身的因素,华北产区对其的影响较小,平均贡献度仅为 18.39%,但呈现缓慢上升趋势;而华北产区的玉米消费价格形成却受到东北产区的很大影响,平均达到 72.67%,也呈现缓慢上升趋势。

(2) 2008 年以来,东北产区与华北产区之间价格关联度增强,尤其表现在东北产区对华北产区的影响逐渐加快加大上:①脉冲响应函数表明,2008 年以前,东北产区对华北产区玉米价格的影响是同向的,短期内最大值为 42.54(第 7 期),长期稳定在 14 以上的水平;而 2008 年以后,东北产区对华北产区的影响依然是同向的,但速度快且幅度增大,短期内最大值为 54(第 4 期),长期稳定在 20 以上的水平。②方差分解表明,2008 年以前,东北产区对华北产区玉米价格形成的平均贡献度为 67.82%,而 2008 年以后的数据则表明这一贡献度的提高,达到 72.67%。

5.3 本章小结

本章从国内省际区域比较的视角研究了中国玉米消费状况,分别从两个方面展开:首先,分析中国玉米消费的区域分布情况,重点分析了玉米饲用消费和工业深加工消费的区域分布情况;然后,研究不同区域间玉米消费价格相互影响关系。此处的区域分类按照中储粮网站的统计数据:中国玉米主产区省份有黑龙江、吉林、辽宁、内蒙古、山东、河南、河北、四川,主销区省份有辽宁、山东、河南、河北、广东、四川、湖南、湖北、江苏、江西、福建、上海、浙江等,既是主产区又是主销区的省份有辽宁、山东、河南、河北、四川。

经过对中国玉米消费的区域分布情况的分析,可得出以下结论:

(1) 从整体消费数量上看,中国目前玉米消费量最大的省份是山东、河南、吉林、河北、广东、四川、辽宁、黑龙江和内蒙古,其中东北和华北地区占到全国玉米消费量的一半以上。

(2) 对中国玉米饲用消费的区域分布情况分析得出:中国玉米饲用消费量在中国玉米主产区的比重呈现下降趋势,主销区的比重在增加,而主销区主要在华北和长江流域。

中国玉米主产区的玉米饲用消费量从2003年的3844万吨增加到2011年的6536万吨,总计增加了2693万吨,年均增幅8%;但占比呈现下降的趋势,从2003年的52%降为2011年的48%。

中国玉米主销区的玉米饲用消费量从2003年的3537万吨增加到2011年的6989万吨,总计增加了3452万吨,年均增幅11%;占比呈现增加的趋势,从2003年的48%增加到了2011年的52%。

中国既是主产区又是主销区的省份玉米饲用消费量从2003年的2899万吨增加到2011年的5013万吨,总计增加了2114万吨,年均增幅8%;占比呈现下降的趋势,从2003年的39%降到2011年的37%。

(3) 中国玉米工业深加工消费往传统的玉米主产区集中,占到全国的64%,其中玉米淀粉的玉米消耗量占到全国的72.6%、玉米酒精的玉米消耗量占到全国的65.5%。同时,部分传统的玉米主产省也开始变成玉米工业深加工的主销省份,这样的省份主要是山东、辽宁、河南、河北和四川五省。在这一区域中,玉米工业深加工的消费量占全国的一半以上——50.4%,尤其是玉米淀粉的玉米消费量在这一区域占比很高,达72.6%,玉米酒精的玉米消费量稍微少些,占全国的22.8%。

对中国不同区域间玉米消费价格相互影响关系进行分析,可得出以下结论:

(1)关于主产区—主销区—既是主产区又是主销区的省份间的玉米消费价格的相互影响情况:2008年以来,在中国区域间玉米消费价格的形成和变动中,主产区的玉米消费价格发挥了基础性作用,主产区对其他区域的价格影响不管是在短期内还是在长期内均相当显著。与2008年以前的情况相比,2008年以来,中国玉米主产区的消费价格与其他区域之间的关联度增强,尤其是表现在主产区对其他区域价格形成的影响程度逐渐增强上。

(2)关于主产区中的东北产区和华北产区间的玉米消费价格间的相互影响情况:2008年以来,东北产区的玉米价格形成主要来自于东北产区自身的因素,华北产区对其的影响较小,平均贡献度仅为18.39%,但呈现缓慢上升的趋势;而华北产区的玉米价格形成却受到东北产区的很大影响,平均达到72.67%,也呈现缓慢上升的趋势。与2008年以前相比,2008年以来,东北产区与华北产区之间价格关联度增强,尤其表现在东北产区对华北产区的影响逐渐加快加大上:2008年以前,东北产区对华北产区玉米价格形成的平均贡献度为67.82%,而2008年以后的数据则表明这一贡献度的提高,达到72.67%。

本章研究了中国玉米消费量在不同区域间的分布情况以及不同区域间的玉米消费价格的相互影响关系,均出现中国玉米主产区在中国玉米消费经济中的重要地位和作用,无论是中国玉米工业深加工向传统主产区集中,还是价格分析中得出的结论——中国玉米主产区尤其是东北主产区的玉米消费价格在中国其他区域间乃至全国范围内的玉米价格形成中处于非常重要的地位,两者均表明了这样一个结论:在关注中国玉米消费经济时,要重点关注中国玉米主产区尤其是东北主产区的玉米消费经济。中国玉米主产区尤其是东北主产区应成为政策关注的重点,这也与目前国家的政策指向是一致的。

第 6 章

中国玉米消费经济：内部消费结构视角——饲用消费

前文对中国玉米消费经济的研究分别从国际比较的视角、国内省际区域比较的视角进行了分析，本章开始将从中国玉米消费的内部结构的视角展开研究。由于中国玉米消费的主要结构为玉米饲用消费、工业深加工消费、食用消费和种用消费，而历史数据分析表明，中国饲用消费和工业深加工消费的总量几乎占到全国玉米消费总量的90%，而食用消费稳定在5%左右、种用消费稳定在1%左右。因此，在对中国玉米消费经济的内部消费结构进行分析时，将重点分析饲用消费产业和工业深加工消费产业。第6章将从饲用消费产业的视角对中国玉米消费经济的内部消费结构进行分析，第7章将从工业深加工的视角对中国玉米消费经济的内部消费结构进行分析。本章包括三部分，首先对中国玉米饲用消费总量与结构进行分析，然后对中国玉米饲料加工业的效率进行分析评价，最后对中国玉米饲用消费产业链上代表性价格间的相互影响关系进行研究。

6.1 中国玉米饲用消费总量与结构分析

表 6-1　　　　　　　　　中国饲料产量及结构　　　　　　　　单位：万吨；%

年份	全国	配合饲料	占比	浓缩饲料	占比	添加剂预混饲料	占比
2002	8319	6239	75	1764	21	316	4
2003	8712	6428	74	1958	22	326	4
2004	9660	7031	73	2224	23	406	4
2005	10732	7762	72	2498	23	472	4
2006	11059	8117	73	2456	22	486	4
2007	12331	9319	76	2491	20	521	4

续表

年份	全国	配合饲料	占比	浓缩饲料	占比	添加剂预混饲料	占比
2008	13667	10590	77	2531	19	546	4
2009	14813	11535	78	2686	18	592	4
2010	16202	12974	80	2648	16	579	4
2011	18063	14915	83	2543	14	605	3
2015	20000	16800	84	2600	13	600	3
年均增幅	10	12	—	3	—	6	—

数据来源:2002—2011年的数据来源于《中国饲料工业年鉴》;2015年数据来源于农业部农业贸易促进中心课题组的论文《中国玉米产业面临的挑战与政策选择》一文中提到的中国饲料工业协会网站《饲料工业"十二五"发展规划》。

根据表6-1可知,2002年以来,全国饲料总产量年均增幅10%,2015年将达到2亿吨,其中配合饲料年均增幅12%、浓缩饲料年均增幅3%、添加剂预混饲料年均增幅6%;再从占比上看,配合饲料的占比呈现增加的趋势,浓缩饲料和添加剂预混料的占比均呈现下降的趋势,浓缩料占比下降比较大。这说明,2002—2015年,在中国饲料产量的增加量中,配合饲料所占的比重越来越大。

表6-2　　　　　2002—2011年中国配合饲料总量与结构　　　　　单位:万吨;%

年份	配合饲料总计	猪饲料	占比	蛋禽料	占比	肉禽料	占比	水产料	占比	反刍料	占比	其他	占比
2002	6239	1962	31	1391	22	1883	30	676	11	178	3	149	2
2003	6428	2130	33	1433	22	1832	28	701	11	204	3	128	2
2004	7031	2333	33	1384	20	2219	32	787	11	188	3	119	2
2005	7762	2561	33	1429	18	2427	31	984	13	236	3	124	2
2006	8117	2397	30	1568	19	2509	31	1202	15	271	3	170	2
2007	9319	2411	26	1820	20	3270	35	1287	14	350	4	180	2
2008	10590	2887	27	1943	18	3687	35	1356	13	367	3	187	2
2009	11535	3363	29	2065	18	4104	36	1426	12	383	3	193	2
2010	12974	4112	32	2320	18	4354	34	1474	11	493	4	222	2
2011	14915	5050	34	2520	17	4898	33	1652	11	535	4	260	2
年均增幅	14	16		8		16		14		20		7	

数据来源:《中国饲料工业年鉴》。

再看中国配合饲料的结构变动情况,中国配合饲料主要包括猪饲料、蛋禽料、肉禽料、水产料、反刍料等。2002—2011年的十年间,中国配合饲料年均增幅为14%,其中反刍料年均增幅最大为20%,其次是猪料和肉禽料为16%、水产料为14%,蛋禽料增幅最小为8%;再从各自的占比情况看,猪料和肉禽料几乎各占33%的比重,蛋禽料占17%、水产料占11%,反刍料占比最小为4%。从占比的趋势上看,呈现增加趋势的是猪料、肉禽料和反刍料,水产料占比保持不变为11%,蛋禽料占比呈现下降趋势。

表6-3　　　　　　　　中国玉米饲用消费总量与结构　　　　　　　　单位:万吨;%

年份	全国	配合饲料	占比	浓缩饲料	占比
2002	6918	3743	54	3175	46
2003	7381	3857	52	3525	48
2004	8222	4218	51	4004	49
2005	9154	4657	51	4497	49
2006	9291	4870	52	4421	48
2007	10075	5591	55	4484	45
2008	10910	6354	58	4556	42
2009	11756	6921	59	4835	41
2010	12551	7785	62	4767	38
2011	13526	8949	66	4577	34
2015	14760	10080	68	4680	32
年均增幅	8	12		3	

数据来源:笔者根据表6-1换算所得;换算方法:配合饲料中玉米添加比例约60%,1单位浓缩饲料需要1.8单位玉米,预混饲料不需玉米。

再将饲料产量换算成玉米的消费量,根据《中国玉米产业面临的挑战与政策选择——农业部农业贸易促进中心课题组》一文中提到的"配合饲料中玉米添加比例约60%,1单位浓缩饲料需要1.8单位玉米,预混饲料不需玉米"的信息来进行换算。换算出的结果如表6-3所示:2002—2015年的14年间,中国玉米饲用消费总量年均增幅为8%,其中配合饲料的年均增幅为12%,而浓缩饲料的年均增幅为3%;再从占比变动看,中国玉米配合饲料的消费量占比呈现增加的趋势(从54%上升到68%),而浓缩饲料的玉米消费量占比呈现减少的趋势(从46%下降到32%)。

上述分析表明:以2011年数据为例,中国玉米饲用消费量占到全国玉米消费总量的60%以上,虽然与历史数据相比占比有所下降,但总量仍保持着年均8%左右的增幅;中国饲料产量中配合饲料占比为83%(增加的趋势)、浓缩饲料占比为14%(减少的趋势),添加剂预混料仅占3%(减少的趋势);配合饲料中猪料占比为34%(增加的趋势),肉禽料占比为33%(增加的趋势),蛋禽料占比为17%(减少的趋势),水产料占比为11%(多年来几乎保持不变),反刍料占比为4%(增加的趋势)。因此,中国玉米的饲用消费量也主要集中在配合饲料上,配合饲料的玉米消费量占比为66%(增加的趋势)、浓缩料的玉米消费占34%(减少的趋势);配合饲料中的玉米消费又主要是在猪饲料、肉禽料、蛋禽料上,水产料和反刍料占比较小且变动也不大。

接下来,将对中国玉米饲用消费产业的效率进行评价。

6.2 中国玉米饲用消费产业的生产效率分析

本小节首先运用DEA分析中最基本的C^2R模型从整体上对中国玉米饲料加工业的综合效率进行分析,然后运用C^2GS^2模型分析中国饲料加工业的技术效率,最后在C^2R模型的基础上测算中国玉米饲料加工业的规模效率。

6.2.1 研究方法与模型

Farrel. M. J(1957)指出,厂商的经济效率由技术效率和配置效率两部分组成,技术效率反映厂商在给定的投入产出条件下获得最大产出的能力,配置效率反映在给定投入品价格的条件下厂商合理使用投入物的能力。Charnes A 和 Cooper W W 等(1978)发展了Farrel的效率评估的观点,将其推广到多种投入、多种产出的情况,运用数学线性规划模型的方法求解效率,将其命名为数据包络分析(Data Envelopment Analysis,DEA)。DEA方法在处理多输入和多输出问题方面具有优势,并且无须估计生产函数,从而避免了因错误的函数形式而带来的问题;同时DEA方法由于可以直接利用生产的统计数据,排除了市场价格因素的干扰,具有一定的客观性和适用性。

DEA方法中的C^2R模型是对决策单元的规模效率和技术有效性同时进行评价,C^2GS^2模型在C^2R模型的基础上发展而来,不仅可以正确估计出有效的生产边界,而且可对每个生产单元是否技术有效进行判断,并且可以在此基础上计算其技术效率的大小。

如果某个评价系统共有n个决策单元(简称DUM),每个决策单元都是有m种投入和k种产出,第i个DUM的投入量和产出量X_i、Y_i分别表示m维和k维的投入产出向量。如果规模报酬不变,加入松弛变量和非阿基米德无穷小,就可以得到DEA分析中的C^2R模型:

$$\min[\theta_e - \varepsilon(e_1^T \text{IS} + e_2^T \text{OS})]$$

$$\text{S.T} \begin{cases} \sum_{i=1}^n \lambda_i X_i + \text{IS} = \theta_e X_0 \\ \sum_{i=1}^n \lambda_i X_i - \text{OS} = Y_0 \end{cases}$$

$$\lambda_I \geq 0, i = 1, 2, \cdots, n; \text{IS} \geq 0, \text{OS} \geq 0$$

公式中e_1、$e_2 \in R_k$分别为m和k维单位向量,X_0、Y_0表示被评价的DUM0的投入和产出向量。IS 和 OS 分别表示对 DMU0 进行结构调整的松弛变量。若该模型的解 θ_e^*，λ^*，IS^*，OS^*，如果 $\theta_e^* = 1$ 且 $IS^* = OS^* = 0$，说明该决策单元 DUM0 是 DEA 有效的，即同时达到了技术有效和规模有效；否则，可以计算 DUM0 在有效前沿生产面上的投影，得出非有效决策单元投入产出的目标值。

在 C^2R 模型上发展起来的 C^2GS^2 模型可以单纯地评价决策单元是否技术有效，方法是在 C^2R 模型中加入一个约束条件 $\sum_{i=1}^{n}\lambda_i = 1$，目标函数和其他的均不变。而在 C^2GS^2 模型中，如果 $\theta_e^* = 1$ 且 $IS^* = OS^* = 0$，说明该决策单元 DUM0 是 DEA 有效的，即达到了技术有效；如果 $\theta_e^* = 1$ 但 $IS^* \neq 0$ 且 $OS^* \neq 0$，说明该决策单元 DUM0 是 DEA 弱技术有效，是指在不减少产出前提下，无法缩小投入规模，但由于投入或产出结构不合理，造成结构非技术有效，有结构技术效率的损失；如果 $\theta_e^* < 1$ 时，说明该生产单元为非技术有效，这是存在投入规模不经济的问题，如果同时存在 $IS^* \neq 0$ 和 $OS^* \neq 0$，则说明该生产单元还存在着投入或产出结构不合理，则需要对投入或产出的比例进行调整。在若技术有效和非技术有效的情况下，也可以计算得出非有效决策单元投入产出的目标值，分析影响技术效率发挥的主要因素和原因。

利用 C^2R 模型可以判断一个决策单元的综合生产效率，即是否同时技术有效且规模有效；利用 C^2GS^2 模型可以判断一个决策单元是否纯粹技术有效；而利用 C^2R 模型的最优解也可以计算一个决策单元 DUM0 的规模收益。根据综合生产效率等于纯技术效率和规模效率的乘积，可以得到一个决策单元的规模效率值，这个值如果等于 1 说明评价对象规模收益不变，若小于 1 说明规模收益递增，若大于 1 则说明规模收益递减。

6.2.2 数据来源与处理

本小节在利用 C^2R 模型和 C^2GS^2 模型计算中国玉米饲料加工业的综合生产效率、纯技术效率和规模效率时，选择工业总产值和饲料产量作为产出数据，固定资产净值、全部从业人员数和原料玉米投入量作为投入数据。工业总产值、全部从业人员和固定资产净值数据来源于《中国食品工业年鉴》，饲料产量来自于《中国饲料工业年鉴》，玉米投入量根据如下方法换算而来：根据农业部农业贸易促进中心课题组论文《中国玉米产业面临的挑战与政策选择》中提到的"配合饲料中玉米添加比例约60%，1 单位浓缩饲料需要 1.8 单位玉米，预混饲料不需玉米"的信息换算。

表6-4　　　　　　　　　　中国饲料加工业投入产出数据

	工业总产值 （万元）	饲料产量 （万吨）	全部从业人员 平均人数（人）	固定资产净值 （万元）	原料玉米投入量 （万吨）
2004	11838843	9660	184693	1528193	8222
2005	15768286	10732	224034	1801806	9154
2006	18095561	11059	233840	2078329	9291
2007	25830669	12331	277717	2782273	10075
2008	37612573	13667	340050	3925445	10910
2009	43989333	14813	383775	4970630	11756
2010	55564945	16202	428805	6736186	12551
2011	72630579	18063	444512	12425403	13526

数据来源：中国食品工业年鉴、中国饲料工业年鉴。

6.2.3 实证分析与结果

（1）中国饲料加工业的综合生产效率。以每个年份作为决策单元，把投入产出数据带入 C^2R 模型。模型估计结果如表6-5所示。其中 s_1、s_2、s_3、t_1、t_2 为松弛变量，s_1、s_2、s_3 分别表示劳动力（用全部从业人员数表示）、资本（用固定资产净值表示）和原料（用玉米投入量表示）未被充分利用的部分，即有 s_1、s_2、s_3 那么多的投入要素未获得相应的产出；t_1、t_2 表示工业总产值和饲料产量两个指标的不足部分。

表6-5　　　　　　　　　　C^2R 模型的估计结果

年份	y	t_1	t_2	s_1	s_2	s_3
2004	1.000	0.000	0.000	0.000	0.000	0.000
2005	1.000	0.000	0.000	0.000	0.000	0.000
2006	0.998	41752	26	2152	4784	21
2007	1.000	0.000	0.000	0.000	0.000	0.000
2008	1.000	0.000	0.000	0.000	0.000	0.000
2009	0.995	641999	74	6685	24611	58
2010	1.000	0.000	0.000	0.000	0.000	0.000
2011	1.000	0.000	0.000	0.000	0.000	0.000

根据表6-5可知，在2004—2011年的8年间，有6年达到了最高的生产效率，资源得到了充分利用。但2006年和2009年由于投入和产出的结构不合理，生产效率有所下降，资源未得到充分利用：根据模型估计结果，2006年有2152人的劳动力投入、4784万元的资本投入和21万吨的原料投入未被充分利用，有41752万元的工业总产值和26万吨的

饲料产量未能实现。

根据模型计算得到这两个非有效决策单元的投入和产出该如何调整，如表6-6所示。

表6-6 非有效决策单元的投入产出调整

年份	产出调整		投入调整		
	工业总产值(万元)	产量(万吨)	劳动(人)	固定资产(万元)	原料玉米(万吨)
2006	41752	26	2152	4784	21
2009	641999	73	6685	24611	58

从非有效决策单元的投入和产出调整表可知，2006年和2009年中国饲料加工业固定资产投资较导致该决策单元没能达到最优效率的原因，2009年比2006年的综合生产效率低，2009年固定资产净值未被利用的部分是2006年的5倍多、劳动力未被充分利用的数量是2006年的3倍多、原料的投入量未被充分利用的部分是2006年的近3倍。但2009年以后的2010年和2011年两年，中国玉米饲料加工业经过调整，综合生产效率又开始提高到最优水平。

(2)中国饲料加工业的技术效率。技术效率衡量的是在给定产出能够实现的前提下，和生产可能性集合中生产等量产出的投入量相比，其投入还有很大的节约余地，余地越大，说明技术效率越低。在C^2R模型上发展起来的C^2GS^2模型可以单纯地评价决策单元是否技术有效，方法是在C^2R模型中加入一个约束条件$\sum_{i=1}^{n}\lambda_i=1$，目标函数和其他的均不变。$C^2GS^2$模型估计的结果如下表所示。

表6-7 C^2GS^2模型估计结果

年份	y	t_1	t_2	s_1	s_2	s_3
2004	1.000	0.000	0.000	0.000	0.000	0.000
2005	1.000	0.000	0.000	0.000	0.000	0.000
2006	1.000	0.000	0.000	0.000	0.000	0.000
2007	1.000	0.000	0.000	0.000	0.000	0.000
2008	1.000	0.000	0.000	0.000	0.000	0.000
2009	1.000	0.000	0.000	0.000	0.000	0.000
2010	1.000	0.000	0.000	0.000	0.000	0.000
2011	1.000	0.000	0.000	0.000	0.000	0.000

根据表6-7可知，2004到2011年的8年间，中国饲料加工业的技术效率值均为1，这表明中国饲料加工业的技术效率是很高的，这些年份的投入产出组合位于前沿面上，生产要素获得了充分利用，要素的组合达到最佳，取得了最大的产出效果。

(3)中国饲料加工业的规模效率。从规模报酬的角度看，C^2R模型是在不变规模报酬下得到的综合生产效率，包括技术效率和规模效率两个方面。C^2GS^2是在可变规模报酬下得到的纯技术效率。因此，根据综合生产效率等于纯技术效率和规模效率的乘积，可以得到一个决策单元的规模效率值,这个值如果等于1说明评价对象规模收益不变,若小于1说明规模收益递增,若大于1则说明规模收益递减。计算结果如表6-8所示。

表6-8　　　　　　　　中国玉米饲料加工业的规模效率

年份	综合生产效率	纯技术效率	规模效率	规模收益状况
2004	1.000	1.000	1.000	—
2005	1.000	1.000	1.000	—
2006	0.998	1.000	0.998	递增
2007	1.000	1.000	1.000	—
2008	1.000	1.000	1.000	—
2009	0.995	1.000	0.995	递增
2010	1.000	1.000	1.000	—
2011	1.000	1.000	1.000	—
平均值	0.999	1.000	0.999	—

根据表6-8可知,在样本的8年中,2006年和2008年是规模收益递增,其他年份是规模收益不变。这说明,扩大规模可以从一定程度上提高整个行业的收益,显示行业集中度的提高是有必要的。

6.2.4 研究小结

通过对中国玉米饲料加工业的综合生产效率、纯技术效率和规模效率进行分析可以看出,中国玉米饲料加工业的技术效率是很高的,但规模效率还有待提高。因此,通过行业集中度的提高来扩大企业规模,从一定程度上说是提高整个行业收益的可行途径。

6.3 中国玉米饲用消费产业链上代表性价格间的相互影响

前文分析了中国玉米饲用消费产业的加工效率,本小节将对中国玉米饲用消费产业链上代表性价格间的相互影响机制进行研究。玉米的饲用消费一直占全国总消费量的60%以上,而且玉米饲用消费总量还在逐年增加。因此,玉米饲用消费产业链值得重点关注。而价格是市场经济中调节供需最有效的指挥棒,因此,本小节将重点考察玉米饲用消费产业链上代表性产品价格间的相互影响关系,同样将分析的重点放在2008年以来的情况。

6.3.1 数据来源与方法

对中国玉米饲用消费产业链上代表性价格间的相互影响情况进行研究时,将分别考察从生产到流通再到消费的代表性价格,其中用玉米全国收购均价来表示玉米的生产环节价格，数据来源于全国粮油价格监测系统；用玉米全国批发市场均价来表示玉米的流通环节价格，饲用消费环节的玉米价格用育肥猪配合饲料价格和生猪出场价来表示，数据均来源于安信证券农业周报数据2014年1月6日周报。将变量的时间段分成2003年1月至2007年12月（2008年以前）和2008年1月至2013年12月（2008年以后），在计量分析上将分别进行分析，得出对比结论。本小节将继续沿用前文的分析方法，利用脉冲响应函数和方差分解两种方法来研究价格序列变量间的相互影响关系。计量模型的结果通过EViews6.0软件回归而得（高铁梅，2006）。

6.3.2 实证分析与结果

(1) 变量的ADF单位根检验

表6-9　　　　　　　　　　变量ADF单位根检验

变量	收购价格	批发价格	饲料价格	生猪价格
时间段	2003年1月至2007年12月			
原序列	SG	PF	SL	SZ
(C,T,P)	(C,T,1)	(N,N,1)	(C,N,1)	(C,N,2)
ADF	-2.47	2.30	2.43	1.28
P值	0.34	0.99	0.99	0.99
平稳性	非平稳			
一阶差分序列	ΔSG	ΔPF	ΔSL	ΔSZ
(C,T,P)	(N,N,0)	(C,N,1)	(C,N,0)	(C,T,1)
ADF	-4.20	-5.83	-7.05	-5.34
P值	0.00	0.00	0.00	0.00
平稳性	平稳			
时间段	2008年1月至2013年12月			
原序列	SG	PF	SL	SZ
(C,T,P)	(N,N,0)	(N,N,2)	(N,N,1)	(N,N,2)
ADF	1.49	1.36	1.00	-0.48
P值	0.97	0.96	0.92	0.50
平稳性	非平稳			
一阶差分序列	ΔSG	ΔPF	ΔSL	ΔSZ
(C,T,P)	(N,N,0)	(N,N,0)	(N,N,0)	(C,T,1)
ADF	-6.42	-4.53	-5.56	-6.20
P值	0.00	0.00	0.00	0.00
平稳性	平稳			

注：表中字母代表情况说明同表5-11。

由表6-9可知,2008年以前和2008年以来,玉米全国收购均价(SG)、玉米全国批发市场均价(PF)、饲料价格(SL)、生猪出场价(SZ)的原始序列均未通过单位根检验,但其一阶差分序列均通过检验,属于平稳序列。

(2)VEC模型

表6-10　饲用消费产业链上价格Johansen协整检验中变量的最大滞后阶数

最大滞后阶数	单位根在圆外数	Log likelihood	AIC	SC	VAR	选择
2008年以前(2003年1月至2007年12月)						
1	0	-1274.86	43.89	44.60	稳态	根据AIC信息准则,确定模型中变量的最大滞后期为3
2	0	-1229.69	43.64	44.92	稳态	
3	0	-1191.32	43.63	45.49	稳态	
4	1	-1145.68	43.35	45.81	非稳态	
5	1	-1098.24	42.99	46.06	非稳态	
6	1	-1055.22	42.79	46.47	非稳态	
2008年以后(2008年1月至2013年12月)						
1	0	-1629.10	46.45	47.09	稳态	根据AIC信息准则,确定模型中变量的最大滞后期为4
2	0	-1579.94	46.17	47.33	稳态	
3	0	-1542.24	46.21	47.89	稳态	
4	0	-1497.97	46.06	48.28	稳态	
5	0	-1464.05	46.21	48.97	稳态	
6	0	-1430.43	46.38	49.69	稳态	

从表6-10可知,在对2008年以前的数据进行Johansen协整检验时,根据AIC信息准则,玉米收购价格(SG)、批发价格(PF)、饲料价格(SL)和生猪价格(SZ)之间的玉米价格之间建立的无约束VAR模型中变量的最优滞后阶数取3。在对2008年以后的数据进行Johansen协整检验时,根据AIC信息准则,玉米收购价格(SG)、批发价格(PF)、饲料价格(SL)和生猪价格(SZ)之间的玉米价格之间建立的无约束VAR模型中变量的最优滞后阶数取4。

接下来对模型的形式进行确定,计量结果如表6-11所示。

表 6-11　　　饲用消费产业链上价格 Johansen 协整检验模型的选择

模型形式		1	2	3	4	5
2008 年以前(2003 年 1 月至 2007 年 12 月)						
观测数:56 滞后区间:1 至 3	迹统计量	3	2	2	2	4
	最大特征根	2	2	2	1	2
	AIC	43.64	43.59	43.57*	43.63	43.70
	SC	45.75*	45.79	45.89	45.96	46.16
2008 年以后(2008 年 1 月至 2013 年 12 月)						
观测数:67 滞后区间:1 至 4	迹统计量	0	1	1	2	2
	最大特征根	0	1	1	2	2
	AIC	46.46	46.33	46.34	46.03*	46.05
	SC	48.54*	48.54*	48.73	48.73	48.94

由表 6-11 可知，本文选择根据 AIC 信息准则，2008 年以前玉米收购价格(SG)、批发价格(PF)、饲料价格(SL)和生猪价格(SZ)之间 Johansen 协整检验模型选择第三种形式，即无线性趋势和有截距；2008 年以后(2008 年 1 月至 2013 年 12 月)的模型选择第四种形式，即有线性趋势和有截距。

(3)脉冲响应函数

①2008 年以前的脉冲响应函数

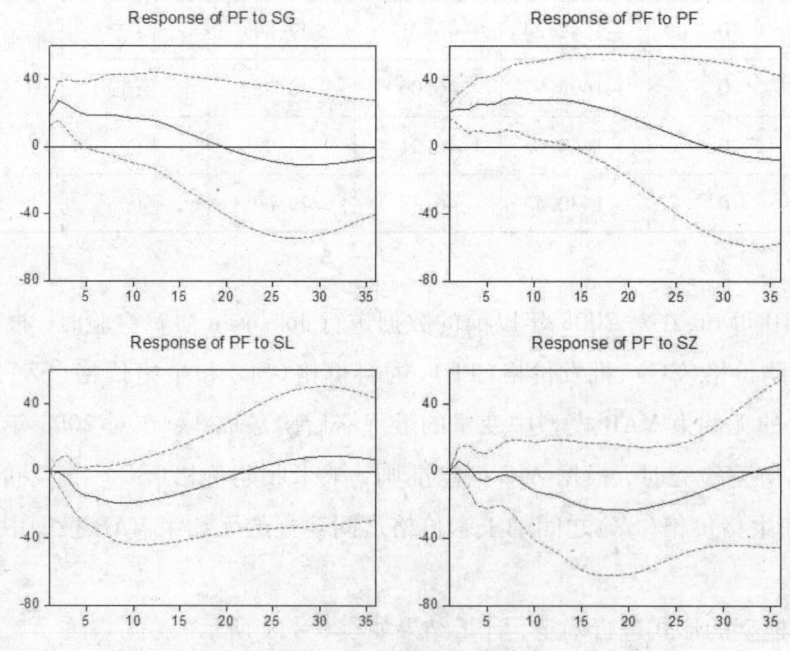

图 6-1　玉米批发价格的脉冲响应函数(2003—2007 年)

·· 第6章 中国玉米消费经济：内部消费结构视角——饲用消费

2008年以前的数据得出的批发价格（PF）对其上游收购价格（SG）和下游饲料价格（SL）、生猪价格（SZ）冲击的脉冲响应函数，从图6-1中可以看出：

当玉米收购价格受到外部的某一冲击后，经市场传递给批发价格，先给批发价格带来持续19期的同向冲击，而后转为负向冲击，36期内的平均冲击为4.44。

当饲料价格受外部条件的某一冲击后，经市场传递给玉米批发价格，给批发价格先带来22期的负向冲击而后转为正向冲击，36期内的平均冲击为-4.07。

当生猪价格受外部条件的某一冲击后，经市场传递给玉米批发价格，给批发价格先带来3期的小幅同向冲击，而后带来长达30期的负向向冲击，36期内的平均冲击为-10.58。

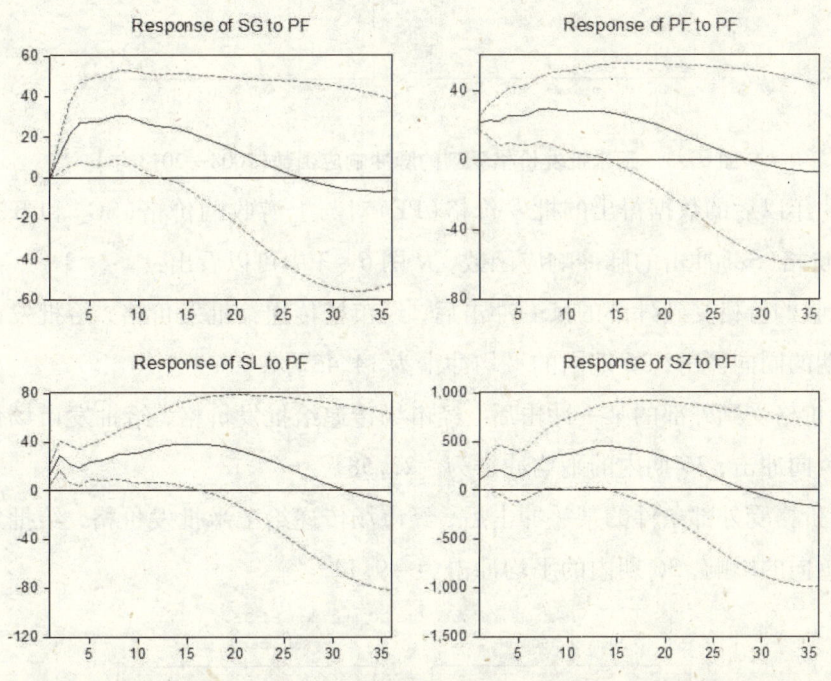

图6-2 玉米批发价格引起的脉冲响应函数（2003—2007年）

2008年以前的数据得出的当玉米批发价格受到外部的冲击后，对上游收购价格（SG）和下游饲料价格（SL）、生猪价格（SZ）造成的脉冲响应函数，从图6-2中可以看出：

当玉米批发价格受到外部的某一冲击后，经市场传递给上游收购价格，给收购价格带来长达26期的同向冲击，36期内的平均冲击为11.84。

当玉米批发价格受到外部的某一冲击后，经市场传递给下游饲料价格，给饲料价格带来长达31期的同向的冲击，36期内的平均冲击为21.13。

当玉米批发价格受到外部的某一冲击后，经市场传递给下游生猪价格，给饲料价格带来非常大的同向冲击，36期内的平均冲击为188.40。

②2008年以后的脉冲响应函数

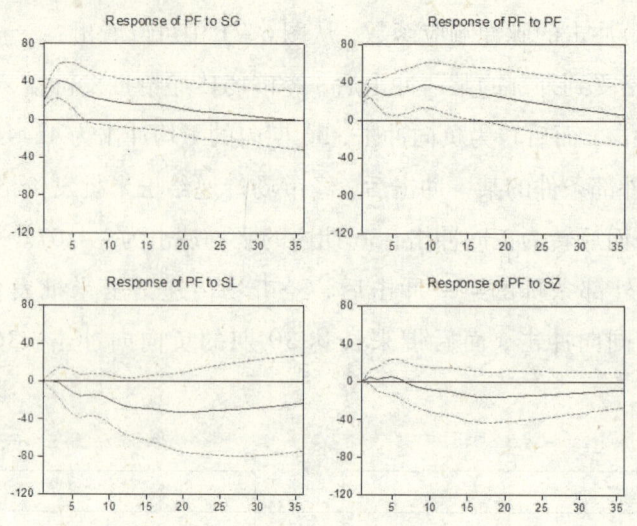

图6-3 玉米批发价格受到的脉冲响应函数(2008—2013年)

从2008年以后的数据得出的批发价格(PF)对与上游收购价格(SG)和下游饲料价格(SL)、生猪价格(SZ)冲击的脉冲响应函数，从图6-3中可以看出：

当玉米收购价格受到外部的某一冲击后，经市场传递给批发价格，给批发市场价格带来长达34期的同向冲击，36期内的平均冲击为14.45。

当饲料价格受到外部的某一冲击后，经市场传递给批发价格，给批发市场价格带来长达36期的负向冲击，36期内的平均冲击为-23.58。

当生猪价格受外部条件的某一冲击后，经市场传递给玉米批发价格，给批发价格主要带来30期负向的影响，36期内的平均冲击为-9.14。

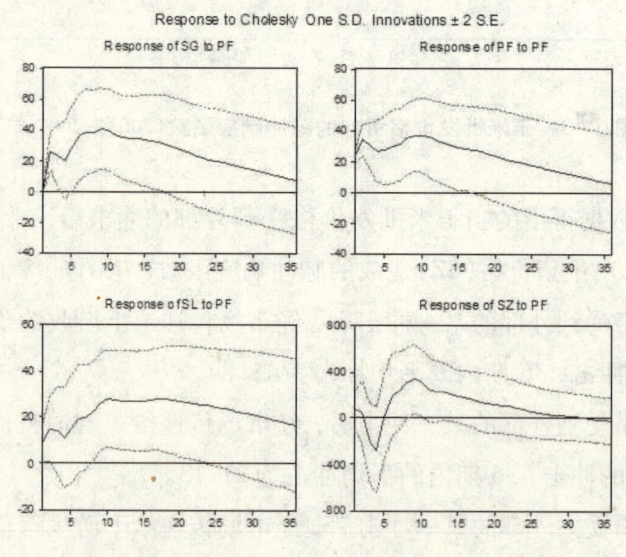

图6-4 玉米批发价格引起的脉冲响应函数(2008—2013年)

从 2008 年以后的数据得出的当玉米批发价格受到外部的冲击后，对上游收购价格（SG）和下游饲料价格（SL）、生猪价格（SZ）造成的脉冲响应函数，从图 6-4 中可以看出：

当玉米批发价格受到外部的某一冲击后，经市场传递给上游收购价格，给收购价格带来长达 3 年的同向的冲击，36 期内的平均冲击为 24.30。

当玉米批发价格受到外部的某一冲击后，经市场传递给下游饲料价格，给饲料价格带来长达 3 年的同向的冲击，36 期内的平均冲击为 22.37。

当玉米批发价格受到外部的某一冲击后，经市场传递给下游生猪价格，给饲料价格带来长达 30 期较大的同向冲击，36 期内的平均冲击为 93.92。

（4）方差分解

表 6-12　　　　　玉米饲用消费产业链上玉米批发价格的方差分解

周期	2008 年前（2003—2007 年）				2008 年后（2008—2013 年）			
	SG	PF	SL	SZ	SG	PF	SL	SZ
1	47.80	52.20	0.00	0.00	26.81	73.19	0.00	0.00
2	56.49	42.67	0.04	0.80	24.94	72.94	2.04	0.08
3	57.27	41.45	0.18	1.10	26.42	69.28	3.86	0.44
4	57.68	40.12	1.22	0.97	27.46	67.97	3.91	0.67
5	58.04	38.33	2.02	1.62	26.80	68.37	3.72	1.12
6	57.71	38.10	2.62	1.56	26.26	68.81	3.76	1.16
7	56.03	39.22	3.44	1.32	26.93	66.89	5.07	1.11
8	54.26	40.10	4.38	1.26	28.30	61.92	8.69	1.10
9	53.30	40.31	5.27	1.12	29.80	54.13	14.75	1.32
10	53.10	39.89	5.98	1.02	30.29	46.14	21.85	1.73
11	53.45	39.09	6.51	0.95	29.31	40.19	28.26	2.23
12	54.00	38.21	6.93	0.86	27.71	36.78	33.04	2.48
13	54.45	37.37	7.31	0.87	26.00	34.75	36.81	2.44
14	54.86	36.59	7.67	0.88	24.36	33.05	40.30	2.29
15	55.33	35.83	8.00	0.84	22.71	31.12	43.97	2.20
16	55.85	35.10	8.28	0.77	20.94	28.91	47.92	2.23
17	56.29	34.45	8.54	0.72	19.15	26.55	51.96	2.34
18	56.59	33.94	8.78	0.69	17.60	24.21	55.73	2.46
19	56.73	33.55	9.04	0.68	16.41	22.03	59.03	2.53
20	56.82	33.22	9.29	0.67	15.55	20.11	61.83	2.52

续表

周期	2008年前(2003—2007年)				2008年后(2008—2013年)			
	SG	PF	SL	SZ	SG	PF	SL	SZ
21	56.93	32.89	9.53	0.65	14.88	18.50	64.18	2.44
22	57.08	32.56	9.75	0.62	14.29	17.21	66.17	2.33
23	57.24	32.23	9.94	0.60	13.71	16.24	67.83	2.22
24	57.38	31.93	10.11	0.59	13.14	15.50	69.21	2.14
25	57.49	31.65	10.27	0.59	12.63	14.92	70.35	2.10
26	57.61	31.38	10.42	0.59	12.17	14.42	71.32	2.10
27	57.74	31.13	10.56	0.57	11.76	13.94	72.17	2.13
28	57.88	30.87	10.68	0.56	11.36	13.48	72.97	2.19
31	58.19	30.25	11.01	0.55	10.43	12.10	75.18	2.30
32	58.26	30.08	11.11	0.55	10.25	11.66	75.81	2.28
33	58.34	29.92	11.21	0.54	10.09	11.27	76.40	2.24
34	58.41	29.76	11.30	0.53	9.94	10.92	76.94	2.19
35	58.48	29.61	11.38	0.53	9.77	10.62	77.46	2.15
36	58.54	29.47	11.46	0.53	9.59	10.36	77.94	2.11
平均贡献度(%)	56.44	35.13	7.66	0.77	18.87	32.33	46.91	1.89
最大贡献度(%)	58.54	52.20	11.46	1.62	30.29	73.19	77.94	2.53
最大贡献期数(%)	36	1	36	5	10	1	36	19

注:(1)EVIEWS软件中选取滞后期为36个月;(2)长期平均贡献度指的是滞后1~36个月的平均值。

比较2008年以前和以后的玉米批发价格的方差分解结果,可以得出:不考虑玉米批发价格自身的贡献度,2008年以前,玉米批发价格变动中平均贡献度最大的是收购价格,为56.44%,其次是饲料价格,为7.66%,生猪价格的平均贡献度非常小,仅为0.77%;而2008年以来,玉米批发价格变动中平均贡献度最大的变成饲料价格,达到46.91%,其次是收购价格,为18.87%,生猪价格的平均贡献度依然很低,仅为1.89%。

该方差分解结果比较分析的结果充分证明了2008年以来,在玉米饲用消费链中,下游的饲料价格对玉米批发价格的影响显著增强,平均贡献度增加约40个百分点,最大贡献度增加约66个百分点;生猪价格对玉米批发价格变动的贡献度仅增加约1个百分点,影响依然较低;与此同时,上游的玉米收购价格对玉米批发价格的影响却明显下降,平均贡献度下降37个百分点、最大贡献度下降28个百分点。

6.3.3 研究小结

前文对2008年以前及2008年以后玉米饲用消费产业链上的代表价格数据进行了脉冲响应函数和方差分解分析,两项研究均表明:2008年以来,中国玉米批发价格受到来自于上下游的影响明显增强。①脉冲响应函数表明,上游的玉米收购价格和下游的饲料价格对玉米批发价格的影响无论是从平均冲击值还是从最大冲击值看,2008年以后均显著增强。②方差分解表明,2008年以来,在玉米饲用消费链中,下游的饲料价格对玉米批发价格的影响显著增强,平均贡献度增加约40个百分点;而生猪价格对玉米批发价格变动的贡献度仅增加约1个百分点,影响依然较低。

同时,脉冲响应函数分析还得出,中国玉米饲用消费产业链上代表性价格间的相互影响具有非对称性特点,玉米批发价格对其上下游的价格影响明显要强于上下游对玉米批发价格的影响。

6.4 本章小结

前文对中国玉米消费经济的研究分别从国际比较的视角、国内省际区域比较的视角进行了分析,本章从中国玉米消费结构内部比较的视角分析了中国玉米消费经济。本章重点分析的是玉米饲用消费经济,首先对中国玉米饲用消费总量与结构进行分析,然后对中国玉米饲料加工业的效率进行评价与分析,最后研究了中国玉米饲用消费产业链上代表性价格间的相互影响情况。研究得出以下结论:

(1)关于中国玉米饲用消费总量与结构变化

以2011年数据为例,中国玉米饲用消费量占到全国玉米消费总量的60%以上,虽然与历史数据相比占比有所下降,但按总量仍保持着年均8%左右的增幅;中国饲料产量中配合饲料占比83%(增加的趋势)、浓缩饲料占比14%(减少的趋势),添加剂预混料仅占3%(减少的趋势);配合饲料中猪饲料占比34%(增加的趋势),肉禽料占比33%(增加的趋势),蛋禽料占比17%(减少的趋势),水产料占比11%(多年来几乎保持不变),反刍料占比4%(增加的趋势)。因此,中国玉米的饲用消费量也主要集中在配合饲料上,配合饲料的玉米消费量占比66%(增加的趋势)、浓缩料的玉米消费占34%(减少的趋势);配合饲料中的玉米消费又主要是在猪饲料、肉禽料、蛋禽料上,水产料和反刍料占比较小且变动也不大。

(2)关于中国玉米饲用消费产业的生产效率

利用 C^2R 模型和 C^2GS^2 模型计算中国玉米饲料加工业的综合生产效率、纯技术效率和规模效率，选择工业总产值和饲料产量作为产出数据，固定资产净值、全部从业人员数和原料玉米投入量作为投入数据，分析得出，中国饲料加工业的技术效率是很高的，但规模效率还有待提高。因此，通过行业集中度的提高来扩大企业规模，在一定程度上是提高整个行业收益的一个可行途径。

(3) 关于中国玉米饲用消费产业链上代表性价格间的相互影响情况

对中国玉米饲用消费产业链上代表性价格间的相互影响情况进行研究时，分别考察了从生产到流通再到消费的代表性价格间的相互影响机制，研究得出：①2008年以来，中国玉米批发价格受到来自于上下游的影响明显增强。脉冲响应函数表明，上游的玉米收购价格和下游的饲料价格对玉米批发价格的影响无论是从平均冲击值还是从最大冲击值看，2008年以后均显著增强。②中国玉米饲用消费产业链上代表性价格间相互影响情况具有非对称性特点，玉米批发价格对其上下游的价格影响明显要强于上下游对玉米批发价格的影响。

上述研究结论表明：中国玉米的饲用消费将继续处于最重要地位，而其中配合饲料的比重越来越大，中国玉米饲用消费将主要是配合饲料的玉米消费；中国玉米饲料加工业的技术效率处于比较高的水平，但规模效率有待提高，因此行业整合可能成为未来行业发展的趋势，行业集中度提高也可能成为提高行业收益的一条有效途径；要更加注意中国玉米饲用消费产业链上的价格影响机制，以玉米批发价格代表的玉米消费价格对下游产品饲料价格的影响要大于下游产品饲料价格对玉米消费价格的影响，但二者之间相互影响的程度自2008年以来都显著增强。因此，在关注中国玉米消费经济时，对饲用消费产业链间的相互影响的关注很重要，对饲料加工业的行业规模的关注亦很重要。

第7章

中国玉米消费经济：内部消费结构视角
——工业深加工消费

研究从国际比较、国内省际区域比较和消费结构内部比较的视角对中国玉米消费经济进行了分析，其中对中国玉米消费经济的内部消费结构进行分析时，将重点分析饲用消费产业和工业深加工消费产业。本书第6章从饲用消费产业的视角进行了分析，本章将从工业深加工的视角对中国玉米消费经济的内部消费结构进行分析。

中国玉米工业深加工产品主要有两大系列，分别是淀粉系列和酒精系列，其中淀粉系列产品包括原淀粉和以淀粉为原料的各种深加工产品，例如变性淀粉、淀粉糖、味精、氨基酸、乳酸和柠檬酸等，而酒精系列产品按照用途主要是燃料酒精、食用酒精和工业酒精，中国玉米主要生产食用酒精和燃料乙醇。

本章包括三部分内容，首先对中国玉米工业深加工的消费总量与结构进行分析，其次分别对淀粉系列产品和酒精系列产品的行业生产效率进行分析评价。最后，将以中国玉米淀粉的消费产业链为代表，对中国玉米工业深加工消费产业链上的代表性价格间的相互影响关系进行分析。

7.1 中国玉米工业深加工消费总量与结构分析

中国玉米工业深加工产品主要有两大系列，分别是淀粉系列和酒精系列，其中淀粉系列产品包括原淀粉和以淀粉为原料的各种变性淀粉、淀粉糖、味精、氨基酸、乳酸和柠檬酸等，而酒精系列产品按照用途主要是燃料酒精、食用酒精和工业酒精。其中，淀粉系列产品和酒精系列产品的玉米消费量按照以下方式换算：根据国家在《关于促进玉米深加工业健康发展的指导意见》中提出的新建、扩建玉米深加工项目能耗要求规定,生产酒精玉米消耗应该小于3.15,而实际生产中的一般技术标准是3.3,因此酒精与玉米的折算比按照3.3确定。同样根据该指导意见,玉米淀粉的原料消耗比要不大于1.5,因此在计算时取1.5[①]。

表7-1　　　　　　中国玉米工业深加工消费总量与结构　　　　单位:万吨;%

年份	工业消费	淀粉系列	占比	酒精系列	占比	其他
2002	1336	937	70	360	27	39
2003	1389	894	64	454	33	41
2004	1794	1185	66	556	31	53
2005	2497	1733	69	691	28	73
2006	3616	2388	66	1122	31	106
2007	4308	2854	66	1327	31	127
2008	4363	2816	65	1419	33	128
2009	4741	3166	67	1436	30	139
2010	4903	3215	66	1544	31	144
年均增幅	30	27	—	37	—	30

数据来源:《中国食品工业年鉴》;2012年山东农业大学徐杰博士论文《基于"系统流"理论的中国玉米产业系统协调性研究》一文中的计算。

根据表7-1可知,2002—2010年的9年间,中国玉米工业深加工消费总量以年均30%的幅度增长,其中淀粉及其深加工产品的年均增幅为27%、酒精年均增幅为37%。中国工业深加工消费目前还是以淀粉及其深加工制品的玉米消耗为主,平均占到65%以上的比例;酒精系列产品的玉米消费量占到30%左右。从变动趋势看,淀粉及其制品的占比在下降,酒精及其制品的占比在增加。

本章接下来将分别对工业消费中的玉米淀粉系列产品的生产行业和酒精系列产品的生产行业的生产效率进行分析。

7.2 中国玉米深加工消费的淀粉系列产品行业的生产效率分析

7.2.1 中国玉米淀粉玉米消费的总量与结构

中国玉米淀粉工业起步晚、起点低,长期受粮食供给制约,发展缓慢。1956年,华药从苏联引进第一套淀粉装置,才算有了中国淀粉工业零的突破。但全国800余家小型淀粉厂分布

---

① 资料来源:2012年山东农业大学徐杰博士论文《基于"系统流"理论的中国玉米产业系统协调性研究》

于全国各地,产能小、产量低、消耗大、污染严重,到1991年底,全国淀粉产量才有1000万吨。

由于农村改革,粮食丰收,1985年中国第一次出现了"卖粮难",导致国家粮食政策逐步放开,从允许到鼓励玉米加工业发展。黄龙公司应运而生,于1991年投产,开创了引进国外先进装备和技术的先河。从此,中国玉米淀粉工业进入高速发展期。到2005年,中国玉米淀粉产量超过了1000万吨。

良好的成长性,吸引了众多的国有企业、民营企业和外资企业纷纷进入玉米加工业,形成了盲目扩展、重复建设的混乱局面。据不完全统计,到2006年,中国已建成投产和在建、拟建的备案项目(包括淀粉工业和酒精工业项目)总规模达到年加工玉米7000万吨,约占当时玉米总产量的45%。可以说,2005—2006年是中国玉米淀粉工业盲目扩张的顶峰。

表7-2　　　　　中国玉米淀粉系列产品玉米消费量及结构　　　　　单位:万吨;%

年份	工业消费	淀粉系列产品	原淀粉	淀粉糖	变性淀粉	味精	赖氨酸	柠檬酸
2002	1336	937	408	262	54	113	21	79
2003	1389	894	290	318	57	116	34	79
2004	1794	1185	334	470	74	121	79	107
2005	2497	1733	517	619	121	174	154	148
2006	3616	2388	609	876	172	266	248	217
2007	4308	2854	746	1090	204	321	239	254
2008	4363	2816	584	1206	207	298	274	247
2009	4741	3166	701	1324	215	382	282	262
2010	4903	3215	664	1424	237	340	265	285
年均增幅	30	27	7	49	38	22	129	29

数据来源:《中国轻工业年鉴》,《中国食品工业年鉴》。

表7-3　　　　　中国玉米淀粉系列产品玉米消费量占比情况　　　　　单位:%

年份	原淀粉	淀粉糖	变性淀粉	味精	赖氨酸	柠檬酸
2002	44	28	6	12	2	8
2003	32	36	6	13	4	9
2004	28	40	6	10	7	9
2005	30	36	7	10	9	9
2006	26	37	7	11	10	9
2007	26	38	7	11	8	9
2008	21	43	7	11	10	9
2009	22	42	7	12	8	9
2010	21	44	7	11	8	9

数据来源:《中国轻工业年鉴》,中国食品工业年鉴》。

根据表7-3数据,中国工业消费中的玉米淀粉系列产品主要有原淀粉(直接用于消费品而不是中间品)、淀粉糖、变性淀粉、味精、赖氨酸和柠檬酸。2002—2010年的9年间,各类淀粉产品消耗玉米的量均呈增加趋势,其中年均增幅最大的是赖氨酸129%,其次是淀粉糖49%、变性淀粉38%、柠檬酸29%、味精22%,增幅最小的是直接用于消费的原淀粉7%。

再从各类淀粉产品的玉米消费量占淀粉产品玉米消费总量的比重变动看:2002年的占比情况是原淀粉占比最大44%、淀粉糖28%、味精12%、柠檬酸8%、变性淀粉6%、赖氨酸2%,而到了2010年占比变为淀粉糖44%、原淀粉21%、味精11%、柠檬酸9%、赖氨酸8%、变性淀粉7%。总体上看,原淀粉的比重在减少,淀粉糖的占比在大幅增加,赖氨酸占比增幅也较大,变性淀粉、味精和柠檬酸占比基本保持不变。

中国玉米淀粉系列产品产量和玉米消费量的占比的变动,与国家宏观调控政策密切相关。由于2005—2006年可以说是中国淀粉工业盲目扩张的顶峰,造成了以下消极影响:工业深加工消费与饲料工业争粮,影响到饲料加工、畜禽养殖业的正常发展;投资浪费,企业开工率为60%左右,许多项目停产,造成土地、资产闲置、资金呆死,行业内部竞争加剧、产品低价竞销、经营困难,环保压力也同时增大。针对这种情况,国家发展和改革委员会陆续发文开始宏观调控:2006年12月下发《关于加强玉米加工项目建设管理的紧急通知》,2007年9月下发《关于促进玉米深加工健康发展的指导意见》,2010年6月下发《关于淘汰落后产能的通知》,2010年10月发布《淀粉行业水污染物排放标准》,这些文件中的主要措施有:控制规模,工业消费占总消费的26%以内;严格行业准入;调整产品结构,提高淀粉糖、多元醇产量,稳定淀粉产量,控制味精等供大于求的产品产量,限制赖氨酸、柠檬酸产量。在这样一种调控政策下,中国玉米淀粉系列产品的占比中原淀粉的比重大幅下降,淀粉糖的比重大幅上升,其他产品基本保持不变。

7.2.2 中国玉米淀粉加工产业的效率分析

(1)研究方法与数据

本小节将继续运用DEA分析中的C^2R模型和C^2GS^2模型分析中国淀粉加工产业的综合生产效率、纯技术效率和规模效率。其中,选择工业总产值和淀粉及其制品产量作为产出数据,固定资产净值、全部从业人员数和原料玉米投入量作为投入数据。工业总产值、全部从业人员和固定资产净值数据来自于《中国食品工业年鉴》,淀粉及其制品产量来自于《中国食品工业年鉴》,玉米投入量根据以下方法换算而来:根据国家在《关于促进玉米深加工业健康发展的指导意见》中提出的新建、扩建玉米深加工项目能耗要求规定,玉米淀粉的原料消耗比要不大于1.5,因此在计算时取1.5的折算比例。可获得的数据样本整理如表 7-4 所示。

表 7-4　　　　　中国玉米淀粉加工业投入产出数据

年份	工业总产值（万元）	淀粉及制品产量（万吨）	全部从业人员平均人数（人）	固定资产净值（万元）	原料玉米投入量（万吨）
2004	3785235	862	100748	1235101	1185
2005	5377216	1106.6	116410	1492239	1733
2006	7647430	1206.8	138649	2264194	2388
2007	10536277	1530	155522	2788775	2854
2008	14047175	1685	172950	3555457	2816
2009	15538501	1726	186213	3774979	3166
2010	19231145	1900	193145	4290514	3215
2011	24354968	1892	173775	6824823	3348

数据来源：《中国食品工业年鉴》、《中国轻工业年鉴》；其中 2011 年"淀粉及淀粉制品产量"的数据来源于吉胜楠的硕士论文《玉米消费结构变动趋势及其影响研究》，P32 图 3.8 之上的描述，2011 年原料玉米投入量的数据根据 OLS 和 prais-winsten 法预测出来平均值来替代。

（2）实证分析与结果

（一）中国玉米淀粉加工业的综合生产效率

以每个年份作为决策单元，把投入产出数据代入 C^2R 模型。模型估计结果如表 7-5 所示。其中 s_1、s_2、s_3、t_1、t_2 为松弛变量，s_1、s_2、s_3 分别表示劳动力（用全部从业人员数表示）、资本（用固定资产净值表示）和原料（用玉米投入量表示）未被充分利用的部分，即有 s_1、s_2、s_3 那么多的投入要素未获得相应的产出；t_1、t_2 表示工业总产值和淀粉及制品产量两个产出指标的不足部分。

表 7-5　　　　　　　C^2R 模型的估计结果

年份	y	t_1	t_2	s_1	s_2	s_3
2004	1.000	0.000	0.000	0.000	0.000	0.000
2005	1.000	0.000	0.000	0.000	0.000	0.000
2006	0.895	893774	141	14509	236931	270
2007	1.000	0.000	0.000	0.000	0.000	0.000
2008	0.990	148526	18	1810	37200	30
2009	0.948	855735	95	9720	197044	263
2010	1.000	0.000	0.000	0.000	0.000	0.000
2011	1.000	0.000	0.000	0.000	0.000	0.000

根据表 7-5 可知,在 2004—2011 年的 8 年间,中国玉米淀粉加工业的综合生产效率有 5 年达到了最高的生产效率,资源得到了充分利用。但 2006 年、2008 年和 2009 年由于投入和产出的结构不合理,生产效率未达到最优,投入要素资源未得到充分利用,其中 2006 年的综合生产效率最低。这三个年份属于非有效决策单元。

根据模型计算得到这三个非有效决策单元的投入和产出该如何调整,如表 7-6 所示。

表 7-6　　　　　　　　非有效决策单元的投入产出调整

年份	产出调整		投入调整		
	工业总产值(万元)	产量(万吨)	劳动(人)	固定资产(万元)	原料玉米(万吨)
2006	893774	141	14509	236931	270
2008	148526	18	1810	37200	29
2009	855735	95	9720	197044	263

从非有效决策单元的投入和产出调整表可知,2006 年有 14509 人的劳动力、236931 万元的资本和 270 万吨的原料玉米投入未被充分利用,导致 893774 万元的工业总产值和 141 万吨的淀粉及其制品产量的产出未实现。2008 年有 1810 人的劳动力、37200 万元的资本和 29 万吨的原料玉米投入未被充分利用,导致 148526 万元的工业总产值和 18 万吨的淀粉及制品产量的产出未实现。2009 年有 9720 人的劳动力、197044 万元的资本和 263 万吨的原料玉米投入未被充分利用,导致 855735 万元的工业总产值和 95 万吨淀粉及制品的产出未实现。因此,可以大致判断得出:2006 年中国淀粉行业人员冗余、固定资产投资大量过剩、原料玉米投入量也大量过剩,导致生产效率大大降低;2008 年劳动力、资本和原料的投入过剩状况得到大大缓解,但仍存在一定过剩,因此生产效率有所提高,但仍然未达到最优状况;2009 年人员冗余、固定资产投资过剩和原料投入过剩的状况又卷土重来,因此,导致生产效率较之 2008 年又有进一步下降。

(二)中国玉米淀粉加工业的技术效率

前文 C^2R 模型计算得出了中国玉米淀粉加工业的综合生产效率,即在不变规模报酬下得到的综合生产效率,接下来将利用在 C^2R 模型上发展起来的 C^2GS^2 模型计算决策单元的纯技术效率,即在规模报酬可变的情况下的生产效率。C^2GS^2 模型估计的结果如表 7-7 所示。

表 7-7　　　　　　　　C^2GS^2 模型估计结果

年份	y	t_1	t_2	s_1	s_2	s_3
2004	1.000	0.000	0.000	0.000	0.000	0.000
2005	1.000	0.000	0.000	0.000	0.000	0.000
2006	0.905	888980	140	13151	214755	465
2007	1.000	0.000	0.000	0.000	0.000	0.000
2008	0.998	1537274	3	386	6708	5
2009	0.959	707765	47	10438	155851	179
2010	1.000	0.000	0.000	0.000	0.000	0.000
2011	1.000	0.000	0.000	0.000	0.000	0.000

根据表7-7可知,2004—2011年的8年间,中国淀粉加工业的纯技术效率值有5年均为1,说明这些年份的投入产出组合位于前沿面上,生产要素获得了充分利用,要素组合达到最佳,并取得了最大的产出效果。但2006年、2008年和2009年的技术效率相对较低,2006年的技术效率最低。

表7-8　　　　　　　　　非有效决策单元的投入产出调整

年份	产出调整		投入调整		
	工业总产值(万元)	产量(万吨)	劳动(人)	固定资产(万元)	原料玉米(万吨)
2006	888980	141	13151	214755	465
2008	1537274	3	386	6708	5
2009	707765	47	10438	155851	179

根据表7-8非有效决策单元的投入产出调整可知,劳动投入、固定资产投入和原料投入大大过剩构成2006年淀粉加工业技术效率低的重要原因,而2008年人员投入和原料投入问题得到大大缓解,固定资产投资是影响技术效率最主要的原因,2009年劳动力投入、固定资产投入和原料投入的问题较之2008年进一步凸显,劳动力和固定资本投入均成为影响2009年技术效率的主要原因。

(三)中国玉米淀粉加工业的规模效率

根据综合生产效率等于纯技术效率和规模效率的乘积,可以得到一个决策单元的规模效率值,这个值如果等于1说明评价对象规模收益不变,若小于1说明规模收益递增,若大于1则说明规模收益递减。计算结果如表7-9所示。

表7-9　　　　　　　　　中国玉米淀粉加工业的规模效率

年份	综合生产效率	纯技术效率	规模效率	规模收益状况
2004	1.000	1.000	1.000	—
2005	1.000	1.000	1.000	—
2006	0.895	0.905	0.989	递增
2007	1.000	1.000	1.000	—
2008	0.990	0.998	0.991	递增
2009	0.948	0.959	0.989	递增
2010	1.000	1.000	1.000	—
2011	1.000	1.000	1.000	—
平均值	0.979	0.983	0.996	

根据表7-9可知,在样本显示的8年中,2006年、2008年和2009年是规模收益递增,其他年份是规模收益不变。这说明,淘汰产能落后的小企业、扩大企业规模可以在

一定程度上提高整个行业的收益，行业集中度的提高是有必要的。

（四）研究小结

通过对中国淀粉加工业的综合生产效率、纯技术效率和规模效率进行分析，可以看出，2006年中国玉米淀粉加工业的综合生产效率和纯技术效率均较低，要素投入未得到最充分利用，劳动力、资本和原料投入均存在较大浪费，这与2005—2006年中国淀粉加工业的盲目扩张、重复建设有关，造成大量小而分散的落后产能的存在，使得行业的生产效率和技术效率均未达到最优状态。而由于受金融危机的影响，中国淀粉加工业从2008年开始综合生产效率和技术效率均有所下降，固定资产投资过剩的问题开始显现，这种状况在2009年表现得相当突出。2009年无论是综合生产效率还是纯技术效率均明显下降，劳动力、资本和原料未被充分利用的部分大幅增加，落后产能的问题明显显现。这种情况也使得国家在2010年出台了《关于淘汰落后产能的通知》，促使行业开始调整。经过调整，2010年和2011年中国淀粉加工业的效率又大幅提高，达到了最优的效率。

数据分析还发现，在样本年份内，中国玉米淀粉加工业的平均技术效率低于规模效率，这是中国淀粉加工业综合生产效率比较低的主要原因，因此进一步提高技术效率是提高行业收益的途径之一。同时，由于在技术效率比较低的年份中（2006年、2008年和2009年），中国淀粉加工业是属于规模报酬递增的，因此，淘汰产能落后的小企业、扩大企业规模可以在一定程度上提高整个行业的收益，这也说明行业集中度的提高是有必要的。

7.2.3 中国味精加工产业的效率分析

（1）研究方法与数据

本小节将继续运用 DEA 分析中的 C^2R 模型和 C^2GS^2 模型分析中国味精加工产业的综合生产效率、纯技术效率和规模效率。其中，选择工业总产值和味精产量作为产出数据，固定资产净值、全部从业人员数和原料玉米投入量作为投入数据。工业总产值、全部从业人员和固定资产净值数据来源于《中国食品工业年鉴》，味精产量来自于《中国轻工业年鉴》，玉米投入量根据以下方法换算而来：根据国家在《关于促进玉米深加工业健康发展的指导意见》中提出的新建、扩建玉米深加工项目能耗要求规定，味精的原料消耗比要不大于2.5，而目前的平均水平为2.7，因此玉米投入量的换算按照2.7计算。可获得的数据样本整理如表7-10所示。

表 7-10　　　　　　　　　　中国味精加工业投入产出数据

年份	工业总产值（万元）	味精产量（万吨）	全部从业人员平均人数（人）	固定资产净值（万元）	原料玉米投入量（万吨）
2004	1083932	51.9	45408	456724	121.3
2005	1524778	61.2	46299	562974	174
2006	2152296	76.8	49970	662154	266
2007	2883087	86.1	53010	779992	321.4
2008	3355003	83	52297	1034394	297.9
2009	4139293	114.8	52959	1031764	382.3
2010	4041796	97	47951	908879	340.4

数据来源：《中国食品工业年鉴》、《中国轻工业年鉴》；玉米投入量按照2.7的原料消耗比换算得来。

(2) 实证分析与结果

(一) 中国味精加工业的综合生产效率

以每个年份作为决策单元，把投入产出数据代入 C^2R 模型。模型估计结果如表 7-11 所示。其中 s_1、s_2、s_3、t_1、t_2 为松弛变量，s_1、s_2、s_3 分别表示劳动力（用全部从业人员数表示）、资本（用固定资产净值表示）和原料（用玉米投入量表示）未被充分利用的部分，即有 s_1、s_2、s_3 那么多的投入要素未获得相应的产出；t_1、t_2 表示工业总产值和味精产量两个产出指标的不足部分。

表 7-11　　　　　　　　　　C^2R 模型的估计结果

年份	y	t_1	t_2	s_1	s_2	s_3
2004	1.000	0.000	0.000	0.000	0.000	0.000
2005	0.962	143325	2.439	1775	21578	7
2006	1.000	0.000	0.000	0.000	0.000	0.000
2007	0.979	61338	1.832	8072	16249	31
2008	0.958	146497	3.624	9373	259529	12
2009	1.000	0.000	0.000	0.000	0.000	0.000
2010	1.000	0.000	0.000	0.000	0.000	0.000

根据表 7-11 可知，在 2004—2010 年的 7 年间，中国味精加工业的综合生产效率有 4 年达到了最高的生产效率，资源得到了充分利用。但 2005 年、2007 年和 2008 年由于投入和产出的结构不合理，生产效率未达到最优，投入要素资源未得到充分利用。这三个年份属于非有效决策单元。根据模型计算得到这三个非有效决策单元的投入和产出该如何调

整,如表 7-12 所示。

表 7-12 非有效决策单元的投入产出调整

年份	产出调整		投入调整		
	工业总产值(万元)	产量(万吨)	劳动(人)	固定资产(万元)	原料玉米(万吨)
2005	143325	2	1775	21578	7
2007	61338	2	8072	16249	31
2008	146497	4	9373	259529	12

从非有效决策单元的投入和产出调整表可以看出,2005 年有 1775 人的劳动力、21578 万元的资本和 7 万吨的原料玉米投入未被充分利用,导致 143325 万元的工业总产值和 2 万吨的味精产量的产出未实现。2007 年有 8072 人的劳动力、16249 万元的资本和 31 万吨的原料玉米投入未被充分利用,导致 61338 万元的工业总产值和 2 万吨的味精产量的产出未实现。2008 年有 9373 人的劳动力、259529 万元的资本和 12 万吨的原料玉米投入未被充分利用,导致 146497 万元的工业总产值和 4 万吨味精的产出未实现。因此,可以大致判断得出:2005 年中国味精加工业主要是固定资产投资过剩,导致生产效率降低;2007 年固定资产投资过剩得到一定缓解,人员冗余成为生产效率降低的主要原因;2008 年人员冗余和固定资产投资过剩的状况均很明显,导致生产效率进一步下降。

(二)中国味精加工业的技术效率

前文 C^2R 模型计算得出了中国味精加工业的综合生产效率,即在不变规模报酬下得到的综合生产效率,接下来将利用在 C^2R 模型上发展起来的 C^2GS^2 模型计算决策单元的纯技术效率,即在规模报酬可变的情况下的生产效率。C^2GS^2 模型估计的结果如表 7-13 所示。

表 7-13 C^2GS^2 模型估计结果

年份	y	t_1	t_2	s_1	s_2	s_3
2004	1.000	0.000	0.000	0.000	0.000	0.000
2005	0.992	217715	2	367	13002	8
2006	1.000	0.000	0.000	0.000	0.000	0.000
2007	0.984	49245	1	3367	12637	23
2008	0.972	113040	5	4936	230502	8
2009	1.000	0.000	0.000	0.000	0.000	0.000
2010	1.000	0.000	0.000	0.000	0.000	0.000

根据表 7-13 可知,2004—2010 年的 7 年间,中国味精加工业的纯技术效率值有 4 年均为 1,说明这些年份的投入产出组合位于前沿面上,生产要素获得了充分利用,要素组合达到最佳,并取得了最大产出效果。但 2005 年、2007 年和 2008 年的技术效率相对较低。

表 7-14　　　　　　　　非有效决策单元的投入产出调整

年份	产出调整		投入调整		
	工业总产值(万元)	产量(万吨)	劳动(人)	固定资产(万元)	原料玉米(万吨)
2005	217715	2	367	13012	8
2007	49245	1	3367	12637	23
2008	113040	5	4936	230502	8

根据表 7-14 非有效决策单元的投入产出调整可知，固定资产投入是 2005 年中国味精加工业技术效率低的最主要原因，而 2007 年固定资产投资、劳动力投入和原料投入过剩均是影响技术效率的重要原因，2008 年固定资产投资过剩成为影响中国味精加工业技术效率的最重要原因。

（三）中国味精加工业的规模效率

根据综合生产效率等于纯技术效率和规模效率的乘积，可以得到一个决策单元的规模效率值，这个值如果等于 1 说明评价对象规模收益不变，若小于 1 说明规模收益递增，若大于 1 则说明规模收益递减。中国味精加工业的规模效率计算结果如表 7-15 所示。

表 7-15　　　　　　　中国味精加工业的规模效率

2004	1.000	1.000	1.000	—
2005	0.962	0.992	0.969	递增
2006	1.000	1.000	1.000	—
2007	0.979	0.984	0.995	递增
2008	0.958	0.972	0.986	递增
2009	1.000	1.000	1.000	—
2010	1.000	1.000	1.000	—
平均值	0.986	0.993	0.993	—

根据表 7-15 可知，在样本的 7 年中，2005 年、2007 年和 2008 年是规模收益递增，其他年份是规模收益不变。这说明，扩大企业规模可以在一定程度上提高整个行业的收益，行业集中度的提高是有必要的。

（四）研究小结

通过对中国味精加工业的综合生产效率、纯技术效率和规模效率进行分析，可以得出，中国味精加工业的生产效率整理还是比较高的，综合生产效率平均为 0.986、纯技术效率平均为 0.993、规模效率平均为 0.993，整体上呈现规模收益递增态势，因此提高行业集中度、扩大企业规模可以从一定程度上提高行业的收益；同时，纯技术效率也有进一步提升的空间。中国味精加工业效率分析也得出 2005—2006 年行业盲目扩张导致效率下降、2008 年受金融危机影响效率再一次下降、经过2009年和2010年的调整行业趋于稳定发展的事实，这也验证了前文将中国淀粉及其制品行业作为一个整体时进行分析得出的结论。

7.2.4 研究小结

通过对中国淀粉及其制品加工业的综合生产效率、纯技术效率和规模效率进行分析，可以看出，2006年中国玉米淀粉加工业的综合生产效率和纯技术效率均较低，要素投入未得到最充分利用，劳动力、资本和原料投入均存在较大浪费，这与2005—2006年中国淀粉加工业的盲目扩张、重复建设有关，造成了大量小而分散的落后产能的存在，使得行业的生产效率和技术效率均未达到最优状态。而由于受金融危机的影响，中国淀粉加工业从2008年开始综合生产效率和技术效率均有所下降，固定资产投资过剩的问题开始显现，这种状况在2009年表现得相当突出。2009年无论是综合生产效率还是纯技术效率均明显下降，劳动力、资本和原料未被充分利用的部分大幅增加，落后产能的问题极为严重。这种情况也使得国家在2010年出台了《关于淘汰落后产能的通知》，促使行业开始调整。经过调整，2010年和2011年中国淀粉加工业的效率又大幅提高，达到最优的效率状况。

数据分析还发现，在样本年份内，中国玉米淀粉加工业的平均技术效率低于规模效率，这是中国淀粉加工业综合生产效率比较低的主要原因，因此进一步提高技术效率是提高行业收益的途径之一。同时，由于在技术效率比较低的年份中（2006年、2008年和2009年），中国淀粉加工业属于规模报酬递增的，因此，淘汰产能落后的小企业、扩大企业规模可以在一定程度上提高整个行业的收益，这也说明行业集中度的提高是有必要的。

根据数据的可获得性，再进一步对中国玉米淀粉深加工产品之一的味精加工业进行分析的结果也进一步验证了前文的观点。中国味精加工业由于2005—2006年行业盲目扩张导致效率下降、2008年受金融危机影响效率再一次下降、经过2009年和2010年的调整行业趋于稳定发展；中国味精加工业的生产效率整体还是比较高的，综合生产效率平均为0.986、纯技术效率平均为0.993、规模效率平均为0.993，整体上处于发展十分成熟的阶段，规模收益也从递增接近于规模报酬不变，这说明中国味精产业基本处于饱和的状况，已经开始进入行业稳定发展期。

7.3 中国玉米深加工消费的酒精系列产品行业的生产效率分析

7.3.1 中国玉米酒精产业的玉米消费总量与结构

中国酒精生产的主要原料包括玉米、木薯和糖蜜等。玉米酒精在中国酒精总产量中占主导地位，占60%以上的份额，生产主要集中在东北、华北玉米主产区；木薯酒精约占30%

的比重，主要在西南和华东地区，其中四川和广西是木薯产地，华东区木薯原料主要来自进口；由于成本偏好、原料不足，糖蜜酒精所占市场份额日益萎缩。酒精按照用途又可以分为食用酒精、工业酒精（主要是医药和工业用的无水酒精）和燃料乙醇，目前中国食用酒精占绝大比重，约达70%，燃料乙醇约占25%、无水酒精约占5%，而中国玉米生产的酒精主要用作食用酒精和燃料乙醇。

2001年以前，中国玉米酒精主要为食用酒精，由于需求空间有限，产量一直稳定在70万吨左右。为了解决陈化粮消耗和缓解对石油的过度依赖，中国于2000年启动了燃料乙醇项目，由国家财政投资，在河南、安徽、吉林、黑龙江四省建设以玉米为主要原料的燃料乙醇生产线。2001年以后，随着燃料乙醇项目的投产，中国玉米乙醇产量快速增加，特别是在2006年，酒精新扩建项目产能集中释放，导致酒精产量达到561万吨，比2005年增长47%，其中玉米酒精达到340万吨。到了2007年，中国玉米酒精总量达到402万吨，其中燃料乙醇达132万吨。为了避免出现燃料乙醇与人争粮、与畜争粮的问题，国家在2006年发文叫停了玉米燃料乙醇项目，规定2007年以后再建项目将以木薯、纤维素等非粮作物为主要原料。同时，中国食用酒精市场也基本饱和，2008年下半年以来，酒精价格持续下滑，很多企业严重亏损，小企业停产增加。在这种情况下，国家在《促进产业结构调整暂行规定》中提出，"十一五"期间淘汰落后酒精产能160万吨，2008年淘汰产能为40万吨，此后中国玉米酒精产量基本稳定。如表7-16所示。

表7-16　　　　　中国玉米酒精产量及消耗玉米量　　　　　单位：万吨；%

年份		2002	2003	2004	2005	2006	2007	2008	2009	2010	年均增幅
燃料乙醇	产量	9	14.5	34.5	59.5	110	132	135	135	138	159%
	消耗玉米	29.7	47.9	113.9	196.4	363	435	445	445	455	159%
食用酒精	产量	100	123	134	150	230	270	295	300	330	26
	消耗玉米	330	405.9	442.2	495	759	891	973.5	990	1089	26
玉米总消耗		359.7	453.8	556.1	691.4	1122	1326	1418.5	1435	1544	37
酒精总产量		109	137.5	168.5	209.5	340	402	430	435	468	37

数据来源：《中国食品工业年鉴》。

国家在《关于促进玉米工业深加工业健康发展的指导意见》中提出新建、扩建玉米深加工项目能耗要求规定，玉米酒精能耗应该小于3.15，而实际生产中普遍为3.3[1]，因此根据3.3的能耗比来换算玉米酒精生产的玉米消耗量。

---

[1] 数据来源：2012年山东农业大学徐杰博士论文《基于"系统流"理论的中国玉米产业系统协调性研究》。

根据表 7-16 可知，在样本期间内，中国酒精的总产量以及玉米消费量以年均37%的幅度增加，其中燃料乙醇的增幅最大达159%、食用酒精的增幅仅为26%，燃料乙醇的玉米消费量占玉米酒精总玉米消费量的比重从2002年的8%增加到2010年的29%。

7.3.2 中国玉米酒精深加工产业的效率分析

(1) 研究方法与数据

本小节将继续运用 DEA 分析中的 C^2R 模型和 C^2GS^2 模型分析中国玉米酒精加工产业的综合生产效率、纯技术效率和规模效率。其中，选择工业总产值和玉米酒精产量作为产出数据，固定资产净值、全部从业人员数和原料玉米投入量作为投入数据。工业总产值、全部从业人员、固定资产净值数据来源于《中国食品工业年鉴》，酒精产量来自于《中国轻工业年鉴》，玉米投入量根据以下方法换算而来：根据国家在《关于促进玉米深加工业健康发展的指导意见》中提出的新建、扩建玉米深加工项目能耗要求规定，玉米酒精能耗应该小于3.15，而实际生产中普遍为3.3，因此根据3.3的能耗比来换算玉米酒精生产的玉米消耗量。由于数据的可获得性，样本区间只选取了2004—2010年的数据。

表 7-17　　　　　中国玉米酒精加工业投入产出数据

年份	工业总产值（万元）	玉米酒精产量（万吨）	全部从业人员平均人数（人）	固定资产净值（万元）	原料玉米投入量（万吨）
2004	1055746	168.5	36681	489502	556.1
2005	1769155	209.5	40500	673321	691.4
2006	2760358	340	47211	987858	1122
2007	3738429	402	48548	1263152	1326
2008	4379607	430	48947	1458277	1418.5
2009	4379963	435	46191	1775547	1435
2010	4681500	468	41471	1625437	1544

数据来源：《中国食品工业年鉴》、《中国轻工业年鉴》。

(2) 实证分析与结果

(一) 中国玉米酒精加工业的综合生产效率

以每个年份作为决策单元，把投入产出数据代入 C^2R 模型。模型估计结果如表 7-18 所示。其中 s_1、s_2、s_3、t_1、t_2 为松弛变量，s_1、s_2、s_3 分别表示劳动力（用全部从业人员数表示）、资本（用固定资产净值表示）和原料（用玉米投入量表示）未被充分利用的部分，即有 s_1、s_2、s_3 那么多的投入要素未获得相应的产出；t_1、t_2 表示工业总产值和酒精产量两个产出

第7章 中国玉米消费经济:内部消费结构视角——工业深加工消费

指标的不足部分。

表 7-18 C^2R 模型的估计结果

年份	y	t1	t2	s1	s2	s3
2004	1.000	0.000	0.000	0.000	0.000	0.000
2005	0.999	180128	0.110	15199	15037	0.363
2006	1.000	0.000	0.000	0.000	0.000	0.000
2007	1.000	0.000	0.000	0.000	0.000	0.000
2008	1.000	0.000	0.000	0.000	0.000	0.000
2009	1.000	0.000	0.000	0.000	0.000	0.000
2010	1.000	0.000	0.000	0.000	0.000	0.000

根据表 7-18 可知,在 2004—2010 年的 7 年间,中国酒精加工业的综合生产效率有 6 年达到了最高的生产效率,资源得到了充分利用。仅有 2005 年由于投入和产出的结构不合理,生产效率未达到最优,投入要素资源未得到充分利用。这个年份属于非有效决策单元。

根据模型计算得到非有效决策单元的投入和产出该如何调整,如表 7-19 所示。

表 7-19   非有效决策单元的投入产出调整

年份	产出调整		投入调整		
	工业总产值(万元)	产量(万吨)	劳动(人)	固定资产(万元)	原料玉米(万吨)
2005	180128	0.11	15200	15037	0.363

从非有效决策单元的投入和产出调整表可以看出,2005 年有 15200 人的劳动力、15037 万元的资本和 0.363 万吨的原料玉米投入未被充分利用,导致 180128 万元的工业总产值和 0.11 万吨的酒精产量的产出未实现。因此,可以得出:2005 年中国酒精行业主要是人员冗余和固定资产投资过剩,导致了生产效率大大降低。

(二)中国酒精加工业的技术效率

前文 C^2R 模型计算得出了中国酒精加工业的综合生产效率,即在不变规模报酬下得到的综合生产效率,接下来将利用在 C^2R 模型上发展起来的 C^2GS^2 模型计算决策单元的纯技术效率,即在规模报酬可变的情况下的生产效率。C^2GS^2 模型估计的结果如下表所示。

表 7-20　　　　　　　　　　C^2GS^2 模型估计结果

年份	y	t_1	t_2	s_1	s_2	s_3
2004	1.000	0.000	0.000	0.000	0.000	0.000
2005	1.000	0.000	0.000	0.000	0.000	0.000
2006	1.000	0.000	0.000	0.000	0.000	0.000
2007	1.000	0.000	0.000	0.000	0.000	0.000
2008	1.000	0.000	0.000	0.000	0.000	0.000
2009	1.000	0.000	0.000	0.000	0.000	0.000
2010	1.000	0.000	0.000	0.000	0.000	0.000

根据表 7-20 可以看出，2004—2010 年的 7 年间，中国酒精加工业的技术效率值均为 1，这表明中国酒精加工业的技术效率是很高的，这些年份的投入产出组合位于前沿面上，生产要素获得了充分利用，要素的组合达到最佳，取得了最大产出效果。

(三) 中国酒精加工业的规模效率

根据综合生产效率等于纯技术效率和规模效率的乘积，可以得到一个决策单元的规模效率值，这个值如果等于 1 说明评价对象规模收益不变，若小于 1 说明规模收益递增，若大于 1 则说明规模收益递减。中国酒精加工业的规模效率计算结果如表 7-21 所示。

表 7-21　　　　　　　　　中国酒精加工业的规模效率

年份	综合生产效率	纯技术效率	规模效率	规模收益状况
2004	1.000	1.000	1.000	—
2005	0.999	1.000	0.999	递增
2006	1.000	1.000	1.000	—
2007	1.000	1.000	1.000	—
2008	1.000	1.000	1.000	—
2009	1.000	1.000	1.000	—
2010	1.000	1.000	1.000	—

根据表 7-21 可得，在样本的 7 年中，2005 年是规模收益递增的，其他年份是规模收益不变。这说明，扩大规模可以在一定程度上提高整个行业的收益，行业集中度的提高是有必要的。

7.3.3 研究小结

通过对中国玉米酒精加工业的综合生产效率、纯技术效率和规模效率进行分析，可以得出，从样本期间的整体水平看，中国酒精加工业的综合生产效率、纯技术效率和规模效率都处于较高水平，生产要素得到了很充分的利用。这也在一定程度上说明样本期间内中国酒精生产行业发展得比较好；除了2005年由于人员和固定资产投资过剩的问题导致生产效率有所下降外，其他年份的生产效率都处于比较充分的状态。原因有两个方面：一是2006年国家发文叫停了玉米燃料乙醇项目，2008年淘汰了40多万吨的落后产能，中国食用酒精趋于稳定。国家叫停玉米燃料乙醇项目、淘汰落后产能，使得中国玉米酒精加工业的生产效率处于比较高的水平。

7.4 中国玉米深加工消费产业链上代表性价格间的相互影响

饲用消费和工业深加工消费的玉米量占到中国玉米消费总量的90%左右，而工业深加工中淀粉工业的消费占了2/3的比重，因此本小节在对中国玉米工业深加工消费产业链上的代表性价格间的相互影响机制进行研究时，将以中国玉米淀粉的玉米消费产业链代表中国玉米工业深加工消费产业链。同样如前文所述，数据分析表明中国2008年以来玉米价格变动幅度较大，因此也将价格分析的重点放在2008年以来的情况。由于本书研究的是中国玉米的消费经济，因此也将对中国玉米的消费价格（以玉米全国批发均价表示）作为研究的目标，研究其与产业链上下游的代表性产品的价格间的相互影响关系。

7.4.1 数据来源与方法

对中国玉米工业深加工消费产业链上的代表性价格间的相互影响机制进行研究时，将分别考察产业链上生产—流通—消费三个环节的代表性价格间的相互影响，其中用玉米全国收购均价来表示产业链上生产环节的价格、用玉米全国批发市场均价来表示产业链上流通环节的价格、用淀粉价格来表示产业链上消费环节的价格。数据来源分别是：玉米全国收购均价来源于全国粮油价格监测系统，玉米全国批发均价和淀粉价格数据均来源于安信证券农业周报数据2014年1月6日周报。因此，将变量的时间段分成2003年1月至2007年12月（2008年以前）和2008年1月至2013年12月（2008年以后），在计量分析上将分别考察这两个时间段内产业链上代表性价格间的相互影响情况。研究方法上本小节将继续利用脉冲响应函数和方差分解两种方法。

7.4.2 实证分析与结果

(1) 变量的 ADF 单位根检验

表 7-22   变量的 ADF 单位根检验

变量	收购价格	批发价格	淀粉价格
时间段	2003 年 1 月至 2007 年 12 月		
原序列	SG	PF	DF
(C,T,P)	(C,T,1)	(N,N,1)	(N,N,2)
ADF	-2.47	2.30	1.38
P 值	0.34	0.99	0.96
平稳性	非平稳		
一阶差分序列	ΔSG	ΔPF	ΔDF
(C,T,P)	(N,N,0)	(C,N,1)	(C,N,0)
ADF	-4.20	-5.83	-6.60
P 值	0.00	0.00	0.00
平稳性	平稳		
时间段	2008 年 1 月至 2013 年 12 月		
原序列	SG	PF	DF
(C,T,P)	(N,N,0)	(N,N,2)	(C,T,2)
ADF	1.49	1.36	-0.68
P 值	0.97	0.96	0.97
平稳性	非平稳		
一阶差分序列	ΔSG	ΔPF	ΔDF
(C,T,P)	(N,N,0)	(N,N,0)	(C,N,1)
ADF	-6.42	-4.53	-7.30
P 值	0.00	0.00	0.00
平稳性	平稳		

注：表中字母代表说明同表 5-11。

由表 7-22 可知，2008 年以前和 2008 年以来，玉米全国收购均价(SG)、玉米全国批发市场均价(PF)和淀粉全国均价(DF)的原始序列均未通过单位根检验，但其一阶差分序列均通过检验，属于平稳序列。

(2) VEC 模型

表 7-23　　Johansen 协整检验中变量最大滞后阶数

最大滞后阶数	单位根在圆外数	Log likelihood	AIC	SC	VAR	选择
2008 年以前(2003 年 1 月至 2007 年 12 月)							
1	0	-882.05	30.31	30.73	稳态	AIC 和 SC 信息准则均确定模型中变量的最大滞后期为 2
2	0	-836.07	29.55	30.30	稳态	
3	0	-812.60	29.57	30.64	稳态	
4	0	-793.10	29.72	31.13	稳态	
5	0	-767.47	29.65	31.41	稳态	
6	0	-743.41	29.64	31.74	稳态	
2008 年以后(2008 年 1 月至 2013 年 12 月)							
1	0	-1091.40	31.08	31.46	稳态	根据 AIC 信息准则，确定模型中变量的最大滞后期为 3
2	0	-1065.61	31.05	31.72	稳态	
3	0	-1036.53	30.91	31.89	稳态	
4	0	-1016.81	31.05	32.33	稳态	
5	0	-991.97	31.04	32.62	稳态	
6	0	-972.84	31.21	33.10	稳态	

从表 7-23 可知，在对 2008 年以前的数据进行 Johansen 协整检验时，AIC 和 SC 信息准则都确定模型中变量的最优滞后阶数取 2。对 2008 年以后的数据进行 Johansen 协整检验时，根据 AIC 信息准则，最优滞后阶数取 3。接下来对模型的形式进行确定，计量结果如表 7-24 所示。

表 7-24　　Johansen 协整检验模型的选择

	模型形式	1	2	3	4	5
	2008 年以前(2003 年 1 月 - 2007 年 12 月)					
观测数:57 滞后区间:1 至 2	迹统计量	1	0	0	0	0
	最大特征根	0	0	0	0	0
	AIC	29.57*	29.59	29.58	29.61	29.65
	SC	30.31*	30.31*	30.42	30.42	30.60
	2008 年以后(2008 年 1 月 - 2013 年 12 月)					
观测数:68 滞后区间:1 至 3	迹统计量	1	1	1	0	1
	最大特征根	0	1	1	0	1
	AIC	31.21	31.10*	31.13	31.15	31.19
	SC	32.14*	32.14*	32.29	32.29	32.44

由表7-24可知,本文选择根据AIC信息准则,2008年以前(2003年1月-2007年12月)玉米收购价格(SG)、批发价格(PF)和淀粉价格(DF)之间 Johansen 协整检验模型选择第一种形式,即无附加项并无截距和线性趋势;2008年以后(2008年1月-2013年12月)的模型选择第二种形式,即无附加项和形势趋势但有截距。

(3)脉冲响应函数

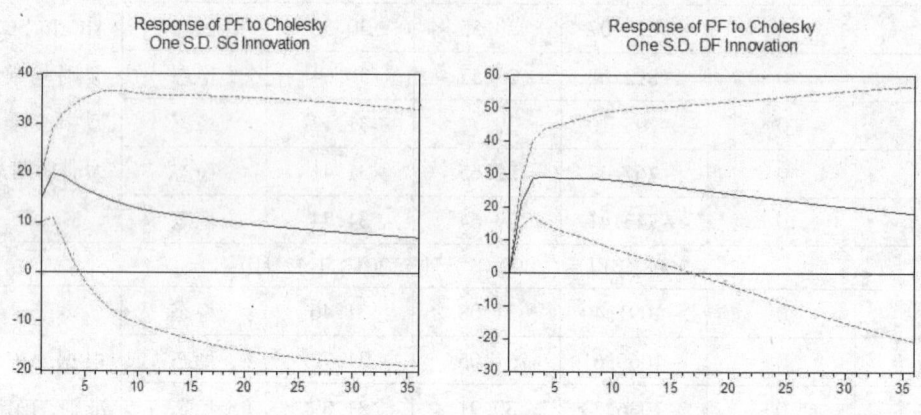

图7-1 玉米批发价格的脉冲响应函数(2003—2007年)

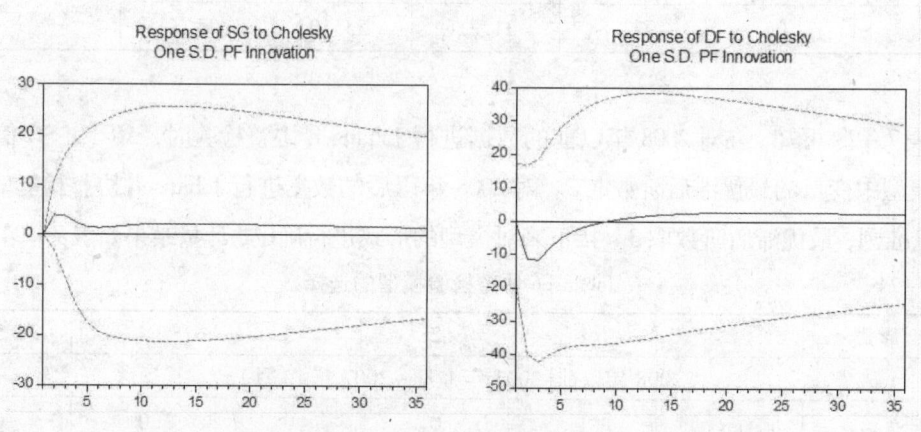

图7-2 玉米批发价格引起的脉冲响应函数(2003—2007年)

2008年以前的脉冲响应函数分析得出:2008年之前(2003年1月至2007年12月)的数据表明,以玉米批发价格为研究对象,在36个周期内的冲击响应中,玉米深加工消费产业链上代表性价格间的相互影响机制存在明显的非对称性,产业链上下游价格对玉米批发价格的影响强度要明显大于批发价格对上下游价格的影响。收购价格对批发价格产生同向影响,平均冲击为11.13,而批发价格对收购价格同样产生同向影响,但平均冲击仅为1.95;下游的淀粉价格对批发价格的同向冲击平均为23.52,而批发价格对淀粉价格的平均冲击仅为0.5。

··第7章 中国玉米消费经济：内部消费结构视角——工业深加工消费

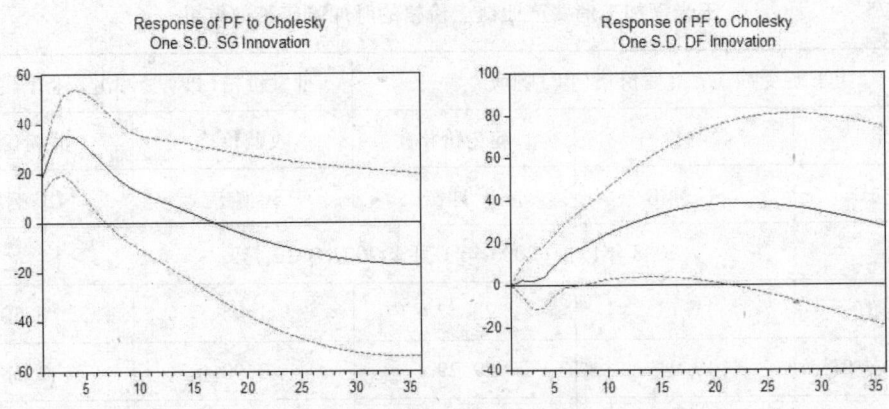

图7-3　玉米批发价格受到的脉冲响应函数（2008—2013年）

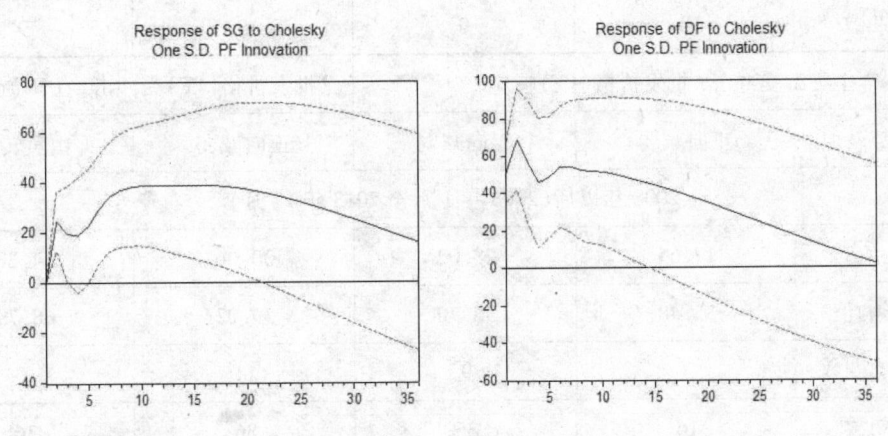

图7-4　玉米批发价格引起的脉冲响应函数（2008—2013年）

2008年以来的脉冲响应函数分析得出：2008年之后（2008年1月-2013年12月）的数据表明，以玉米批发价格为研究对象，在36个周期内的冲击响应中，玉米深加工消费产业链上代表性价格间的相互影响机制存在明显的非对称性特征，批发价格对产业链上下游的价格影响强度要明显大于上下游对批发价格的影响。收购价格对批发价格产生同向影响的16期里，平均冲击为17.64，而批发价格对收购价格同样产生同向影响，平均冲击为30.06；下游的淀粉价格对批发价格产生较大的同向影响，平均冲击为28.02，而批发价格对淀粉价格的影响更强，平均冲击达到34.38。

研究小结

通过对2008年以前（2003年1月至2007年12月）及2008年以后（2008年1月至2013年12月）的玉米深加工消费产业链上代表性价格数据（生产环节的玉米收购价格、流通环节的玉米批发价格、深加工消费环节的淀粉价格）进行脉冲响应函数分析，得出如表7-25

的结果，从表中可以得出以下结论：

表7-25　　　　　玉米深加工消费产业链上价格的脉冲响应函数结果

	上下游受冲击，批发价格(PF)响应		批发价格(PF)受冲击，上下游响应	
变量	收购价格	淀粉价格	收购价格	淀粉价格
表达式	SG冲击	DF冲击	SG响应	DF响应
2008年以前(2003年1月至2007年12月)				
平均值	11.13	23.52	1.95	0.50
最大影响值	19.94	29.29	3.90	2.68
最大影响期数	2	4	2	22
同向期数	36	36	36	27
负向期数	0	0	0	9
	上下游受冲击，批发价格(PF)响应		批发价格(PF)受冲击，上下游响应	
趋势	正向减弱	正向减弱	正向减弱	由负转正
2008年以后(2008年1月至2013年12月)				
平均值	17.64	28.02	30.06	34.38
最大影响值	35.48	38.70	39.02	68.79
最大影响期数	3	9	11	2
同向期数	16	36	36	36
负向期数	20	0	0	0
趋势	由正转负	正向增强	正向减弱	正向减弱

①中国玉米深加工(淀粉)消费产业链上的代表性价格间的相互影响机制具有非对称性特征，2008年以前是上下游价格对玉米批发价格的影响要强于批发价格对上下游价格的影响，而2008年以后则表现为玉米批发价格对上下游价格的影响要强于上下游价格对玉米批发价格的影响。

②2008年以来，玉米深加工(淀粉)消费产业链上代表性价格间的相互影响明显增强。从脉冲响应函数研究可发现，无论是玉米批发价格对其上下游价格的影响还是其上下游价格对玉米批发价格的影响，从平均值和最大值两个方面都显示了价格间相互影响明显增强的趋势。以上结论共同证明了中国玉米深加工消费产业链上代表性价格间的相互影响在2008年以后明显增强，这也在一定程度上解释了2008年以来中国玉米价格波动比2008年前剧烈。

(4) 方差分解

表7-26　　玉米深加工消费产业链上玉米批发价格和淀粉价格的方差分解

玉米批发价格(PF)的方差分解						
时间段	2008年前(2003—2007年)			2008年后(2008—2013年)		
变量	SG	PF	DF	SG	PF	DF
平均贡献度	29.16	28.93	41.91	43.70	55.40	0.90
最大贡献度	46.47	53.53	44.51	56.68	60.10	1.27
最大贡献期数	1	1	36	5	36	36
玉米淀粉价格(DF)的方差分解						
时间段	2008年前(2003—2007年)			2008年后(2008—2013年)		
变量	SG	PF	DF	SG	PF	DF
平均贡献度	0.61	0.15	99.24	3.26	55.21	41.54
最大贡献度	1.91	0.20	99.87	9.58	56.70	56.77
最大贡献期数	3	36	1	3	11	1

注:(1)EVIEWS软件中选取滞后期为36个月;(2)长期平均贡献度指的是滞后1~36个月的平均值。

方差分解比较分析的结果充分证明了2008年以来,在玉米工业深加工消费链中,玉米批发价格对下游的玉米淀粉价格的影响显著增强,平均贡献度增加约55个百分点(2008年前为0.15%、2008年以后增加为55.21%),最大贡献度增加约56个百分点(2008年前为0.20%、2008年后增加为56.70%);2008年以来,上游的玉米收购价格对批发价格的贡献度也显著增加,由2008年前的29.16%增加到43.70%。

7.4.3 研究小结

前文对2008年以前(2003年1月至2007年12月)及2008年以后(2008年1月至2013年12月)中国玉米工业深加工消费产业链上的代表性价格数据进行了脉冲响应函数和方差分解分析,两项研究均表明:2008年以来,玉米工业深加工消费产业链上的代表性价格间的相互影响明显增强。①脉冲响应函数研究发现,无论是玉米批发价格对其上下游价格的影响还是其上下游价格对玉米批发价格的影响,从平均值和最大值两个方面都显示了价格间相互影响明显增强的趋势。②方差分解研究发现,2008年以来,在玉米工业深加工消费链中,玉米批发价格对下游的玉米淀粉价格的影响显著增强,平均贡献度增加约55个百分点(2008年前为0.15%、2008年以后增加为55.21%),最大贡献度增加约56个百分点(2008年前为0.20%、2008年后增加为56.70%);2008年以来,上游的玉米收购价格对批发价格的贡献度也显著增加,由2008年前的29.16%增加到43.70%。

研究同时得出，中国玉米工业深加工消费产业链上的代表性价格间的相互影响机制具有非对称性，2008年以前是上下游价格对玉米批发价格的影响要强于批发价格对上下游价格的影响，而2008年以后则表现为玉米批发价格对上下游价格的影响要强于上下游价格对玉米批发价格的影响。

7.5 本章小结

本章从中国玉米工业深加工消费的视角对中国玉米消费经济进行了研究。根据中国的实际情况，将玉米工业深加工产品分为淀粉系列和酒精系列，首先对中国玉米工业深加工的消费总量与结构进行分析，然后分别对淀粉系列产品和酒精系列产品的行业生产效率进行分析评价。最后，以中国玉米淀粉的消费产业链为代表，对中国玉米工业深加工消费产业链上的代表性价格间的相互影响关系进行了实证分析。得出以下研究结论：

（1）关于中国玉米工业深加工消费总量与结构变化

2002—2010年的9年间，中国玉米工业深加工消费总量以年均30%的幅度增长，其中淀粉系列产品的玉米消费量年均增幅为27%（其中年均增幅最大的是赖氨酸129%，其次是淀粉糖49%、变性淀粉38%、柠檬酸29%、味精22%，增幅最小的是直接用于消费的原淀粉7%），酒精系列产品的玉米消费量年均增幅为37%（其中燃料乙醇的增幅最大达159%、食用酒精的增幅仅为26%）。中国玉米工业深加工消费目前还是以淀粉及其深加工制品的玉米消耗为主，平均占到65%以上的比例；酒精系列产品的玉米消费量占到30%左右；从变动趋势看，淀粉及其制品的占比在下降，酒精及其制品的占比在增加。而淀粉制品中原淀粉的比重在减少，淀粉糖的占比在大幅增加，赖氨酸占比增幅也较大，变性淀粉、味精和柠檬酸占比基本保持不变；酒精制品中食用酒精玉米消费占比在减少，燃料乙醇的玉米消费量占玉米酒精总玉米消费量的比重大幅增加，从2002年的8%增加到2010年的29%，但由于2006年国家叫停了玉米燃料乙醇项目，这一占比从2006开始就基本稳定在30%左右。

（2）关于中国玉米工业深加工行业的效率分析

对淀粉系列产品加工业和酒精系列产品加工业的行业效率进行了分析评价，得出以下结论：

①中国玉米淀粉系列产品加工业的效率分析结果，样本区间为2004—2011年。通过对中国淀粉系列产品加工业的综合生产效率、纯技术效率和规模效率进行分析得出，在样本区间内只有2006年、2008年和2009年三个年份的生产效率未到达最优，原因如下：2006年中国玉米淀粉加工业的综合生产效率和纯技术效率均较低，要素投入未得到最充分的利用，劳动力、资本和原料投入均存在较大浪费，这与2005—2006年中国淀粉加工业的盲目

扩张、重复建设有关,造成了大量小而分散落后产能的存在,使得行业的生产效率和技术效率均未达到最优状态。而由于受金融危机的影响,中国淀粉加工业从2008年开始综合生产效率和技术效率均有所下降,固定资产投资过剩的问题开始显现,这种状况在2009年表现得相当突出。2009年无论是综合生产效率还是纯技术效率均明显下降,劳动力、资本和原料未被充分利用的部分大幅增加,落后产能的问题较为明显。这种情况也使得国家在2010年出台了《关于淘汰落后产能的通知》,促使行业开始调整。经过调整,2010年和2011年中国淀粉加工业的效率又大幅提高,达到最优的效率状况。

数据分析还发现,在样本年份内,中国玉米淀粉加工业的平均技术效率低于规模效率,这是中国淀粉加工业综合生产效率比较低的主要原因,因此进一步提高技术效率是提高行业收益的途径之一;同时,由于在技术效率比较低的年份中(2006年、2008年和2009年),中国淀粉加工业属于规模报酬递增的,因此,淘汰产能落后的小企业、扩大企业规模可以在一定程度上提高整个行业的收益,这也说明行业集中度的提高是有必要的。

②中国玉米酒精系列产品加工业的效率分析结果,样本区间为2004—2010年。通过对中国玉米酒精系列产品加工业的综合生产效率、纯技术效率和规模效率进行分析得出:从样本期间的整体水平看,除了2005年由于人员和固定资产投资过剩的问题导致生产效率有所下降外,其他年份的生产效率都处于比较充分的状态,中国酒精加工业的综合生产效率、纯技术效率和规模效率都处于较高水平,生产要素得到了很充分的利用。其主要原因是2006年国家发文叫停了玉米燃料乙醇项目,2008年淘汰了40多万吨的落后产能,加上中国食用酒精产量趋于稳定,国家宏观调控使得中国玉米酒精加工业的效率水平处于较好的状态,要素利用率充分有效。

(3)关于中国玉米工业深加工消费产业链上代表性价格间的相互影响

在分析了中国玉米工业深加工消费总量与结构、行业的生产效率后,利用脉冲响应函数和方差分解的方法进一步分析了玉米深加工消费产业链上代表性价格间的相互影响关系,考察了深加工消费产业链上玉米在生产—流通—消费三个环节的代表性价格间的相互影响,其中用玉米全国收购均价来表示产业链上生产环节的价格、用玉米全国批发市场均价来表示产业链上流通环节的价格、用淀粉价格来表示产业链消费环节的价格。研究得出以下结论:

①脉冲响应函数和方差分解均表明,2008年以来,中国玉米工业深加工消费产业链上的代表性价格间的相互影响明显增强,这也在一定程度上解释了2008年以来中国玉米批发价格波动比2008年前剧烈:脉冲响应函数研究发现,无论是玉米批发价格对其上下游价格的影响还是其上下游价格对玉米批发价格的影响,从平均值和最大值两个方面都显示了价格间相互影响明显增强的趋势;方差分解研究发现,2008年以来,玉米工业深加工消费链中,玉米批发价格对下游的玉米淀粉价格的影响显著增强,平均贡献度增加约55个百分

点，上游的玉米收购价格对批发价格的贡献度也显著增加，由 2008 年前的 29.16% 增加到 43.70%。

②脉冲响应函数分析还得出，中国玉米工业深加工消费产业链上的代表性价格间的相互影响机制具有非对称性，2008 年以前是上下游价格对玉米批发价格的影响要强于批发价格对上下游价格的影响，而 2008 年以后则表现为玉米批发价格对上下游价格的影响要强于上下游价格对玉米价格的影响。

第 8 章

研究结论与启示

8.1 研究的主要结论

以中国玉米的消费状况为研究目标,从四个方面进行分析:首先在分析世界玉米市场供需平衡状况的背景下详细分析了中国玉米市场的供需平衡状况。接着从三个维度对中国玉米的消费状况进行具体分析,分别是国际比较研究、国内省际区域比较研究和中国玉米消费的内部结构比较研究,其中内部消费结构又重点从饲用消费产业和工业深加工消费产业的视角进行了分析。研究得出以下主要结论:

8.1.1 关于世界市场中的中国玉米市场供需平衡状况研究的结论

随着中国从 2010 年正式成为玉米净进口国,国际玉米市场对国内的影响不断增强,因此准确把握中国玉米市场面临的国际环境对于利用国际国内两个市场来促进中国玉米产业的发展进而保障中国粮食安全具有极为重要的意义。在分析中国玉米市场的供需平衡状况前,首先对世界玉米市场的供需平衡状况进行了分析,其中重点突出了世界第一大玉米生产、消费和出口国——美国的市场供需平衡状况。主要的研究结论如下:

(1)关于世界玉米市场的供需平衡状况

世界玉米总产量整体呈增加的趋势,FAO 数据显示 2000—2013 年世界玉米年均增幅 7.16%,美国农业部数据显示 2002/03 年度至 2012/13 年度世界玉米年均增幅 3.9%,美国农业部数据指出 2012/13 年度世界玉米总产量为 8.2688 亿吨,FAO 数据指出 2013 年世界玉米总产量达到 10.1674 亿吨。其中,美国始终保持着世界玉米产量第一位的排名,但占比呈逐年下降的趋势;中国、巴西、阿根廷、乌克兰一直处于第二到第四位的排名水平,并且这四国占世界玉米总产量的比重均保持上涨趋势,其中占比变动最大的是乌克兰,占比从

2000年的0.65%增加到2013年的3.04%。

2000年以来的世界玉米进出口情况：美国的玉米出口量一直保持第一位的排名，2000年—2011年一直稳定在4000万吨以上，约占全球的一半，2006年前后经历了先大幅上升然后大幅下降的变化；阿根廷、巴西一直保持世界出口第二、第三位的排名，且均保持增加的趋势；乌克兰的增幅较大，随着法国出口整体减少的趋势，乌克兰2011年开始超过法国成为世界第四大玉米出口国。2011年世界玉米总进口量约为10807万吨，主要的进口国为日本、墨西哥、韩国、欧盟、埃及、中国、西班牙等，其中中国台湾地区占整个中国进口的绝大部分，而中国大陆2011年的进口量为175万吨。

世界玉米消费目前还是饲用消费量最大，2012/13年度约为5亿吨，占到2/3的比重，但占比呈逐年下降的趋势，从2002/03年度的69.16%下降到2012/13年度的58.59%；而其他消费则快速增长，主要是因为以美国为代表的燃料乙醇对玉米的消费快速增加，同期年均增幅8.4%，所占比重从16%增加到30%。

从总体情况看，世界玉米总产量呈逐年增加的趋势，FAO数据2000—2013年世界玉米年均增幅7.16%，美国农业部数据2002/03年度至2012/13年度世界玉米年均增幅3.9%；世界玉米消费数据美国农业部数据2002/03年度至2012/13年度年均增幅3.5%（其中饲用消费年均1.7%，其他消费年均7.4%）；世界玉米进口数据美国农业部数据2002/03年度至2012/13年度年均增幅2.7%、出口数据年均增幅1.8%；世界玉米库存消费比总体呈下降趋势，从2002/03年度的20.22%下降到2012/13年度的15.56%。

对世界玉米市场进行分析后可发现几个特点：①世界玉米市场生产和贸易高度集中，美国对世界玉米市场的掌控能力很强，美国玉米产量占世界的35%左右，出口量占世界的一半左右，消费量占世界的30%左右；②随着消费的增加，尤其是以美国为代表的燃料乙醇对玉米消费的快速增加，世界玉米市场库存消费比呈下降趋势，世界市场供需趋紧；③世界玉米市场饲用消费占比趋于下降，其他消费尤其是工业深加工消费趋于增加；④乌克兰的玉米生产和出口占比大幅增加。

（2）关于美国玉米市场供需平衡状况

2002/03年度以来，美国玉米产量整体在波动中呈上涨的趋势，年均增幅为4.61%，2013/14年度总产量为3.5亿吨左右；美国玉米进口量在波动中呈增加的趋势；美国玉米出口大概以2007/08年度为分界线，由之前的递增趋势开始转为减少的趋势，尤其是2012/13年度的减产，导致美国玉米出口量较上年减少了1倍多，从平均的4000万吨左右降为1854万吨；美国国内玉米消费总量以年均3.93%的幅度增加，其中以燃料乙醇为代表的玉米消费增长最快，年均增幅达到34.64%（美国农业部数据：2002/03年度美国玉米燃料乙醇消耗量为2529万吨，2013/14年度增加为13040万吨）。

对美国玉米供需平衡表整体数据的分析可以得出以下基本判断：随着美国燃料乙醇用

玉米的大幅增加，美国玉米的国内需求将增加，美国玉米总需求的增幅快于总供给（总需求年均增幅3.56%、总供给年均增幅3.31%），这将对美国玉米的出口和国际玉米价格产生较大的影响。日本依然是美国玉米第一大出口国，中国已经成为美国第五大玉米出口国。

(3) 关于中国玉米市场供需平衡状况

看中国玉米的供给：中国玉米播种面积稳步扩大，实现九连增；中国玉米单产水平提高，但缺乏稳定性，是三大粮食作物中单产水平波动最大的；中国玉米总产量受到种植面积扩大以及玉米单产提高的促进作用而不断增加，1998年中国玉米产量超过小麦，成为中国产量第二大粮食作物，2012年中国玉米产量首次超过稻谷，因此，玉米正式从播种面积和产量两个方面均超过稻谷而成为中国第一大粮食作物；中国从2009/10年度开始由玉米净出口国变为净进口国。

在玉米不断增产的背景下，进口较快增加，这意味着中国玉米总需求正在以一个更快的速度增加，数据显示，2002/03年度的总需求量为12387万吨，2012/13年度达到了21894万吨，十年间增加了9507万吨，年均增幅达8%。其中，饲用消费和工业消费的玉米量分别从2002/03年度的9600万吨和1400万吨增加为2012/13年度的14400万吨和6000万吨，饲用消费年均增幅5%，工业消费年均增幅高达30%；玉米食用消费、种子用量和损耗保持在相对稳定的水平，分别稳定在950万吨、120万吨和330万吨上下。

研究同时分析了中国玉米库存消费比变动与玉米消费价格变动的关系，得出以下结论：①2002/03年度以来，中国玉米库存消费比呈下降趋势。除了2008/09年度库存消费比与上年相比上涨了3个百分点外，2002/03年度以来的年份里中国玉米库存消费比出现快速下跌的趋势，且从2006/07年度开始，这一比值降到了17%～18%的警戒线以下，从2010/11年度甚至出现负值，11个年度内平均降幅达到6%。随着中国玉米库存消费比的下降，以批发价格表示的中国玉米消费价格也随之快速上涨，2002/03年度以来，除了2008/09年度中国玉米消费价格下降了6个百分点外，其他年份都保持上涨趋势，11个年度内平均涨幅达到11.18%。

②在玉米库存消费比在国际警戒线之上的年份中，库存消费比的降低对于玉米消费价格上涨的促进作用相对较小，而当玉米库存消费比降到国际警戒线之下以后，从2006/07年度开始，库存消费比的变动对于玉米消费价格变动的促进作用明显增强，玉米价格变动幅度为库存消费比变动幅度的2～5倍。

③2008/09年度以来，需求增速较快是产需缺口扩大的主要原因。2008/09年度以来，中国玉米总产量以年均4.8%的幅度增加（2012/13年度总产量为20561万吨、2008/09年度为16591万吨），而国内总需求以年均7.1%的幅度增加（2012年/13年度国内总需求为23194万吨、2008/09年度为16173万吨），产需缺口增大，其中国内总需求的增加主要来源

于饲用消费和深加工消费,而深加工的增幅最快,饲用消费年均增幅6.7%(2012/13年度为14400万吨,2008/09年度为10800万吨),深加工消费年均增幅10.4%(2012/13年度为6000万吨,2008/09年度为3950万吨)。

8.1.2 关于国际比较视角下对中国玉米消费状况研究的结论

前文的分析已经得出全球玉米生产和贸易高度集中,而美国在生产和贸易方面占据绝对的主导地位,产量约占世界总产量的35%,出口量占世界的40%以上。同时,美国是中国最主要的玉米进口国,中国也成为美国第五大玉米出口国。因此,在对中国玉米消费状况进行国际比较研究时选择了美国作为参照系,一是因为美国在世界上的重要地位,可以作为世界的代表状况;二是美国是中国主要的玉米进口国,美国国内玉米的消费状况对中国玉米的进口甚至中国国内玉米消费的结构将产生一定影响。

从中美玉米消费总量、结构和价格三个维度对中国玉米消费状况进行国际比较研究,样本区间为2002/03年度至2012/13年度,得出以下主要结论:

(1)首先将玉米消费总量进行中美比较,计算了四个比较指标,分别是国内消费总量、占全球的比重、占国内总供给比重、库存消费比,结论如下:

①中美两国国内玉米消费总量均处于增加的趋势,中国玉米国内消费总量小于美国(2002/03年度中国为12387万吨、美国为20075万吨;2012/13年度中国为21894万吨、美国为26297万吨),但两者的总量差距在缩小;中国的变动情况均远远大于美国,其中玉米国内消费总量的年均增幅中约是美国的2.5倍(11年间的年均增量中国为864万吨、美国为566万吨,年均增幅中国为6.98%、美国为2.82%)。

②中国与美国国内玉米消费总量占全球的比重,中国处于增加的趋势(11年间从19.74%增加到25.26%),美国处于减少的趋势(11年间从31.99%减少到30.34%)。

③中国与美国国内玉米消费总量占各国总供给的比重,中国和美国均保持大幅增长态势,其中中国的增长幅度比美国要大,中国的年均增幅约是美国的4倍(11年间中国从60.10%增加到98.53%、美国从74.72%增加到86.97%)。

④中国与美国玉米库存消费比均处于下降的趋势,且中国比美国下降的幅度要大很多,中国的总下降量(52.96%)是美国(5.82%)的10倍(11年间中国玉米的库存消费比从54.43%降到1.48%,美国玉米库存消费比从13.75%降为7.93%)。

(2)接着看中美玉米消费的内部结构比较,分别从食用、种用、工业深加工和饲用四种用途比较分析,结论如下:

①从总体上看,中国和美国玉米内部消费结构变动如下:中国四类玉米消费量均保持增加,而美国食用、种用、工业用途消费量增加但饲用消费量却在下降;从四类消费量占总

消费的比重这一指标看，两国的变动趋势都是一致的，均表现为食用消费、种用消费、饲用消费处于下降的趋势，工业深加工消费处于上升的趋势。

②中美玉米食用消费对比分析：11年间，中国和美国的玉米食用消费量整体处于增加的趋势，但总量相对比较稳定，中国稳定在1000万吨左右，美国稳定在500万吨左右；中国玉米食用消费量的年均增量是美国的3倍，年均增幅是美国的1.2倍；中美玉米食用消费占总消费的比重均呈现下降趋势，且中国下降的幅度约是美国的2倍。

③中美玉米种用消费对比分析：11年间，中国和美国的玉米种用消费量整体呈现增加的趋势，但总量相对比较稳定，中国稳定在100万~130万吨左右，美国稳定在50万~60万吨左右，中国玉米种用消费量的年均增量和美国基本保持一致，年均增量均为1万吨，而美国年均增幅约是中国的2倍；中美玉米种用消费占总消费的比重均呈现下降的趋势，且中国下降的幅度约是美国的5倍。

④中美玉米工业深加工消费对比分析：11年间，中国和美国的玉米工业深加工消费量整体呈现快速增加的趋势，工业深加工消费占国内玉米总消费的比重也大幅增加；美国的总量是中国的3倍左右；美国的年均增量是中国2倍多，但由于中国基数较小，中国的年均增幅比美国大，约是美国的2倍；中美之间玉米深加工的消费总量的差距以年均增量428万吨的幅度在扩大。

⑤再看中美玉米工业深加工消费的内部结构对比情况：美国玉米工业深加工的主要产品是玉米淀粉（直接消费）、燃料乙醇、食用酒精、果葡糖浆、葡萄糖，中国的主要产品是玉米淀粉（直接消费）、燃料乙醇、食用酒精、淀粉糖、变性淀粉、味精、赖氨酸、柠檬酸。对比分析主要四类可比较的产品（玉米淀粉、燃料乙醇、食用酒精和淀粉糖）的结果如下：2002/03年度，中国玉米深加工产品消耗玉米量的占比排名是玉米淀粉（31%）、食用酒精（25%）、淀粉糖（20%）、燃料乙醇（2%），美国玉米深加工产品消耗玉米量的占比排名是燃料乙醇（46%）、玉米淀粉（12%）、淀粉糖（7%）、食用酒精（6%）；到了2010/11年度，中国玉米深加工产品消耗玉米量的占比排名变为淀粉糖（29%）、食用酒精（22%）、玉米淀粉（14%）、燃料乙醇（9%），美国玉米深加工产品消耗玉米量的占比排名变为燃料乙醇（81%）、淀粉糖（10%）、玉米淀粉（4%）、食用酒精（2%）。研究表明，燃料乙醇一直是美国玉米工业深加工消费排名第一的产品，且增幅非常快，而中国玉米深加工主要是玉米淀粉、食用酒精和淀粉糖；中美玉米工业深加工内部消费结构都有向燃料乙醇和淀粉糖集中的趋势，而玉米淀粉和食用酒精的占比均下降。总体上看，中美玉米工业深加工内部消费结构变动方向基本一致。

⑥中美玉米饲用消费对比分析：11年间，中国的玉米饲用消费量呈现增加的趋势，而美国的玉米饲用消费量整体呈现减少的趋势；中国玉米饲用消费占总消费的比重比美国高，但中美玉米饲用消费占总消费的比重均呈现下降的趋势（中国从80.3%降到67.3%；美国

从70.2%降到41.7%），美国的年均降幅约是中国的2倍。

（3）最后研究了美国玉米消费价格对中国玉米消费价格的影响机制：通过对2008年以来的中国玉米现货价格和美国玉米现货价格之间、美国玉米期货价格和中国玉米期货价格之间建立VEC模型并在此基础上进行脉冲响应函数和方差分解，研究得出了美国玉米消费价格通过贸易和信息两种渠道对中国玉米消费价格的影响，样本区间为2008年1月至2013年12月，结论如下：

①美国玉米现货价格变动对中国玉米现货价格具有一定影响，但程度较小，这说明美国市场通过贸易这一渠道对中国市场产生的影响还较小。根据方差分解，在中国玉米现货价格的变动中，主要原因还是来自于其自身，其自身因素的贡献度为92.71%，美国玉米现货价格的贡献度仅为7.367%。美国玉米现货价格对中国玉米现货价格形成的影响目前比较小，这与目前中国玉米进口数量还相对较少有关。

②美国玉米期货价格对中国玉米期货价格的影响较大，这说明美国玉米市场通过信息渠道对中国玉米市场价格的影响比较大。研究得出，对中国玉米期货价格的形成和变动而言，其自身的长期平均贡献度为55.741%，而美国玉米期货价格的平均贡献度也高达44.259%。随着时间的推移，这一贡献度呈上升趋势。

8.1.3 关于国内省际区域比较视角下对中国玉米消费状况研究的结论

前文从国际比较的视角对中国玉米消费状况从总量、结构和价格三个维度与美国进行了比较研究，接下来将研究的视角转向国内，从不同省际区域间中国玉米消费的总量、结构和价格三个维度进行比较研究。首先，分析中国玉米消费的区域分布情况，重点分析了玉米饲用消费和工业深加工消费的区域分布情况；然后，研究不同区域间的玉米消费价格的相互影响的关系。此处的区域按照主产区、主销区和既是主产区又是主销区三类来划分，根据中储粮网站数据：中国玉米主产区省份有黑龙江、吉林、辽宁、内蒙古、山东、河南、河北、四川，主销区省份有辽宁、山东、河南、河北、广东、四川、湖南、湖北、江苏、江西、福建、上海、浙江等，既是主产区又是主销区的省份有辽宁、山东、河南、河北、四川。

（1）对中国玉米消费的区域分布情况的分析，得出以下结论：

①从整体消费数量上看，中国目前玉米消费量较大的省份依次是山东、河南、吉林、河北、广东、四川、辽宁、黑龙江和内蒙古，其中东北和华北地区占到全国玉米消费量的一半以上。

②对中国玉米饲用消费的区域分布情况分析得出：中国玉米饲用消费量在中国玉米主产区的比重呈现下降的趋势，主销区的比重在增加，而主销区主要在华北和长江流域。中国玉米主产区的玉米饲用消费量从2003年的3844万吨增加到2011年的6536万吨，总计增加2693万吨，年均增幅为8%；但占比呈现下降的趋势，从2003年的52%降为2011年

的48%。中国玉米主销区的玉米饲用消费量从2003年的3537万吨增加到2011年的6989万吨,总计增加3452万吨,年均增幅11%;占比呈现增加的趋势,从2003年的48%增加到2011年的52%。中国既是主产区又是主销区的省份玉米饲用消费量从2003年的2899万吨增加到2011年的5013万吨,总计增加2114万吨,年均增幅8%;占比处于下降的趋势,从2003年的39%降到2011年的37%。

③对中国玉米工业深加工消费的区域分布情况分析得出:中国玉米工业深加工消费往传统的玉米主产区集中,占到了全国的64%,其中玉米淀粉的玉米消耗量占到全国的72.6%,玉米酒精的玉米消耗量占到全国的65.5%。同时,部分传统的玉米主产省也开始变成玉米工业深加工的主销省份,这样的省份主要是山东、辽宁、河南、河北和四川五省。在这一区域中,玉米工业深加工的消费量占全国的一半以上,达50.4%,尤其是玉米淀粉的玉米消费量在这一区域占比很高,达72.6%,玉米酒精的玉米消费量稍微少些,占全国的22.8%。

(2)在对中国不同区域间玉米消费价格的相互影响关系进行分析时,首先研究了主产区—主销区—既是主产区又是主销区的三个区域之间的价格影响情况,其中以黑龙江作为主产区的代表省份、广东作为主销区的代表省份、山东作为既是主产区又是主销区的代表省份;然后,又进一步对玉米主产区中的东北产区和华北产区间消费价格的影响机制进行了研究。两个方面的研究均分为两个时间段:2008年以前(2003年1月至2007年12月)和2008年以来(2008年1月至2013年12月)。研究得出以下结论:

①关于主产区—主销区—既是主产区又是主销区的省份间的玉米消费价格间的相互影响:2008年以来,在中国区域间玉米消费价格的形成和变动中,主产区的玉米价格发挥了基础性作用,主产区对其他区域的价格影响不管是在短期内还是在长期内均相当显著:黑龙江对广东和山东玉米价格变动形成的平均贡献度分别高达68.34%和64.99%,而其他区域对主产区价格形成的贡献度仅为11%左右。与2008年以前的情况相比,2008年以来,中国玉米主产区的消费价格与其他区域之间的关联度增强,尤其是表现在主产区对其他区域价格形成的影响程度逐渐增强上。

②关于主产区中的东北产区和华北产区间的玉米消费价格间的相互影响:2008年以来,东北产区的玉米价格形成主要来自于东北产区自身的因素,华北产区对其的影响较小,平均贡献度仅为18.39%,但呈现缓慢上升的趋势;而华北产区的玉米价格形成却受到东北产区的很大影响,平均达到72.67%,也呈现缓慢上升的趋势。与2008年以前相比,2008年以来,东北产区与华北产区之间价格关联度增强,尤其表现在东北产区对华北产区的影响逐渐加快加大:2008年以前,东北产区对华北产区玉米价格形成的平均贡献度为67.82%,而2008年以后的数据则表明这一贡献度的提高,达到72.67%。

8.1.4 关于内部消费结构比较视角下对中国玉米消费状况研究的结论

从中国玉米消费结构的内部视角对中国玉米消费状况进行分析时,重点分析了饲用消费和工业深加工消费两类,因为数据分析已经指出,中国玉米饲用消费和工业消费二者之和占到了全国玉米消费总量90%左右,而食用、种用和损耗的占比较小且变动不大。因此,在对中国玉米内部消费结构进行分析时重点关注了饲用消费和工业深加工消费,均从三个方面进行了分析,分别是:消费总量与结构、行业的生产效率、产业链上代表性价格间的相互影响机制。

(1)关于中国玉米饲用消费

①关于中国玉米饲用消费总量与结构的变化。以2011年数据为例,中国玉米饲用消费量占到全国玉米消费总量的60%以上,虽然与历史数据相比占比有所下降,按总量仍保持着年均8%左右的增幅;中国饲料产量中配合饲料占比83%(增加的趋势)、浓缩饲料占比14%(减少的趋势),添加剂预混料仅占3%(减少的趋势);配合饲料中猪料占比34%(增加的趋势),肉禽料占比33%(增加的趋势),蛋禽料占比17%(减少的趋势),水产料占比11%(多年来几乎保持不变),反刍料占比4%(增加的趋势)。因此,中国玉米的饲用消费量也主要集中在配合饲料上,配合饲料的玉米消费量占比66%(增加的趋势)、浓缩料的玉米消费占34%(减少的趋势);配合饲料中的玉米消费又主要是在猪料、肉禽料、蛋禽料上,水产料和反刍料占比较小且变动也不大。

②关于中国玉米饲用消费产业的综合生产效率、纯技术效率和规模效率分析结果表明,中国饲料加工业的综合生产效率和技术效率是很高的,但规模效率还有待提高。因此,通过行业集中度的提高来扩大企业规模,从一定程度上来说是提高整个行业收益的一个可行途径。

③关于中国玉米饲用消费产业链上代表性价格间的相互影响机制。文章利用脉冲响应函数和方差分解的方法分析了玉米饲用消费产业链上代表性价格间的相互影响关系,考察了产业链上玉米在生产—流通—消费三个环节的代表性价格间的相互影响,其中用玉米全国收购均价来表示产业链上生产环节的价格、用玉米全国批发市场均价来表示产业链上流通环节的价格、用饲料价格和生猪价格来表示产业链消费环节的价格。数据样本分成2008年以前(2003年1月至2007年12月)和2008年以后(2008年1月至2013年12月)两个区间进行了对比分析。主要结论如下:以2008年以前相比,2008年以来,以玉米全国批发均价为代表的中国玉米消费价格在饲用消费产业链上受到来自于上下游的影响明显增强;中国玉米饲用消费产业链上代表性价格间的相互影响机制具有非对称性特性,玉米批发价格对其上下游的价格影响明显要强于上下游对玉米批发价格的影响。

(2)关于中国玉米工业深加工消费

①关于中国玉米工业深加工消费总量与结构变化。2002—2010年的9年间,中国玉米工业深加工消费总量以年均30%的幅度增长,其中淀粉系列产品的玉米消费量年均增幅为27%(其中年均增幅最大的是赖氨酸129%,其次是淀粉糖49%、变性淀粉38%、柠檬酸

29%、味精22%，增幅最小的是直接用于消费的原淀粉7%)，酒精系列产品的玉米消费量年均增幅为37%（其中燃料乙醇的增幅最大达159%、食用酒精的增幅仅为26%）。中国玉米工业深加工消费目前还是以淀粉及其深加工制品的玉米消耗为主，平均占到65%以上的比例；酒精系列产品的玉米消费量占到30%左右；从变动趋势看，淀粉及其制品的占比在下降，酒精及其制品的占比在增加。而淀粉制品中原淀粉的比重在减少，淀粉糖的占比在大幅增加，赖氨酸占比增幅也较大，变性淀粉、味精和柠檬酸占比基本保持不变；酒精制品中食用酒精玉米消费占比在减少，燃料乙醇的玉米消费量占玉米酒精总玉米消费量的比重大幅增加，从2002年的8%增加到2010年的29%，但由于2006年国家叫停了玉米燃料乙醇项目，这一占比从2006开始就基本上稳定在30%左右。

②关于中国玉米工业深加工行业的效率分析，分为淀粉系列产品和酒精系列产品加工行业，分别对其的综合生产效率、纯技术效率和规模效率进行分析，得出以下结论：

中国玉米淀粉加工业的平均技术效率低于规模效率，这是中国淀粉加工业综合生产效率比较低的主要原因，因此进一步提高技术效率是提高行业收益的途径之一；同时，由于在技术效率比较低的年份中（2006年、2008年和2009年），中国淀粉加工业属于规模报酬递增的，因此，淘汰产能落后的小企业、扩大企业规模可以在一定程度上提高整个行业的收益，这也说明行业集中度的提高是很有必要的。

对中国玉米酒精系列产品加工行业的综合生产效率、纯技术效率和规模效率进行分析可得出：从样本期间的整体水平看，除了2005年由于人员和固定资产投资过剩的问题导致生产效率有所下降外，其他年份的生产效率都处于比较充分的状态。中国酒精加工业的综合生产效率、纯技术效率和规模效率均处于较高水平，生产要素得到了很充分的利用。其主要原因是2006年国家发文叫停了玉米燃料乙醇项目，2008年淘汰了40多万吨的落后产能，加上中国食用酒精产量趋于稳定，国家宏观调控使得中国玉米酒精加工业的效率水平处于较好状态，要素利用率充分有效。

③关于中国玉米工业深加工消费产业链上代表性价格间的相互影响。文章利用脉冲响应函数和方差分解的方法分析了玉米深加工消费产业链上代表性价格间的相互影响关系，考察了深加工消费产业链上玉米在生产—流通—消费三个环节的代表性价格间的相互影响，其中用玉米全国收购均价来表示产业链上生产环节的价格、用玉米全国批发市场均价来表示产业链上流通环节的价格、用淀粉价格来表示产业链消费环节的价格。研究得出以下结论：2008年以来，中国玉米工业深加工消费产业链上的代表性价格间的相互影响明显增强，这也在一定程度上解释了2008年以来中国玉米批发价格波动比2008年前剧烈；中国玉米工业深加工消费产业链上的代表性价格间的相互影响机制具有非对称性，2008年以前是上下游价格对玉米批发价格的影响要强于批发价格对上下游价格的影响，而2008年以后则表现为玉米批发价格对上下游价格的影响要强于上下游价格对玉米价格的影响。

8.2 研究的启示

8.2.1 世界玉米市场供需趋紧,美国掌控世界玉米市场,中国玉米产业发展要立足国内,同时进口渠道应尽可能多元化

随着中国从2010年正式成为玉米净进口国,国际玉米市场对国内的影响不断增强。因此,准确把握中国玉米市场面临的国际环境对于利用国际国内两个市场来促进中国玉米产业的发展进而保障中国粮食安全具有极为重要的意义。根据研究结论,世界玉米市场生产和贸易高度集中,美国对世界玉米市场的掌控能力很强,美国玉米产量占世界的35%左右,出口量占世界的一半左右,消费量占世界的30%左右。同时,随着消费的增加,尤其是以美国为代表的燃料乙醇对玉米消费的快速增加,世界玉米市场库存消费比呈下降趋势,世界市场供需趋紧。

随着中国2010年正式从玉米净出口国变为玉米净进口国,美国成为中国最主要的玉米进口国,中国也跃升为美国第五大玉米出口国。而对美国玉米市场的供需状况分析也得出,随着美国燃料乙醇用玉米的大幅增加,美国玉米的国内需求将增加,美国玉米总需求的增幅快于总供给(总需求年均增幅3.56%,总供给年均增幅3.31%),这将对美国玉米的出口和国际玉米价格产生较大影响。因此,在全球玉米市场趋紧和美国掌控世界玉米市场的背景下,中国玉米产业的发展一定要坚持立足国内,同时进口渠道应尽量多元化,例如,部分民营企业近两年从乌克兰进口非转基因玉米就是进口渠道多元化的一个案例。

8.2.2 稳定中国玉米消费进而稳定库存消费比对于稳定中国玉米消费价格具有越来越重要的作用

通过对中国玉米市场供需平衡状况的分析可得出,2002/03年以来,中国玉米库存消费比呈下降的趋势,并且从2006/07年度开始这一比值降到了17%~18%的警戒线以下。而研究发现,当中国玉米库存消费比在国际警戒线之上的年份中,库存消费比的降低对于玉米消费价格上涨的促进作用相对较小。而在玉米库存消费比降到国际警戒线之下的年份里,库存消费比的变动对于玉米消费价格变动的促进作用明显增强,玉米价格变动幅度约为库存消费比变动幅度的2~5倍。而根据2008年以来的数据分析表明,中国玉米库存消费比下降、产需缺口扩大、价格变动幅度加大的主要原因是中国玉米消费增速过快,尤其是工业深加工消费(2008/09年度以来,中国玉米总产量以年均4.8%的幅度增加,而国内总需求以年均7.1%的幅度增加,而总需求的增加主要来源于饲用消费和深加工消费,深加工的增幅最快,饲用消费年均增幅6.7%、深加工消费年均增幅10.4%)。因此,根据中国目前是库存消费比处于国际安全警戒线之下的年份的现状看,稳定中国玉米消费进而稳定

供需状况、稳定库存消费比的变动对于稳定中国玉米消费价格具有越来越重要的作用。

8.2.3 中美玉米饲用消费占比均呈下降趋势，工业深加工消费结构均有向燃料乙醇和淀粉糖集中的趋势

根据中美玉米消费结构对比分析结果，中国四类玉米消费量均保持增加，而美国食用、种用、工业用途是增加但饲用消费量却是在下降；从四类消费量占总消费的比重这一指标看，两国的变动趋势都是一致的，均表现为：食用消费、种用消费、饲用消费处于下降的趋势，工业深加工消费处于上升的趋势。而在工业深加工消费中，燃料乙醇一直是美国玉米工业深加工消费排名第一的产品，且增幅非常快，而中国玉米深加工主要是玉米淀粉、食用酒精和淀粉糖；中美玉米工业深加工内部消费结构都有向燃料乙醇和淀粉糖集中的趋势，而玉米淀粉和食用酒精的占比均下降。从总体上看，中美玉米工业深加工内部消费结构变动方向基本一致。因此，在对中国玉米消费状况进行分析时，美国玉米消费结构的变动也非常值得关注。

8.2.4 美国玉米消费价格通过信息渠道对中国玉米消费价格产生的影响较显著，值得关注

分析得出美国玉米现货价格变动对中国玉米现货价格具有一定的影响，但程度较小，这说明美国市场通过贸易这一渠道对中国市场产生的影响还比较小，这与目前中国玉米总体看进口量还不大有关；而美国玉米期货价格对中国玉米期货价格的影响较大，这说明美国玉米市场通过信息渠道对中国玉米市场价格的影响较大。因此，在对中国玉米消费状况进行分析时，要关注以美国为代表的国际玉米消费价格通过信息渠道对中国玉米消费市场的影响。

8.2.5 中国玉米工业深加工消费向传统玉米主产区集中，主产区尤其是东北主产区的玉米消费价格对全国玉米消费价格形成具有基础性作用，应成为政策关注的重点

根据研究结论，中国玉米工业深加工消费往传统的玉米主产区集中，占到了全国的64%，其中主产区玉米淀粉的玉米消耗量占到全国的72.6%、玉米酒精的玉米消耗量占到全国的65.5%。同时，部分传统的玉米主产省也开始变成玉米工业深加工的主销省份，这样的省份主要是山东、辽宁、河南、河北和四川五省。在这一区域中，玉米工业深加工的消费量占全国的一半以上，达50.4%，尤其是玉米淀粉的玉米消费量在这一区域占比很高，达72.6%。研究同时得出，中国玉米主产区尤其是东北主产区的玉米消费价格在中国其他区域间乃至全国范围内的玉米消费价格形成中均处于基础性地位。因此，在关注中国玉米消费经济时，要重点关注中国玉米主产区尤其是东北主产区的玉米消费经济，中国玉米主产区尤其是东北主产区应成为政策关注的重点，这也与目前国家的政策指向是一致的。

8.2.6 中国玉米饲用消费加工业的技术效率较高,但规模效率有待提高,因此通过行业集中度的提高来扩大企业规模,在一定程度上是提高整个行业收益的可行途径

研究结论表明:中国玉米的饲用消费将继续处于最重要的地位,而其中配合饲料的比重越来越大,中国玉米饲用消费将主要是配合饲料的玉米消费;中国玉米饲料加工业的技术效率处于比较高的水平,但规模效率有待提高,因此行业整合可能成为未来行业发展的趋势,行业集中度提高也可能成为提高行业收益的一条有效途径。

8.2.7 中国玉米工业深加工消费中的酒精系列产品加工业的技术和规模效率均较高,淀粉系列产品加工业的技术效率较低、规模效率有待提高,因此淘汰落后产能、扩大企业规模是提高行业收益的可行途径

前文研究结论表明:中国玉米淀粉加工业的平均技术效率低于规模效率,这是中国淀粉加工业综合生产效率比较低的主要原因,因此进一步提高技术效率是提高行业收益的途径之一;同时由于在技术效率比较低的年份中(2006年、2008年和2009年),中国淀粉加工业属于规模报酬递增的,因此,淘汰产能落后的小企业、扩大企业规模可以在一定程度上提高整个行业的收益,这也说明行业集中度的提高是有必要的。中国玉米酒精系列产品加工行业的综合生产效率、纯技术效率和规模效率除了2005年由于人员和固定资产投资过剩的问题导致生产效率有所下降外,其他年份的生产效率都处于比较充分的状态,中国酒精加工业的综合生产效率、纯技术效率和规模效率都处于较高水平,生产要素得到了很充分的利用。

8.2.8 中国玉米饲用消费和工业深加工消费产业链上代表性价格间的相互影响均增强,需要关注

书中研究了中国玉米饲用消费产业链和工业深加工消费产业链的代表性价格间的相互影响关系,尤其是分析了2008年以来的情况,并且与2008年以前的情况进行了对比分析,得出以下结论:与2008年以前相比,2008年以来,以玉米全国批发均价代表的中国玉米消费价格在饲用消费产业链上和工业深加工消费产业链上受到来自于上下游的影响明显增强,且代表性价格间的相互影响机制具有非对称性——玉米批发价格对其上下游的价格影响明显要强于上下游对玉米批发价格的影响。这也从一定程度上解释了前文提出的2008年以来中国玉米批发价格波动变动幅度增大的现象。

8.3 研究的不足之处和进一步研究的方向

研究的不足之处主要体现在两个方面:一是缺乏对中国玉米各类消费的数量和结构的预测分析,由于数据的可获得性问题和对研究方法的掌握还不太够,因此对这部分的预测

分析没能做到。二是对中国玉米消费状况进行分析时，缺乏对微观层面企业状况的分析，如果可以获得大量企业的内部数据，对企业的经营状况进行了解分析，将可以对行业整体分析的准确性有较大的提高。因此，对企业微观数据的获取不足是一个缺陷。这也是可以进一步研究的方向。

参考文献

[1] 韩长赋. 玉米论略[J]. 农业经济问题, 2012(6):4-9.

[2] 张利庠、陈秀兰. 新世纪中国农产品价格变动特征及原因分析[J]. 教学与研究, 2012(10):18-25.

[3] 农业部农业贸易促进中心课题组. 中国玉米产业面临的挑战与政策选择[J]. 2014(1):30-37.

[4] 郭真. 未来玉米的进口总量将超过大豆[J]. 当代水产, 2011(1):40-41.

[5] 田维明. 中国粮食生产的技术效率[M]. 北京:中国农业出版社, 1998.

[6] 张雪梅. 中国玉米生产增长因素的分析[J]. 农业技术经济, 1999(2):55-57.

[7] 陈卫平. 中国玉米全要素生产率增长及其对产出的贡献[J]. 2006(2):40-42.

[8] 吴敬学、杨巍、张扬. 改革开放以来中国玉米生产技术进步研究[J]. 农业展望, 2010(3):54-58.

[9] 杨春、陆文聪. 中国玉米生产率增长、技术进步与效率变化:1990-2004年[J]. 农业技术经济, 2007(4):34-40.

[10] 郭志超. 中国玉米生产函数及技术效率分析[J]. 经济问题, 2009(11):74-79.

[11] 刘树坤、杨汭华. 中国玉米生产的技术效率损失测算[J]. 甘肃农业大学学报, 2005(3):389-395.

[12] 邵飞. 中国玉米经济:供给与需求分析[D]. 西北农林科技大学博士论文, 2011.

[13] 卢宪英、崔卫杰. 农户玉米生产行为及其供需缓解的路径选择[J]. 改革, 2009(1):74-78.

[14] 杨庆才. 关于玉米产业经济发展战略的思考[J]. 农业经济问题, 2008(7):4-10.

[15] 赵化春等. 国内外玉米消费趋势及其对中国玉米生产的影响[J]. 农业技术经济, 2000(4):54-56.

[16] 刘少伯. 2001. 中国在世界玉米贸易中的对策[J]. 河北畜牧兽医, 2017(11):12.

[17] 张晓娟. 中国玉米对外贸易及其走势[J]. 世界农业, 2005(6):24-26.

[18]郭庆海. 中国玉米市场分析[J]. 农业经济研究,2009(2):128-135.

[19]隋福爱. 入世前后中国主要农产品贸易竞争力比较分析[D]. 硕士学位论文,外经济贸易大学,2006.

[20]李岳云、吴滢滢、赵明. 入世5周年对中国农产品贸易的回顾及国际竞争力变化的研究[J]. 国际贸易问题,2007(8):67-72.

[21]屈小博、霍学喜. 中国农产品出口结构与竞争力的实证分析[J]. 国际贸易问题,2007(3):9-15.

[22]杨建成. 中国农产品国际竞争力分析[J]. 贵州财经学院学报,2007(2):57-61.

[23]陈楠. 浅析国内外玉米贸易格局新趋势[J]. 长春理工大学学报(社会科学版),2008(4):52-56.

[24]周曙东、崔奇峰、吴强. 美国发展生物质能源对国际市场玉米价格、贸易与生产格局的影响——基于CGE的模拟分析[J]. 中国农村经济,2009(1):82-91.

[25]彭超、肖逸秋. 中国玉米贸易及产业安全状况的评估与展望. 农业展望[J]. 2010(12):32-36.

[26]张利庠. 大企业战略:中国饲料行业发展新趋势[J]. 中国饲料,2006(23):20-23.

[27]张利庠. 中国饲料产业发展报告[M]. 北京:中国农业出版社,2006.

[28]刘帅,等. 中国玉米深加工业研究述评[J]. 生产力研究,2013(11):191-195.

[29]陆文聪、黄祖辉. 中国粮食供求变化趋势预测:基于区域化市场均衡模型[J]. 经济研究,2004(8):94-104.

[30]郭庆海. 中国玉米加工业发展探析[J]. 中国农村经济,2007(7):16-22.

[31]仇焕广,等. 中国玉米燃料乙醇副产品利用现状与贸易趋势分析[J]. 2011(8):4-10.

[32]曲会朋. 中国发展中小型玉米加工企业的支撑条件分析[J]. 社会科学战线,2013(10):261-262.

[33]李锐. 基于"五力模型"的玉米深加工企业成长的产业环境分析[J]. 中国农机化学报,2014(1):51-54.

[34]杨兴龙,等. 吉林省玉米加工业技术效率及影响因素分析[J]. 农业技术经济,2010(6):111-120.

[35]杨子刚,等. 供应链中玉米加工企业选择合作模式的影响因素分析[J]. 中国农村观察,2011(4):45-55.

[36]姜长云. 粮食加工业迅速发展对中长期粮食安全的影响[J]. 宏观经济研究,2007(4):21-25.

[37]段秀萍. 中国玉米加工产业发展新特点及对策探析[J]. 社会科学战线,2008(11):264-265.

[38]钟甫宁.稳定的政策和统一的市场对中国粮食政策的影响[J].中国农村经济,1995(7):44-47.

[39]温铁军.粮食涨价并不是粮食生产的问题[J].改革,1996(2):28-32.

[40]辛贤、谭向勇、刘晓昀.农产品价格决定研究[J].理论与方法研究,1999(5):54-57.

[41]王小鲁.中国粮食市场的波动与政府干预[J].经济学(季刊),2001(10):171-192.

[42]丁声俊.中国积极应对国际粮价飙升的战略研究[J].价格理论与实践,2007(1):20-21.

[43]吕捷,林宇洁.国际玉米价格波动特性及其对中国粮食安全影响[J].管理世界,201(5):76-87.

[44]黄季焜、杨军、仇焕广、徐志刚.本轮粮食价格的大起大落:主要原因及未来走势[J].管理世界,2009(1):72-78.

[45]杨军、仇焕广,等.2012年国内外玉米价格走势分析及预测[J].农业展望,2012(7):5-8.

[46]宋洪远,等.农产品价格波动、机理分析及市场调控[J].农业技术经济,2012(10):4-13.

[47]李哲敏、许世卫、董晓霞,等.中国禽蛋产业链短期市场价格影响机制[J].中国农业科学,2010(23):4951-4962.

[48]董晓霞、许世卫、李哲敏,等.中国奶业产业链价格波动影响机制[J].价格理论与实践,2010(10):48-49.

[49]张喜才、张利庠.中国饲料产业链价格影响与调控机制研究[J].农业经济及管理,2011(2):44-51.

[50]辛贤、谭向勇、刘晓昀.农产品价格决定研究[J].理论与方法研究,1999年(5):54-66.

[51]王秀清、H.T. Weldegebriel、A.J. Rayner.纵向关联市场间的价格传递[J].经济学(季刊),2007(3):885-898.

[52]许世卫、李哲敏,董晓霞,等.中国农产品在产销间价格影响机制研究[J].资源科学,2010(11):2092-2099.

[53]武拉平.农产品地区差价和地区间价格波动规律研究——以小麦、玉米和生猪市场为例[J].农业经济问题,2000(10):54-58.

[54]黄季琨、刘宇、Rozelle,等.从农业政策干预程度看中国农产品市场与全球市场的整合[J].世界经济,2008(4):3-10.

[55]丁守海. 国际粮价波动对中国粮价的影响分析[J]. 经济科学, 2009(2):60-71.

[56]贾伟、秦富. 中国主要省份玉米价格的影响效应分析[J]. 华南农业大学学报(社会科学版), 2012(2):69-75.

[57]丁丽君. 国内玉米期货价格与现货及国外期货价格之间的关联分析[J]. 时代金融, 2007(5):42-43.

[58]陈锡文. 当前中国的粮食供求与价格问题[J]. 中国农村经济, 1995(1):3-8.

[59]卢峰、谢亚. 中国粮食供求与价格走势(1980-2007)[J]. 管理世界(月刊), 2008(3):70-80.

[60]姜长云. 如何看待2006年底的粮价上涨[J]. 中国经济导刊, 2007(6):22-24.

[61]柯炳生. 中国农户粮食储备及其对市场的影响[J]. 中国农村观察, 1996(6):8-13.

[62]毛学峰. 国内粮价独立于国际粮价的特殊性分析[J]. 价格理论与实践, 2009(3):23-24.

[63]宋洪远. 改革以来中国农业和农村经济政策的演变[M]. 北京:中国经济出版社, 2000.

[64]王德文、黄季焜. 双轨制度对中国粮食市场稳定性的影响[J]. 管理世界, 2001(3):127-134.

[65]韩茂莉. 近五百年来玉米在中国境内的传播[J]. 中国文化研究, 2007(1):44-56.

[66]邵飞. 中国玉米经济:供给与需求分析[D]. 西北农林科技大学, 2011.

[67]柴斌锋. 中国玉米成本及经济效益研究[D]. 西北农林科技大学, 2008.

[68]Cochrane W W. 1958. Farm prices, myth and reality. University of Minnesota.

[69]Yujir H, Robert W H. 1977. Market price effects of technological change on income distribution in semi subsistence agriculture. American Journal of Agricultural Economic, 59(2):245-256

[70]Niels R. 2003. From causes to reasons: the human dimension of agricultural sustainability. International Journal of Agriculture Sustainabilit, 1(1):73-88

[71]Niels R. 2004. Communication for development in research, extension and education. The 9th United Nations Communication for Development. Rome, Italy?

[72]Schoonover H, Muller M. 2006. Staying home: how ethanol will change U. S. corn exports. Institute for Agriculture and Trade Policy

[73]Birur D K, Hertel T W, Tyner W E. 2007. The biofuels boom: implications for world food markets. Food Economy Conference, Dutch

[74]Gehlhar M, Somwaru A. 2007. Food, bio-energy and trade: an economy-wide assessment of renewable fuels. Conference on biofuels, feed tradeoffs

[75] Cooper G. 2007. How much ethanol can come from corn? NCGA

[76] Dixon P B, Rimmer M T. 2007. The economy – wide effects in the United States of replacing crude petroleum with biomass. Energy & Environment

[77] Ohga K, Koizumi T. 2007. Biofuels polices in Asia: trade effects on world agricultural and biofuels trade, USDA Agricultural Outlook Forum

[78] Martin B, Lei. 2007. The impact of biofuels on land markets and Production – Methodological issues and results from LEITAP. Biofuel assessment conference

[79] Lampe M V. 2007. Modelling global biofuel impacts – Approach, results and issues. Farm foundation and ERS workshop global biofuel developments: modeling the effects on agriculture

[80] Won W. Koo, Jianqiang Lou, Roger G. Johnson. 1996. Increases in Demand for Food in China and Implications for World Agricultural Trade. North Dakota: Department of Agricultural Economics

[81] Hong Yang. 1998. Trends in China's regional grain production and their implications. Agricultural Economics, 19(3): 309 – 325

[82] Albert Park, Hehui Jin, Scott Rozelle, Jikun Huang. 2002. Market Emergence and Transition: Transition Costs, Arbitrage, and Autarky in China's Grain Market. American Journal of Agricultural Economics, 84(1): 67 – 82